Peter Christian Giese

Interpretationshilfen
Lyrik des
Expressionismus

Ernst Klett Verlag für Wissen und Bildung
Stuttgart · Dresden

Die Deutsche Bibliothek – CIP-Einheitsaufnahme
Giese, Peter Christian:
Interpretationshilfen Lyrik des Expressionismus /
Peter Christian Giese. – 1. Aufl. –
Stuttgart; Dresden:
Klett-Verl. für Wissen und Bildung, 1992
ISBN 3-12-922602-8

1. Auflage 1992
© Ernst Klett Verlag für Wissen und Bildung GmbH
Stuttgart 1992
Satz: Steffen Hahn FotoSatzEtc., Kornwestheim
Druck: Wilhelm Röck, Weinsberg
Einbandgestaltung: Gabriele Jakobi, Altenkessel
ISBN 3-12-922602-8

Inhalt

Einleitung

Von Kurt Bartsch, einem zeitgenössischen Lyriker und Parodisten (geb. 1937), gibt es einen selbstironisch-gutgelaunten Vierzeiler mit dem Titel „Transplantation":

> Ich schreibe nur ab und zu.
> Ich schreibe von Brecht ab.
> Und was ich zuschreibe, das stammt
> Von den Expressionisten.

Daß sich ein heutiger Autor auf das Vorbild Brecht beruft, ist so verwunderlich nicht, wohl aber der Bezug auf die Expressionisten. Man hätte da als Ergänzung eher einen anderen großen Namen erwartet, z. B. Gottfried Benn, nicht jedoch dieses merkwürdige Kollektiv aus den Jahren 1910–1920.

Expressionistische Lyrik, so mag man fragen, ist das denn nicht historisch, erledigt? Und man denkt an das rührselige O-Mensch-Pathos eines Franz Werfel, an all die ekstatischen Ausrufe, wie sie ein Johannes R. Becher mit einer wahren Sturzflut von Gedankenstrichen, Ausrufe- und Fragezeichen versah, an die verquält-humorlose Wortbastelei eines August Stramm. Sicher, das alles ist Expressionismus, aber anderes eben auch: so das lässig-nervöse Großstadtparlando von Ernst Blass, die erotischen Bestandsaufnahmen von Paul Boldt, der oft groteske Reihungsstil von Alfred Lichtenstein oder Jakob van Hoddis, um nur einige Ausdrucksmodelle dieser Lyrik zu erwähnen. Und Gottfried Benn, der gehört mit seinen spektakulären „Morgue"-Gedichten bekanntlich ebenfalls dazu.

Kurt Bartschs Hinweis auf die Expressionisten ist, näher besehen, denn doch nicht so überraschend. Die Expressionisten haben unsere Vorstellung von dem, was ein Gedicht sei oder sein könne, verändert. Sie haben das lyrische Themenreservoir erweitert (z. B. um die Motive des Großstadtlebens), sie haben statt des „poetischen" Worts oft krasse Vokabeln der Umgangssprache, Fremdwörter und bizarre Neuschöpfungen verwendet, sie haben selten die ästhetische Geschlossenheit des reinen Kunstwerks angestrebt, sondern die verwirrenden und widersprüchlichen Tendenzen ihrer Gegenwart – oft mit Zitat und Montage – in Worte gefaßt. Kurzum: die expressionistische Lyrik hat ihren Platz im Museum der modernen Poesie und ist aus deren Werkstatt noch nicht ganz verschwunden.

Expressionismus als „Epoche" und „Bewegung"

Versuch einer Definition

Zeitlicher Rahmen: etwa 1910–1920

Was ist Expressionismus? Natürlich glaubt jeder, der mit dieser Frage konfrontiert wird, ungefähr zu wissen, wovon die Rede ist. Bekannt ist, um welchen Zeitraum es sich handelt – von 1910 bis Anfang der zwanziger Jahre, mit der wichtigen Zäsur des Ersten Weltkriegs –, und in der Erinnerung sind auch sogleich einige Namen aus Malerei, Literatur, Theater, Film gegenwärtig, die den Begriff Expressionismus veranschaulichen können. Trotzdem hat die Frage nach dem Expressionismus etwas Peinliches und Peinigendes, denn je mehr man sich mit den Werken und Dokumenten dieser Epoche beschäftigt, desto unmöglicher erscheint eine Definition.

Expressionismus zeigt sich als ein Konglomerat unterschiedlicher Themen, Formen, ideologischer und stilistischer Tendenzen. Allein im Bereich der Lyrik finden sich, um einzelnen Autoren einmal schlagworthaft-vergröbernde Etikettierungen zuzuordnen, etwa folgende Charakteristika:

Verwirrende Vielfalt der Themen, Formen, Tendenzen

grotesk-desillusionierend (Lichtenstein)
hymnisch-ekstatisch (Stadler)
mythisch-dämonisierend (Heym)
märchenhaft-weltentrückt (Lasker-Schüler)
nihilistisch-zynisch (Benn)
religiös-pathetisch (Werfel)
hermetisch-chiffrenhaft (Trakl)
erotisch-vitalistisch (Boldt)
utopisch-aktivistisch (Becher)
pazifistisch-rhetorisch (Ehrenstein)
artistisch-experimentell („Sturm"-Kreis)
politisch-aggressiv („Aktions"-Dichter)

Kein einheitlicher Stilbegriff

Eine solche Aufstellung, die sich mit Leichtigkeit erweitern ließe, hat sicher nur bescheidenen Erkenntniswert. Sie mag aber immerhin erläutern helfen, daß Expressionismus nicht als einheitlicher Stilbegriff festgelegt werden kann.

Expressionismus als problemgeschichtliches Phänomen

Was ist Expressionismus aber dann? Vielleicht dies: der künstlerische Ausdruck und zugleich Bewältigungsversuch einer bestimmten Bewußtseinslage, in die sich eine in der Großstadt lebende intellektuelle Jugend gegen Ende des Kaiserreichs

gedrängt fühlt. Expressionismus würde insofern als problemgeschichtliches Phänomen bestimmbar.

Zu solchem Verständnisansatz passen jedenfalls die folgenden
Worte recht gut, mit denen Hugo Ball im Jahre 1916 einen
Vortrag über Kandinsky einleitete:

> Drei Dinge sind es, die die Kunst unserer Tage bis ins Tiefste   *Erschütterung des*
> erschütterten, ihr ein neues Gesicht verliehen und sie vor einen   *Weltbildes*
> gewaltigen neuen Aufschwung stellten: Die von der kritischen
> Philosophie vollzogene Entgötterung der Welt; die Auflösung
> des Atoms in der Wissenschaft; und die Massenschichtung der
> Bevölkerung im heutigen Europa.
> (in: Pörtner I, 136)

Mit dem Hinweis auf Transzendenzverlust, Auflösung des tra-   *Bewußtseinskrise*
dierten Weltbildes sowie die Veränderungen der gesellschaft-
lichen Wirklichkeit ist ein Zusammenhang skizziert, der in der   *Expressionismus*
Tat so etwas wie das thematische Fundament des Expressio-   *als Diagnose und*
nismus darstellt. Es handelt sich um eine tiefgreifende Bewußt-   *Therapie*
seinskrise, deren künstlerische Verarbeitung zwei Haupttendenzen erkennen läßt. Die eine ließe sich als *Diagnose* begreifen,
indem sie möglichst viele (negative) Erscheinungsformen
moderner Zivilisation in ihren Auswirkungen auf das Subjekt
reflektiert (Stichworte: Großstadt, „Weltende", Ich-Zerfall), während die andere, gleichsam als *Therapie*, alle Hoffnung auf das
Kommen eines „neuen" brüderlichen Menschen konzentriert.

Kennzeichnend für den Expressionismus ist aber nicht allein die   *Extreme*
Wahl extremer Themen (einerseits katastrophische Untergangs-   *Thematik*
gemälde, andererseits Aufbruchs- und Erneuerungsvisionen),
sondern diese werden auch in extremer – d. h. verzerrender,
zugespitzter, auf das „Wesen" der Dinge zielender – Weise   *Zwischen*
dargestellt, in einer Weise, die weder „realistisch" noch   *Realismus und*
„abstrakt" ist. Dabei kommt es mitunter denn doch zu prägnan-   *Abstraktion*
ten Stilformen und Bildstrukturen (vgl. den sogenannten Reihungsstil), die zwar „typisch expressionistisch" sind, nicht aber
typisch für *den* Expressionismus überhaupt.

Im allgemeinen wird man sagen dürfen, daß sich Expressio-   *Primat der*
nismus eher von seinen Themen und Intentionen als von   *Themen und*
bestimmten Stil- oder Formphänomenen her erschließt. Er mar-   *Intentionen*
kiert eine frühe Phase innerhalb des Prozesses der sogenannten
Moderne und sollte nicht als rein innerästhetische Gegenbewegung zu Naturalismus oder Impressionismus betrachtet werden.

Porträt einer Dichtergeneration

Die Autoren, deren Gedichte im sogenannt „expressionistischen Jahrzehnt" zwischen 1910 und 1919 erscheinen, sind ungefähr gleichaltrig. Es ist eine Generation der Zwanzigjährigen, wie aus der (unvollständigen) Übersicht einiger Geburtsjahrgänge hervorgeht:

Eine Generation der Zwanzig- jährigen

1883 René Schickele, Ernst Stadler, Alfred Wolfenstein
1886 Gottfried Benn, Paul Boldt, Albert Ehrenstein, Max Herr-
    mann-Neiße
1887 Georg Heym, Jakob van Hoddis, Georg Trakl
1889 Rudolf Leonhard, Alfred Lichtenstein, Karl Otten
1890 Ernst Blass, Walter Hasenclever, Klabund, Ernst Wilhelm
    Lotz, Franz Werfel
1891 Johannes R. Becher, Yvan Goll

Älter als die Genannten sind von den bekannteren Lyrikern des Expressionismus eigentlich nur Else Lasker-Schüler (1869) und August Stramm (1874), die ihren Geburtsdaten nach eher zur Generation der Stefan George (1868), Hugo von Hofmannsthal (1874) und Rainer Maria Rilke (1875) gehören. Wichtig ist, daß sich die Expressionisten als Repräsentanten von Jugendlichkeit und geistig-kultureller Erneuerung empfinden und dies z. T. auch programmatisch zum Ausdruck bringen: vgl. Lotz, „Aufbruch der Jugend" (siehe dazu S. 155). Insofern gibt es durchaus eine Parallele zu dem zeitgleichen Phänomen der deutschen Jugend-

„Jugend- bewegung"

bewegung, zum „Wandervogel", zu den „Pfadfindern", deren Selbstverständnis sich ebenfalls in scharfem Gegensatz zu Familie und traditionellen Bildungsinstitutionen entwickelte.

Herkunft aus dem wohlsituier- ten Bürgertum

Der Familienhintergrund der expressionistischen Lyriker ist fast durchweg bürgerlich. Die Väter sind z. B. Bankiers (Lasker-Schüler), Fabrikanten (Lichtenstein, Werfel), angesehene Juristen im Staatsdienst (Becher, Heym, van Hoddis, Stadler), Ärzte (Hasenclever) oder Pfarrer (Benn). Nun ist der Hinweis auf die gutbürgerlichen Verhältnisse, in denen diese Generation aufwuchs, an sich keineswegs ungewöhnlich – aus dem Bürgertum stammten die meisten deutschen Dichter früherer oder späterer Zeiten auch. Erwähnenswert wird diese Tatsache erst mit dem Blick auf zwei charakteristische Phänomene:

Vater-Sohn- Konflikte

Zum einen fällt die Häufigkeit familiärer Binnenspannungen auf (besonders markant z. B. bei Becher, Hasenclever, Trakl). Der Vater-Sohn-Konflikt ist eben nicht nur ein „literarisches" Thema, er wird auch existentiell erlebt und durchlitten (so z. B. bei Benn, Heym oder dem Generationsgefährten Kafka). Die Schärfe der Affekte gegen das Elternhaus und darüber hinaus gegen die

Moral und Bildungswerte der Älteren überhaupt ist ein Indiz für extreme Spannungen in der wilhelminisch-bürgerlichen Gesellschaft selbst. Die Provokation der Expressionisten liegt vor allem darin, daß Krisensymptome dort offenbar werden, wo niemand sie vermutet hätte: im Schoß der staatstragenden Klasse, und zu einer Zeit, um das Jahr 1910, als die politisch-ökonomische Gesamtlage unanfechtbar stabil schien.

Zum anderen muß überraschen, wie „normal" und „ordentlich" Bildungsweg und beruflicher Werdegang dieser Generation aussehen. Schule, Gymnasium, Universität werden durchlaufen, das Studium wird oft mit der Promotion abgeschlossen: Dr. phil. sind Albert Ehrenstein, Yvan Goll, August Stramm und der Literaturprofessor Ernst Stadler, promovierte Juristen sind Georg Heym, Alfred Lichtenstein, Alfred Wolfenstein; Dr. med. Gottfried Benn ist Arzt wie sein Dichterkollege Wilhelm Klemm. So spontan, eruptiv, übersteigert viele Gedichte auch wirken mögen, die Autoren selbst sind zunächst einmal ordentliche Akademiker.

Dichter mit akademischer Bildung

Es besteht ein merklicher Kontrast zwischen antibürgerlichem Gestus und bohèmehaft-anarchischer Selbststilisierung im Gedicht und der soliden Bildung sowie dem respektablen Beruf andererseits. Dieser Kontrast ist auch an den überlieferten Bilddokumenten ablesbar: man vergleiche nur einmal die künstlerischen Dichterporträts, wie sie etwa Ludwig Meidner, Egon Schiele oder Oskar Kokoschka schufen (z. T. abgebildet in Pinthus' „Menschheitsdämmerung"), mit den Fotos, die es z. B. von Heym, Stadler, Benn, Lichtenstein, Stramm gibt. Während die künstlerischen Porträts versuchen, die Zerrissenheit, Angst und Revolte im Inneren der Dichter zum Ausdruck zu bringen, zeigen die Fotos sozusagen die bürgerliche Außenansicht. Oder anders gesagt: in Wahrheit sahen die Dichter nicht so aus, wie ihre Gedichte vermuten lassen. Es gibt Fotos, die den heutigen Betrachter gehörig irritieren, wie z. B. die vom Korpsstudenten Heym (der sich selbst doch ohne die – imaginäre – „Jakobinermütze" gar nicht mehr denken konnte) oder vom mit englischer Eleganz gekleideten Stadler (vgl. dessen Vers „Doch mich reißt es, Ackerschollen umzupflügen") oder von August Stramm in Offiziersuniform, mit durchgedrücktem Kreuz in die Kamera grinsend.

Zwischen Bohème und Bürgertum

Viele expressionistische Lyriker mögen sich auf ihren Pfaden durch die Straßen und Caféhäuser der Großstadt zwar mit poetischen Außenseitern (nach dem Vorbild eines Rimbaud oder Verlaine) identifiziert haben, doch eine Bohème-Figur, die sich auch äußerlich – in Lebensstil, Habitus, Kleidung – radikal von jeder Art von Bürgerlichkeit trennte, war eigentlich nur Else

Die Sonderstellung der Else Lasker-Schüler

Lasker-Schüler. Gottfried Benn hat im Jahre 1952 eine Rede auf die tote Freundin gehalten, in der die folgenden Sätze stehen:

Der „Prinz von Theben" in der Erinnerung Gottfried Benns

> Man konnte weder damals noch später mit ihr über die Straße gehen, ohne daß alle Welt stillstand und ihr nachsah: extravagante weite Röcke oder Hosen, unmögliche Obergewänder, Hals und Arme behängt mit auffallendem, unechtem Schmuck, Ketten, Ohrringen, Talmiringe an den Fingern, und da sie sich unaufhörlich die Haarsträhnen aus der Stirn strich, waren diese, man muß schon sagen: Dienstmädchenringe immer in aller Blickpunkt. Sie aß nie regelmäßig, sie aß sehr wenig, oft lebte sie wochenlang von Nüssen und Obst. Sie schlief oft auf Bänken, und sie war immer arm in allen Lebenslagen und zu allen Zeiten. Das war der Prinz von Theben, Jussuf, Tino von Bagdad, der schwarze Schwan.
> (Benn, Bd. 1,538)

Trotz aller Sympathie und trotz aller Würdigung („die größte Lyrikerin, die Deutschland je hatte") spürt man die Distanz und ahnt, wie peinlich für Gottfried Benn das gemeinsame Auftreten mit der Lasker-Schüler gewesen sein muß – und dabei war er selbst doch wahrlich ein radikaler Lyriker und Bürgerschreck! Der Zwiespalt zwischen der wunschhaften Entgrenzung ins Anarchische und dem tatsächlichen Verhaftetbleiben in ungeliebter Bürgerlichkeit ist nicht der einzige Widerspruch, an dem

Innere Widersprüche

die expressionistische Generation leidet. Widersprüche prägen überhaupt Denken und Empfinden der Dichter. Der „Ich-Zerfall", den diese Autoren wieder und wieder zum Thema machen und den sie auch gern mit der sogenannten „Zerrissenheit der Zeit" in eins setzen, ist eine der auffallenden Konstanten ihrer Dichtungen, Tagebücher und sonstigen Schriften. So begegnet denn auch bei fast allen wichtigen Themen die gleiche Ambivalenz des Fühlens und Urteilens, ein Hin und Her zwischen Extrempositionen. An Kritik und Vorwürfen (Unreife, Realitätsferne) hat es nie gefehlt, und insofern erscheint das Ende der expressionistischen Bewegung als folgerichtig, wenn nicht gar vorherbestimmt:

Vorhersehbares Ende der expressionistischen Bewegung

Der eine Grund liegt in der banalen Tatsache, daß die Autoren älter werden – „man kann eben nicht sein Leben lang Expressionist bleiben" (Benn); der andere, wichtigere Grund ist der, daß sich die Rebellion gegen den Wilhelminismus nach verlorenem Weltkrieg und gescheiterter Revolution nicht unverändert in die Weimarer Republik übernehmen ließ.

Klischeehafte Kritik am Expressionismus

Die expressionistische Generation offenbart eine Fülle von Verdrängungs- und Entfremdungssymptomen, und sie bietet sich geradezu an, mit Hilfe psychoanalytischer oder marxistischer

Interpretationsmuster „erklärt" zu werden. Dabei entsteht kein
vorteilhaftes Bild. Über die zeitgeschichtliche Bedeutung wie
über die ästhetische Qualität einzelner Werke wäre mit solchen
Erklärungen allerdings noch wenig gesagt. Auch hat es keinen
Sinn, den Expressionisten vorzuwerfen, daß sie so schrieben, wie
sie eben schrieben, und nicht z. B. mit so wohlgerundeter ironischer Souveränität wie Thomas Mann oder mit solch politischer
Bewußtheit wie Bert Brecht oder mit der moralisch-intellektuel-
len Überzeugungskraft anderer Autoren, die wie Heinrich Mann
oder Alfred Döblin sich heute größerer Wertschätzung erfreuen.
Die stereotype Wiederholung der ideologischen Vorbehalte
gegenüber dem Expressionismus weckt Sympathie für eine
andere Art von Argumentation: Gerade dadurch, daß diese
Bürgerkinder so unmittelbar an sich und an ihrer Zeit leiden,
gerade dadurch, daß diese bürgerlich-liberale Elite nur
begrenzte Einsicht in das eigene gesellschaftliche Gewordensein
besitzt und kaum je die zur historisch-politischen Analyse nötige
Distanz gewinnt, werden ihre Dichtungen zu authentischen
Dokumenten und „erscheint uns diese oft so verquälte Kunst so
beispiellos vertrauenswürdig." (Rühmkorf, 14)

Was ist aus den Expressionisten geworden? Nur die wenigsten *Lebensschicksale*
haben in ihrer späteren Entwicklung Werke schaffen können, *einer tragischen*
deren Bedeutung dem Frühwerk gleichkommt oder es – wie *Generation*
vielleicht bei Gottfried Benn – sogar noch übertrifft. Vielen war
leider die Möglichkeit versagt, sich überhaupt entwickeln zu
können; erinnert sei an den frühen Tod Georg Heyms (1912 beim
Eislaufen ertrunken) und an die Toten des Ersten Weltkriegs:
Lichtenstein, Lotz, Stadler, Stramm, Trakl. Nach 1933 wurden
die meisten verfemt, verfolgt, verschleppt und umgebracht (wie
Jakob van Hoddis) oder ins Exil getrieben. Im Ausland starben
Ehrenstein, Goll, Hasenclever, Herrmann-Neiße, Lasker-Schüler,
Otten, Schickele, Werfel, Wolfenstein, Zech. Es ist eine tragische
Generation, die Lebensschicksale ergeben eine schaurige Bilanz.

Historisch-politischer Hintergrund

Die Rede vom „expressionistischen Jahrzehnt" besagt, daß der *Das „expressioni-*
so schwer zu bestimmende Begriff Expressionismus ein histori- *stische Jahrzehnt"*
sches Phänomen ist, dessen Geltungsbereich ungefähr auf die
zehner Jahre dieses Jahrhunderts einzugrenzen ist. Der Beginn
im Jahre 1910 ist heute weitgehend akzeptiert, obwohl dieses
Datum relativ zufällig ist und mit keinem geschichtlich bedeut-

samen Ereignis zusammenfällt. Wesentlich schwerer ist es jedoch, das Ende zu fixieren, denn natürlich „hört" der Expressionismus nicht einfach deshalb „auf", weil mit dem Jahre 1920 ein neues Jahrzehnt beginnt.

Chronologie:
1. 1910–1914
2. 1914–1918
3. 1918–1923/5

Vielleicht ist es erlaubt, drei verschiedene Phasen oder Etappen zu unterscheiden: eine erste, die von 1910 bis 1914 anzusetzen wäre, eine zweite, die die Kriegsjahre 1914–1918 umfaßt, und eine dritte, die von 1918 bis zu einem nicht genau zu präzisierenden Zeitpunkt etwa zwischen 1923 und 1925 reicht.

Der dritte Abschnitt ist der Bestandsaufnahme und Popularisierung gewidmet, nun entstehen die großen Anthologien und Gesamtausgaben einzelner Dichter; die expressionistischen Theaterstücke von Hasenclever, Kaiser, Toller, Bronnen beherrschen die Bühnen Berlins und anderer großer Städte, und einzelne Regisseure wie Lang, Murnau, Wiene machen den Expressionismus geradezu zu einem Synonym für den deutschen Film.

Gleichwohl wird man behaupten dürfen, daß der Expressionismus kein originäres Phänomen der Weimarer Republik mehr ist. Zumindest gilt das für die Lyrik. Nach Ende des Ersten Weltkriegs ist im Grunde kein Gedichtband erschienen, dessen Bedeutung mit denen der früheren Jahre dieses Jahrzehnts vergleichbar wäre. Da auch das, was während der Kriegsjahre erschien bzw. unter erschwerten Produktionsbedingungen (Zensur!) überhaupt erscheinen konnte, nur selten das innovative Niveau der Vorkriegsjahre erreichte (wenngleich man sich davor hüten sollte, die politisch konsequente Anti-Kriegs-Gesinnung der Autoren um Franz Pfemferts „Aktion" unter ausschließlich ästhetischen Gesichtspunkten zu würdigen und demzufolge geringzuschätzen), ergibt sich als Fazit, daß die große Zeit des Expressionismus – zumal in der Lyrik – mit den letzten Jahren des Wilhelminischen Kaiserreichs vor Kriegsbeginn identisch ist.

Das Kaiserreich im Jahr 1910:

Seit der Reichsgründung von 1871 hatte sich der Wandel Deutschlands zum Industriestaat mit atemberaubender Geschwindigkeit vollzogen, und im Jahre 1910 erreichte das deutsche Kaiserreich eine ökonomische Weltmachtposition, die vor allem an den Exportzahlen (an zweiter Stelle hinter den USA!)

– wirtschaftlicher Aufschwung

ablesbar war. Das Realeinkommen wuchs bei stabil bleibenden Preisen und Löhnen, die Arbeitslosigkeit lag – trotz eines rapide steigenden Bevölkerungswachstums – unter drei Prozent, und von dieser Entwicklung profitierten letztlich alle Schichten, wenngleich das Gefälle zwischen arm und reich konstant blieb und die sozialdemokratische Partei im Jahre 1912 immerhin zur stärksten Fraktion im Reichstag wurde. Die Kontinuität des wirtschaftlichen Aufschwungs erhöhte nicht nur die Bedeutung einzelner Großkonzerne (Krupp, Stumm, Siemens, AEG,

Stinnes, IG-Farben), sie stärkte den Willen zu einer imperialisti- *– imperialistische*
schen Machtpolitik, wie sie vor allem vom Alldeutschen Ver- *Machtpolitik*
band propagandistisch vertreten wurde („Volk ohne Raum" etc.).
Immer mehr Geld floß in die militärische Aufrüstung, wobei der *– Aufrüstung*
Ausbau der Kriegsflotte unverhohlen gegen England gerichtet
war. Die Rüstungsausgaben stiegen z. B. von 1912 auf 1913 um
62%, die sogenannte „Friedenspräsenzstärke" wuchs von Jahr zu
Jahr. Gleichzeitig wuchs aber auch Deutschlands außenpoliti- *– außenpolitische*
sche Isolierung, sie war spätestens seit der „zweiten Marokko- *Isolierung*
Krise" des Jahres 1911 unübersehbar. Die Militarisierung des
Lebens hatte auch eine demonstrative Schauseite. Wilhelminismus – das hieß Kaisermanöver, Stapelläufe der neugebauten
Kriegsschiffe, Flottenparaden, diverse Garderegimenter, Gala-
uniformen, Glanz und Gloria, das Kaiserbild über dem Sofa. Ein
bisher nie gekannter Nimbus von Weltgeltung, nationalistische *– Glanz und*
Großmachtgefühle prägten die Ideologie nicht nur des Klein- *Gloria des*
bürgertums, auch große Teile der Arbeiterschaft sahen in Wil- *Wilhelminismus*
helm II. „ihren" Kaiser. Deutsches Wesen, deutsche Zucht und
Ordnung, deutsche Marschmusik erweckten ein gesteigertes
Selbstwertgefühl der Untertanen, vor allem dann, wenn sie
„gedient" hatten: Erst der vaterländische Militärdienst verbürgte *– „Haben Sie*
gesellschaftliches Ansehen, und so trugen die hochrangigen *gedient?"*
Zivilbeamten bei offiziellen Anlässen wie selbstverständlich Uni-
form.
Der spätabsolutistische Lebensstil Wilhelms II. prägte sehr
direkt auch Geisteshaltung und Gebaren der staatstragenden
Machteliten. Das waren nicht, jedenfalls nicht in erster Linie, die
Repräsentanten der bürgerlichen Parteien – der Reichstag war
politisch relativ machtlos und genoß nur bescheidenes Ansehen.
Die sogenannte gute Gesellschaft bestand vorwiegend aus den
adligen Großgrundbesitzern, dem Offizierskorps sowie der
höheren Beamtenschaft, und die politisch einflußreichen Wirt-
schafts- und Finanzführer drängten durch Einheirat in die Adels-
und Offizierskasten in die „höchsten Kreise" hinauf („Schlot-
barone"). Im historischen Rückblick zeigt sich die wilhelmini-
sche Gesellschaft als ein merkwürdig anachronistisch wirkendes
Obrigkeitssystem, dessen nationalistische Ideologie von Schule, *Struktur des*
Universität und den christlichen Kirchen unterstützt und ver- *Obrigkeitsstaats*
breitet wurde. *Nationalismus*

Die Rebellion der expressionistischen Generation gegen den *Die spezifische*
Wilhelminismus verdankt sich nicht politischer Analyse, son- *Gegenposition*
dern individueller Verweigerung. Hier ist eine Generation von *der Expressio-*
Bürgerkindern, die sich in provozierender Weise von den durch *nisten*
Elternhaus und öffentliche Erziehung vermittelten Werten und

Überzeugungen abwendet. Die Expressionisten waren keine politische Gruppierung, sie waren individualistisch und anarchistisch, sie schlossen sich in verschiedenen Bohèmezirkeln zusammen; in Kabaretts, Kaffeehäusern, Galerien, Zeitschriftenredaktionen bildeten sich einzelne Gruppen. Künstler und Literaten lebten in einer Art Gegenwelt innerhalb der wilhelminischen Gesellschaft. Oder anders gesagt: Je stabiler, starrer, unabänderlicher die politischen und gesellschaftlichen Verhältnisse waren oder schienen (was Franz Pfemfert einmal auf die Formel brachte: „Die Leidenschaften des Volkes schnarchen"),

Rebellion und
Provokation

desto radikaler, provokativer und schriller waren auch die Ausdrucksformen der kulturellen „Revolution". Das heißt: der Expressionismus bezieht seine Energien aus der staatlichen und gesellschaftlichen Festigkeit der wilhelminischen Ordnung und wendet sie lustvoll gegen sie.

Die Bedeutung
Berlins

Die expressionistische Bewegung ist negativ auf die zeitgenössische Wirklichkeit eingeschworen und fixiert. Man sieht es auch daran, daß es die jungen Künstler – wie schon die vorherige Generation der Naturalisten – mit großer Macht in die Lebenszentren des Staates zieht, und das sind nun einmal die ständig wachsenden Großstädte. Künstlergemeinschaften und literarische Kreise entstanden vor allem in Leipzig, München, Wien und Prag, auch Heidelberg und Innsbruck wären zu nennen. Die alles überragende Bedeutung kommt indes Berlin zu, die Hauptstadt des Reiches ist das eigentliche Zentrum des Expressionismus. Berlin ist zu dieser Zeit die am schnellsten wachsende Stadt Europas: die Einwohnerzahl, die 1880 schon 1 Million betragen hatte, überschritt im Jahre 1910 die 2-Millionen-Grenze, und das Groß-Berlin des Jahres 1920 zählte mehr als 4 Millionen Einwohner. Innerhalb des „expressionistischen Jahrzehnts" erfolgte also, trotz des Kriegseinschnitts(!), eine Verdoppelung der Menschenzahl. Mit Ausnahme von Georg Trakl lebten alle wichtigen Lyriker des Expressionismus entweder ständig oder eine Zeitlang in Berlin, wodurch sich auch die dominierende Großstadtthematik ihrer Gedichte erklären mag.

Geistesgeschichtliche Rahmenbedingungen

Die überragende geistig-künstlerische Bezugsfigur der expressionistischen Generation war Friedrich Nietzsche (1844–1900). Gottfried Benn hat nach dem zweiten Weltkrieg immer wieder an diese Tatsache erinnert:

Friedrich Nietzsche

> Eigentlich hat alles, was meine Generation diskutierte, innerlich sich auseinanderdachte, man kann sagen: erlitt, man kann auch sagen: breittrat – alles das hatte sich bereits bei Nietzsche ausgesprochen und erschöpft, definitive Formulierung gefunden, alles Weitere war Exegese. (Benn, Bd. 4,154)

Nicht nur für Benn war Nietzsche „das Erdbeben der Epoche und seit Luther das größte deutsche Sprachgenie" (ders., Bd. 1,483). Um die tatsächliche Bedeutung Nietzsches in den Jahren um 1910 einschätzen zu können, ist der heutige Leser keineswegs auf solch stilisierende Rückblicke allein angewiesen: Die in den Heym- oder van Hoddis-Ausgaben nachgedruckten Programmzettel des „Neopathetischen Cabarets" belegen z. B. sehr deutlich, daß auf diesen Vortragsabenden neben der neuesten Lyrik auch immer wieder Nietzsche zu hören war. Der im Jahre 1900 gestorbene Nietzsche hinterließ ein Werk, das in den ersten Jahrzehnten des neuen Jahrhunderts als unmittelbar zeitgenössisch verstanden wurde.

Nietzsche als „Zeitgenosse"

Welcher Nietzsche ist es nun aber, der die jungen Expressionisten fasziniert? Das ist einmal der radikale Antibourgeois, der kulturkritische Psychologe und Analytiker, der Zertrümmerer religiöser und moralischer Werte, der Seismograph des Nihilismus. Das ist zum anderen der lyrisch-rhetorische Dichter des „Zarathustra", der seine Botschaft vom „Übermenschen" in rhythmisch-melodischer, mitreißender Rede verkündet, in rauschhaften Visionen, die sich rationalem Verständnis entziehen. Diese beiden gegensätzlichen Tendenzen im Werk Friedrich Nietzsches werden in der expressionistischen Lyrik aufgegriffen und zu zwei verschiedenen Grundmodellen ausgeformt: Während der eine Gedichttypus, wie er z. B. durch die Autoren des Berliner Frühexpressionismus repräsentiert wird, im Sinne einer entlarvenden und desillusionierenden Bestandsaufnahme von Mensch, Natur und Gesellschaft angesichts eines „leeren", d. h. entgötterten Himmels zu beschreiben ist, steht dem ein anderer Gedichttypus entgegen, der von Aufbruchs- und Erneuerungspathos geprägt ist und die Möglichkeit einer ekstatischen Ich- und Welterfahrung zu beschwören sucht.

Zwei Haupttendenzen seines Werks

„Sozialismus"
(Gustav
Landauer)

Während der Einfluß Nietzsches auf die expressionistische Bewegung gar nicht hoch genug einzuschätzen ist, spielt die marxistische Theorie so gut wie keine Rolle. Wer in diesen Jahren von „Sozialismus" spricht, orientiert sich an Gustav Landauers schwärmerisch-idealistischem „Aufruf zum Sozialismus" (1911). Landauer entpolitisiert den Kampfbegriff der Arbeiterbewegung zu einem „Bestreben, mit Hilfe eines Ideals eine neue Wirklichkeit zu schaffen", wobei er all der „Unkultur" und

„Gemeinschaft"
versus „Gesell-
schaft"
(F. Tönnies)

„Geistlosigkeit" der Gegenwart die Utopie einer brüderlichen Gemeinschaft entgegensetzt. Sozialismus wird so zu einem Synonym für „geistige Erneuerung" schlechthin, die den verhängnisvollen Prozeß von der ursprünglichen „Gemeinschaft" zur modernen „Gesellschaft" umkehren soll. Der Wertunterschied der beiden gegensätzlichen Formen menschlichen Zusammenlebens wurde in Ferdinand Tönnies soziologischer Untersuchung „Gemeinschaft und Gesellschaft" zu einem Thema gemacht, das nach der Neuauflage von 1912 eine beträchtliche Breitenwirkung entfaltete.

Kulturkritik

Vielleicht ist die Verallgemeinerung erlaubt, daß bei den meisten Denkern der wilhelminischen Epoche eine antirationalistische Kulturkritik im Vordergrund steht, die nach emotionalen Erkenntnismöglichkeiten sucht. Ein zentraler Begriff ist der des „Lebens". Das „Schöpferische" wird gegen das „Mechanische" ausgespielt, die „Intuition" gegen den „Intellekt", dem entfremdeten Leben in der modernen Gesellschaft sollen wieder wahre und menschliche Erlebnisse abgetrotzt werden. Das Problem ist

„Lebensphilo-
sophie" (Bergson,
Dilthey)

übrigens nicht, ob die jungen Expressionisten Bergson, Dilthey und andere Vertreter der „Lebensphilosophie" immer richtig verstanden haben, bedeutsam ist nicht einmal, ob sie sie aus eigener Lektüre kannten. Wichtig ist vielmehr, daß die Lebensphilosophie gleichsam in der Luft lag und z. B. bei den Berliner Autoren des „Neopathetischen Cabarets" für ideologische Gemeinsamkeit sorgte. (Symptomatisch ist hier das Werk Georg Heyms, der die „Lebensfeindlichkeit" seiner Zeit immer wieder in Bilder von Stillstand und Öde, Erstarrung und Eingesperrtsein preßte und – zumindest in den Tagebüchern – nicht selten von einer „befreienden" Vernichtung träumte.)

Psychoanalyse
(Freud)

Kulturpessimismus und Regressionsphantasien bestimmen den geistesgeschichtlichen Hintergrund einer ganzen Epoche. Das von der Freudschen Psychoanalyse kritisch analysierte Unbewußte wurde nicht selten zu einem irrationalen Wert stilisiert und verehrt. Die spezifischen Bewußtseinsstrukturen der wilhelminischen Epoche werden am deutlichsten in dem kollektiven Glückstaumel von Angstlust und Schicksalsrausch sichtbar, mit dem der Ausbruch des Weltkriegs im August 1914 erlebt wurde.

Diese Kriegsbegeisterung ist der Schlüssel zum Verständnis der geistigen Situation gegen Ende des Kaiserreichs: Gerade die Tatsache, daß ein derartiger Affektsturm die Massen ergreifen konnte, daß der Krieg als Entfesselung vitaler Triebenergien lustvoll bejaht werden konnte, entlarvt die Sekurität, in der die Vorkriegsgesellschaft zu leben vermeinte, als lügnerische Verschleierung psychischer Spannungen und latenter Katastrophenbereitschaft. Im Freudentaumel der ersten Augusttage des Jahres 1914 wird manifest, was sich da alles aufgestaut hatte und wie es um den psychopolitischen Zustand der Nation tatsächlich bestellt war. Davon ist in den nichtfiktionalen Dokumenten der Zeit kaum etwas zu finden, wohl aber in den Gedichten des Expressionismus. In der Lyrik der Jahre 1910–1914 kommt so etwas wie die untergründige „Wahrheit" der wilhelminischen Epoche zum Vorschein.

*Die Kriegs-
begeisterung
von 1914*

Exkurs: Der Sehnsuchtsblick nach Frankreich

Frankreich ist, wie Heinrich Mann einmal sagte, „das zweite Geburtsland des Europäers". Dieses Wort wäre von der Mehrzahl der deutschen Expressionisten gebilligt worden; der intellektuelle Glanz, der allem Französischen anhaftete, schien ihnen unverblaßt. Das gilt natürlich besonders für jene Autoren, die wie der Lothringer Iwan Goll oder die Elsässer René Schickele und Ernst Stadler von Kindheit an zweisprachig aufwuchsen oder die wie Ferdinand Hardekopf, Alfred Wolfenstein, Paul Zech viel aus dem Französischen übersetzten.

*Frankreich –
intellektuelle
Heimat*

*Zweisprachige
Autoren*

Über die besondere Bedeutung der französischen Kultur brauchte nicht lange diskutiert zu werden, sie war eben gegenwärtig und wurde stillschweigend akzeptiert. Von Georg Trakl – er wurde von einer elsässischen Gouvernante erzogen – ist z. B. bekannt, daß er mit seinen Geschwistern ausschließlich französisch sprach, und seine intime Bekanntschaft mit französischer Dichtung, mit Baudelaire und vor allem Rimbaud, ist aus seinem Werk ablesbar. Auch ist der große Einfluß, den französische Geschichte und Literatur auf Georg Heym ausübten, kaum zu übersehen, und man könnte noch manche Autoren des Expressionismus nennen, bei denen das ähnlich war. So schreibt z. B. Gottfried Benn, wenn er im Rückblick seinen „Lebensweg eines Intellektualisten" (1934) skizziert:

Trakl und Heym

Gottfried Benn

> Ich bin von der Generation, die Frankreich noch ganz besonders
> empfunden hat, seinen Reiz, seine Größe, durch Nietzsche
> wirkte es mit Stendhal und Flaubert auf uns, durch George mit
> Baudelaire und Verlaine, in den letzten Jahrzehnten kam der
> Impressionismus dazu, kurz vor dem Krieg lasen wir Claudel
> und Gide, Bergson und Suarez, und es war ein großer Geist, der
> aus Frankreich kam (...) (Benn, Bd. 4, 63 f.)

Gegenbild zum
Kaiserreich

Die Bedeutung Frankreichs für die expressionistische Generation ist weder mit Zufälligkeiten noch privaten Vorlieben erklär-
bar, sondern das Vorbild wird genau in dem Maße erträumt und
verehrt, wie es als Gegenbild zum wilhelminischen Deutschland
erscheint. In Johannes R. Bechers Gedicht „Deutschland" (1914)
taucht dreimal die folgende Refrainstrophe auf:

Johannes
R. Becher:
Kindheitstraum
Paris

> Schwer wird's, sich als Deutschen zu bekennen,
> Nicht nach den Schönheiten Frankreichs zu brennen,
> Nach Paris nicht, unserem rosenen Kindheitstraum.
> Wir leben in einem kalten rechteckigen Raum.

Heinrich Mann

In Frankreich sei es anders, sei es besser – dieser Glaubenssatz
vieler Expressionisten hat zugleich etwas Unverbindliches, er
bleibt larmoyant und vage. Allein Heinrich Mann hat versucht,
die Vorzüge Frankreichs als die einer entwickelten politisch-
demokratischen Kultur zu begreifen, in der Literaten und Intellektuelle sich für die öffentlichen Belange engagieren. Seine
Essays „Geist und Tat" und „Voltaire – Goethe" (beide 1910)
wurden zwar in den expressionistischen Zeitschriften „Pan" und
„Die Aktion" (1911 bzw. 1912) gedruckt, sie konnten aber nicht –
ebensowenig wie der berühmte „Zola"-Essay (1915) – dazu
beitragen, daß die ästhetisierende Frankreichschwärmerei überwunden oder gar in einer kämpferischen Stellungnahme für
demokratische Freiheiten aufgehoben wurde.

Die letzten
Kinder der
„Belle Epoque"

Der Sehnsuchtsblick nach Frankreich ist für die Expressionisten
ein reflexhaftes Wegsehen von der deutschen Gegenwart, ein
Traumbild eher denn eine konkrete Perspektive. Geistesge-
schichtlich bedeutsam bleibt aber die Tatsache, daß sich die
Expressionisten überhaupt noch an Frankreich orientierten: Sie
sind die letzten Kinder der „Belle Epoque". Nach dem Weltkrieg,
in den zwanziger Jahren, wird Frankreich bekanntlich seinen
Nimbus mehr und mehr verlieren; für die meisten Literaten und
Intellektuellen, mit Ausnahme vielleicht von Benjamin und
Tucholsky, ist dann nicht mehr Frankreich der Bezugspunkt,
sondern sie richten sich nach der neuen Mode, und die heißt
Amerikanismus.

Traditionen und Traditionsbruch

Hält man sich an die gängigsten Schlagworte der expressionistischen Bewegung (z. B. „Mensch", „Wesen", „Wandlung", „Aufbruch", „Erneuerung"), so weisen sie auf einen radikalen Neubeginn, der sich als bewußter Bruch mit der Tradition verstehen läßt. Die genannten Schlagworte sind bezeichnenderweise keine ästhetischen Begriffe. Der zum „Aufbruch der Jugend" stilisierte Traditionsbruch besteht demnach darin, daß der Expressionismus als geistig-moralische Aktivität erscheint, die sich gegen alle nur-ästhetischen oder nur-literarischen Einordnungen verwahren möchte. Letztlich geht es um den „neuen Menschen", der schon irgendwie für eine neue und menschlichere Gesellschaft sorgen werde.

Der Mythos des Neuen

Gegen die so skizzierte Sicht auf den Expressionismus, die dem Selbstverständnis vieler Autoren entspricht, wären allerdings zwei Einwände anzumelden: Erstens gelten die erwähnten Schlagworte keineswegs für alle Expressionisten (z. B. nicht für Benn, van Hoddis, Lichtenstein, Boldt, Trakl); zweitens geschieht der Neuansatz um 1910 nicht völlig voraussetzungslos, sondern markiert eine bestimmte Phase innerhalb des Prozesses der sogenannten Moderne mit ihren verschiedenen „Ismen". Dabei wird der Einfluß ganz unterschiedlicher Autoren (z. B. Strindberg, Dostojewski, Walt Whitman) wirksam; an Idolen und Vorbildern fehlt es den Expressionisten nicht. Die Namen, die Georg Heym etwa mehrfach in seinen Tagebüchern nennt, haben auch für seine Generationsgefährten große Ausstrahlung:

Literarische Einflüsse:

> 20. 7. 09. Ich liebe alle, die in sich ein zerrissenes Herz haben, ich liebe Kleist, Grabbe, Hölderlin, Büchner, ich liebe Rimbaud und Marlowe. Ich liebe alle, die nicht von der großen Menge angebetet werden. Ich liebe alle, die oft so an sich verzweifeln, wie ich fast täglich an mir verzweifle.
> (Heym, Bd. 3, 128)

– „alle, die in sich ein zerrissenes Herz haben"

An anderer Stelle nennt Heym als seine „Götter" in der Lyrik die folgenden Autoren: „Baudelaire. Verlaine. Rimbaud. Keats. Shelley." (ebd., 149)

Was ist den genannten Dichtern gemeinsam? Zum einen dies, daß die Faszination fast mehr von den Personen als von den Werken ausgeht. Es handelt sich durchweg um gesellschaftliche Außenseiter, die zu ihrer Zeit verkannt waren oder angefeindet wurden, und fast alle starben in sehr jungen Jahren. Zum anderen faszinieren diese Autoren durch die inhaltliche Radika-

– gesellschaftliche Außenseiter

lität ihrer Werke, d. h. durch das Ungemäßigte, Kompromißlose,
oft Schockierende der Themen und Motive. Nur haben sie einen
„Nachteil": sie wurden nicht erst von den Expressionisten entdeckt! Georg Büchner z. B. war bereits den Naturalisten wichtig,
der Einfluß Hölderlins läßt sich nicht erst bei Trakl, sondern
schon bei George und Rilke nachweisen, und die französischen
Symbolisten wirkten nachhaltig schon auf die Dekadenzdichtung der Jahrhundertwende ein.

Expressionismus als deutsches Phänomen im Rahmen der europäischen Moderne

Der Expressionismus ist ein deutsches Phänomen – aber sorgt
nicht auch seine internationale Orientierung (der Blick nach
Frankreich, die Rezeption der italienischen Futuristen) mit dafür,
daß er im wilhelminisch-nationalistischen Deutschland derart
zum Skandalon wird? Vielleicht sollte man den Expressionismus, speziell was die Lyrik betrifft, nicht nur als Traditionsbruch und totalen Neubeginn sehen, sondern auch als deutsche
Variation im Rahmen einer gesamteuropäischen Entwicklung
seit Mitte des 19. Jahrhunderts. Der Expressionismus stellt die
Antithese zu anderen literarischen Epochenströmungen der
Moderne vor und neben ihm dar, ist aber zugleich durch ein
kompliziertes Geflecht von Parallelen und Teilentsprechungen
mit ihnen verbunden. Gerade weil eine Tradition da ist, wird das
Neue als Variation vorhandener Modelle erkennbar. Das gilt
sowohl für die Themenwahl wie für bestimmte Darbietungsformen.

Verhältnis zum Naturalismus: Gegensätze und Gemeinsamkeiten

Die Großstadtthematik z. B., die in der expressionistischen Lyrik
eine so beherrschende Rolle spielt (vgl. S. 49 ff.), wurde in der
deutschen Literatur – in England und Frankreich gab es sie
schon länger – zuerst von den Naturalisten aufgegriffen. Nicht
das Thema ist also neu, sondern die Art seiner Behandlung, und
im Vergleich naturalistischer Großstadtgedichte (z. B. von Karl
Henckell oder Julius Hart) mit solchen des Expressionismus
(z. B. von Georg Heym) werden die spezifischen Eigenarten
beider Stilrichtungen sehr plastisch erfahrbar. Gleichzeitig gibt es
zwischen den Autoren beider „Schulen" aber auch so etwas wie
Kontinuität, die sich als innerliterarischer Zunftzwang beschreiben läßt und auf die gemeinsame Gegenposition zur wilhelminisch-bürgerlichen Gesellschaft zurückzuführen ist. Richtig ist,
daß die Naturalisten das Thema Stadt weitgehend sozial eingrenzen (Armut, Wohnelend, Fabrikarbeit des Proletariers), während
die Elends- und Leidfiguren der Expressionisten (Blinde, Krüppel, Irre etc.) existentielle Heimatlosigkeit und menschliche
Isolation schlechthin repräsentieren sollen. Naturalisten wie
Expressionisten streben starke Mitleids- und Schockwirkungen
an, wobei die Effekte – man denke z. B. an die Vorliebe für die
Prostituiertenthematik – sich zu verselbständigen drohen und oft

sehr vordergründig sind. Aber das ist nun gerade der Punkt, an dem unter sozialpsychologischem Aspekt die Gemeinsamkeit von Naturalisten und Expressionisten aufscheint: beide werden sie von einem Verlangen nach Selbstausgrenzung und einem Wunsch, die gesellschaftlichen Konventionen schockhaft zu durchbrechen, getrieben. Das führt zu einer Steigerung der grellen Effekte und damit zu einer Schablone, die dann von zahlreichen Epigonen dankbar verwendet wird. In gewissem Sinne ließe sich behaupten, daß Naturalisten wie Expressionisten eine sogenannte „Asphaltliteratur" schreiben, deren Personal aus typenhaften Außenseitern besteht. Was immer auch Naturalisten und Expressionisten, rein ästhetisch gesehen, voneinander trennt (und das ist viel!), so verbindet sie doch ihre Verweigerungshaltung, mit der sie die im Kaiserreich übliche Rollenzuschreibung (Literatur solle verklären, unterhalten, erbauen) unterlaufen.

Die Gegenströmung zum Naturalismus wird durch eine Vielzahl von Begriffen bezeichnet: Impressionismus, Jugendstil, Symbolismus, Neuromantik, Décadence, Ästhetizismus. Die expressionistische Lyrik steht zu ihnen in einem komplizierten Korrespondenz- und Abgrenzungsverhältnis, und bei einzelnen Autoren (z. B. Ernst Stadler) läßt sich der Lösungsprozeß mehr als gleitender Übergang denn als markanter Gegenentwurf verfolgen.

Verhältnis zur Kunst der Jahrhundertwende: Korrespondenzen

Die populäre und gleichsam lexikonnotorische Unterscheidung von Impressionismus und Expressionismus als „Eindrucks"- bzw. „Ausdruckskunst" erweist sich bei näherem Hinsehen oft als unzureichende Definitionshilfe. Zwar ist sie nicht gänzlich falsch. Im allgemeinen stimmt es schon, daß impressionistische Dichtung den sinnlich-subjektiven Eindruck betont und den einmaligen, unverwechselbaren, flüchtigen Reiz des gegenwärtigen Augenblicks ins Zentrum rückt, wobei das Erlebnissubjekt sich weitgehend auf die Rolle eines Wahrnehmungsapparats reduziert, und es stimmt auch, daß expressionistische Dichtung demgegenüber entschieden ichbewußter angelegt ist und die bloße Ästhetisierung von Wirklichkeitsimpulsen bzw. „Stimmungen" ablehnt. Aber solche Unterscheidung bezeichnet einen idealtypischen Gegensatz, und im einzelnen Gedicht ist keineswegs immer klar zu unterscheiden, wo denn nun (impressionistisch) bestimmte Reize der Außenwelt registriert und nachgezeichnet und wo sie (expressionistisch) subjektiv überformt oder neugeschöpft sind. Der expressionistische „Reihungsstil" etwa (vgl. S. 179 f.) knüpft durchaus an impressionistische Stiltendenzen an, wenn er die Bilder und Chiffren des modernen Großstadtlebens sprunghaft-assoziativ zusammenzwingt.

Ein konkretes Beispiel: Wer einmal Stadlers „Fahrt über die

Impressionismus und Expressionismus

Kölner Rheinbrücke bei Nacht" (vgl. S. 192 ff.) mit Detlev von Liliencrons Gedicht „Der Blitzzug" vergleicht, wird unschwer erkennen können, was expressionistische Lyrik ausmacht und worin sie sich von impressionistischer unterscheidet. Wer sein Hauptaugenmerk allerdings auf die Unterschiede konzentriert, übersieht möglicherweise, daß Stadler (zumal im ersten Teil seines Gedichts) in einer Weise verfährt, die selbst noch „impressionistisch" ist bzw. so aufgefaßt werden kann.

Verhältnis zum Symbolismus

Besonders schwierig ist es, das Verhältnis der expressionistischen Lyrik zum Symbolismus zu bestimmen. Es ist einerseits, wenn man sich an die Äußerungen der Autoren hält, krasse und höhnische Negation. Georg Heym bezeichnet den gehaßten Stefan George z. B. als „sakralen Kadaver" oder „die Binger tönerne Pagode", er nennt Rilke „das überschminkte Frauenzimmer" bzw. den „Prager Gecken" (Heym, Bd. 2,181), aber andererseits beruft sich Heym auf die gleichen französischen Autoren, die den deutschen Symbolisten Vorbilder waren. Die hermetische Bildlichkeit Georg Trakls schließlich verdankt der französischen Lyrik seit Baudelaire sicher mehr Impulse als der seiner expressionistischen Zeitgenossen, und auch die stilisierte Künstlichkeit vieler Gedichte der Else Lasker-Schüler weist auf symbolistische Anregungen zurück.

Baudelaire, Rimbaud, Verlaine

Was die Expressionisten an Baudelaire und – mehr noch – an Rimbaud fasziniert, ist etwas anderes als das, was für George und seinen Kreis wichtig war. Sie interessieren sich weniger für innerliterarische Formprobleme, nicht für die subtilen Möglichkeiten der Synästhesie oder die sonstigen suggestiven Reize von Musikalität und Klangmagie, und sie suchen auch nicht hinter den Dingen das Symbol einer verborgenen Idee. Sie halten sich mehr an die „Ästhetik der Häßlichkeit", an die schockierende Überdeutlichkeit einzelner Themen und Motive (vgl. S. 69 ff.), und suchen im Makabren, Grotesken, Bizarren die Momente von „Wahrheit". Nicht zuletzt ist es der außergewöhnliche Lebenslauf eines Rimbaud oder Verlaine, in dem sie ihr eigenes Daseinsgefühl spiegeln können. Die expressionistischen Lyriker fühlen sich den großen Franzosen des 19. Jahrhunderts geistesverwandt, lehnen aber deren rein-ästhetische Rezeption ab, Tradition und Traditionsbruch halten sich die Waage.

Das literarische Umfeld

Die Rede vom „expressionistischen Jahrzehnt" kann leicht den
Eindruck erwecken, da sei eine literarische Bewegung erstanden,
die mit eruptiver Gewalt alles Vorherige hinweggeschwemmt
habe, und mit Naturalismus, Impressionismus, Neuromantik sei
nun endgültig Schluß gewesen. Dieser Eindruck wird von so
mancher Literaturgeschichte unterstützt, er ist aber falsch!

Die großen, bekannten Autoren veröffentlichen ja weiter: „Die   *Koexistenz höchst*
Ratten" von Gerhart Hauptmann erscheinen 1911 im selben Jahr   *unterschiedlicher*
wie der „Jedermann" sowie die „Gedichte und kleinen Dramen"   *Literaturformen*
von Hugo von Hofmannsthal, der in dieser Zeit auch die Libretti
für die Richard-Strauss-Opern „Der Rosenkavalier" (1911) und
„Ariadne auf Naxos" (1912) schreibt, und im Jahre 1913 kommt
z. B. Thomas Manns Novelle „Der Tod in Venedig" heraus. Nicht
einmal im engeren Bereich der Lyrik konnten sich die Expressionisten sogleich gegen die Vertreter einer konservativ-elitären
Schöngeistigkeit durchsetzen. Kulturell anerkannte Lyrik – das
war noch immer Stefan George („Der Stern des Bundes", 1914)
oder wurde durch die Gedichtbände eines Rudolf Borchardt,
Hans Carossa oder Rudolf Alexander Schröder repräsentiert.

Das Jahr 1912 sei hier exemplarisch betrachtet, um anschaulich   *Das Jahr 1912*
zu machen, welchen literarischen Schock die expressionistische   *als Beispiel*
Lyrik einerseits hervorrufen mußte und wie deren Bedeutung
andererseits, im Vergleich zu ausgesprochenen Erfolgstiteln,
auch wiederum zu relativieren ist. In diesem Jahr, in dem
übrigens Gerhart Hauptmann den Nobelpreis für Literatur erhielt, erschien in Berlin-Wilmersdorf beim Verleger Alfred
Richard Meyer („Munkepunke") als sogenanntes „Lyrisches
Flugblatt" ein schmales Gedichtheft: „Morgue und andere
Gedichte" von Gottfried Benn – ein für die deutsche Literaturgeschichte wichtiges Datum, eine Sensation für Literaten und
Intellektuelle. Das breite Publikum zeigte allerdings mehr Interesse für den impressionistischen Charme und die frivole Heiter-
keit von Kurt Tucholsky („Rheinsberg, ein Bilderbuch für Ver-
liebte"); man kaufte, las und verschenkte „Die Biene Maja" von
Waldemar Bonsels oder die Neuauflage von Rilkes „Cornet", die
als Band 1 der soeben gegründeten „Insel-Bücherei" in Auflagen-
höhen kletterte, wie sie die wichtigsten Titel der Expressionisten
nicht einmal zusammen erreichen konnten. Und wenn es damals
bereits Bestseller-Listen gegeben hätte, dann wären die Spitzen-
plätze durch die Heide-Romane von Hermann Löns oder die
jeweils neueste Veröffentlichung der unermüdlich produzieren-
den Hedwig Courths-Mahler besetzt gewesen.

Krieg und
Nachkriegszeit

Von einem „Sieg" oder gar von einer spürbaren Breitenwirkung der expressionistischen Literatur kann auch in den nächsten Jahren, während des Krieges oder in der unmittelbaren Nachkriegszeit, keine Rede sein. Die expressionistischen Werke gerade dieser Zeitspanne werden heute oft geringgeschätzt. Man

Pazifismus der
Expressionisten

pflegt den zahlreichen Dokumenten eines radikalen Pazifismus, der zu übernationalen, weltumspannenden Verbrüderungsgesten ausholt, von oben herab zu bescheinigen, das sei zwar von sympathischer Gesinnung, aber künstlerisch anfechtbar oder schwach. Solch „rein ästhetisches" Urteil wird der historischen Sachlage schwerlich gerecht! Noch das künstlerisch mißlungenste Anti-Kriegs-Gedicht gewinnt beträchtlich an Bedeutung,

Breite Resonanz
„vaterländischer"
Literatur

wenn man zum Vergleich einmal in dem millionenfach verbreiteten Büchlein „Der Wanderer zwischen beiden Welten. Ein Kriegserlebnis" (1917) von Walter Flex blättert, in dem Krieg und Opfertod ästhetisiert und mit religiösem Schwulst erklärt werden. Und noch das überspannteste O-Mensch-Pathos der Expressionisten wird sogleich etwas erträglicher (weil zumindest antichauvinistisch), wenn man an die zeitgenössischen Alternativen denkt, z. B. an Thomas Manns „Betrachtungen eines Unpoli-

Thomas Manns
Polemik gegen
die „Zivilisa-
tionsliteraten"

tischen" (1918), in denen die vermeintliche Überlegenheit deutscher Kultur gegenüber der „bloßen" Zivilisation der westlichen Demokratien behauptet wird und in denen es an wütenden Ausfällen gegen die „Zivilisationsliteraten" (d. h. den Bruder Heinrich Mann sowie auch die Expressionisten) nur so wimmelt.

Weggefährten der
Expressionisten

Zum literarischen Umfeld des Expressionismus gehören nun aber auch Werke, die in Thematik, Weltgefühl, politischer Gesinnung denen der Expressionisten verwandt sind, auch wenn ihre Autoren auf keine der bekannten literarischen Stil- oder Epochenbezeichnungen reduziert werden können:

Rilke

„Die Aufzeichnungen des Malte Laurids Brigge" (1910) von Rainer Maria Rilke zählen thematisch wie formal zu den ersten und wichtigsten Beispielen des „modernen" Romans. Die Wirklichkeit der Großstadt Paris ist in beklemmende Bilder der Angst, der Krankheit, des Ekels, des Todes gefaßt, und schon auf den Anfangsseiten wird gewissermaßen der Motivkatalog sichtbar, der auch die Gedichte des Berliner Frühexpressionismus bestimmt.

Heinrich Mann

Heinrich Mann ist weniger in literarisch-ästhetischer als in politischer Hinsicht ein Weggefährte der Expressionisten. Die ersten Episoden des Romans „Der Untertan" erschienen schon 1911 im „Simplizissimus"; die satirisch-entlarvende Kritik am wilhelminischen Deutschland konnte 1914 in Fortsetzungen in der Zeitschrift „Zeit im Bild" gelesen werden – bis zum Kriegsausbruch. Der vollständige Roman erschien dann erst im Jahre 1918.

Franz Kafka war nicht nur mit Franz Werfel befreundet, seit 1912 *Kafka*
veröffentlicht er auch seine Erzählungen bei Kurt Wolff, *dem*
Verleger der Expressionisten (vgl. S. 39). In der Reihe „Der
jüngste Tag", das Einzelheft kostet 80 Pfennige, kommen u. a.
„Der Heizer", „Das Urteil", „Die Verwandlung" heraus. Inwieweit diese Erzählungen auch expressionistische Züge tragen, ist
hier nicht zu erörtern. Erwähnung verdient aber der Hinweis,
daß Kafka kein Freund expressionistischer Lyrik war. Die
Gedichte der Lasker-Schüler etwa kann er „nicht leiden", miß-
traut indes dem eigenen Urteil, weil Werfel „von ihr nur mit
Begeisterung" spricht (Brief an Felice vom 12./13. Februar 1913).
Und Gustav Janouch überliefert geradezu vernichtende Äußerungen Kafkas über Johannes R. Becher („Es ist ein Schreien.
Das ist alles.") sowie über die Anthologie „Menschheitsdämmerung" („Sie sind Sprachzerstörer. Das ist ein schweres Vergehen." G. J., Gespräche mit Kafka. Aufzeichnungen und Erinnerungen, Ffm ²1981, Fischer Taschenbuch 5093, S. 110; S. 71).

Bildende Kunst und Literatur

Am Ende des 19. Jahrhunderts wurde bereits eine Tendenz *Primat der*
sichtbar, die sich in den folgenden Jahrzehnten als dominierend *visuellen Künste*
erweisen sollte: daß nämlich die Entwicklung der ästhetischen
Moderne in erster Linie durch die visuellen Künste geprägt wird.
Die einzelnen Stil- und Epochenbegriffe mit ihrer verwirrenden
Vielzahl von „Ismen", ja überhaupt alle Periodisierungsversuche
orientieren sich zumeist an der Bildenden Kunst, vor allem der
Malerei, und werden dann auf die Literatur und andere Kunst-
formen zu übertragen versucht.
Diese Tendenz bedeutet für den Begriff Expressionismus zweier- *Expressionismus*
lei: einerseits wird er als besondere Entwicklungsphase im Ge- *in Malerei und*
samtprozeß der europäischen Moderne bestimmbar, und ande- *Grafik*
rerseits bekommt er gerade durch die Abgrenzung zu den
französischen Fauves bzw. im Vergleich mit Kubismus, Futurismus und anderen nachimpressionistischen Stilformen erst
seine spezifische Kontur. Die Tatsache wiederum, daß man heute
relativ verläßlich zu wissen glaubt, was Expressionismus in
Malerei und Grafik bedeutet, führt letztlich dazu, daß auch für
die Literatur am Oberbegriff Expressionismus festgehalten wird.
Bleibt zu fragen, wie eng die Beziehungen zwischen Bildender
Kunst und Literatur im expressionistischen Jahrzehnt denn tatsächlich waren.

In Frankreich:
Apollinaire als
Mittler zwischen
den Künsten

Um die Frage zunächst einmal negativ zu beantworten: einen deutschen Apollinaire hat es nicht gegeben. Guillaume Apollinaire (1880–1918), einer der bedeutendsten Lyriker Frankreichs, war mit nahezu allen wichtigen Literaten und Künstlern seiner Zeit befreundet. Dérain, Dufy, Vlaminck, Delaunay, Marcoussis, de Chirico, Picasso u. a. versahen seine Bücher mit Porträts und Illustrationen, während Apollinaire seinerseits als einer der ersten auf den Maler Henri Rousseau aufmerksam machte und Kubisten wie Futuristen propagandistisch unterstützte. Als Apollinaire z. B. im Januar 1913 nach Berlin kam, begleitete er seinen Freund Robert Delaunay, der in der „Sturm"-Galerie ausstellte, hielt dort einen Vortrag über die moderne Malerei und schrieb für den Katalog das bedeutende Gedicht „Les fenêtres".
Es gibt auch den umgekehrten Vorgang. In Herwarth Waldens legendärem Herbstsalon von 1913 war z. B. ein besonders auffälliges Exponat zu sehen: Sonia Delaunays Gouache „La Prose du Transsibérien et de la Petite Jehanne de France" als Illustration des gleichnamigen Prosagedichts von Blaise Cendrars (Format 199 x 36 cm). Eine Avantgarde-Kunst, die auf einer derart engen

In Deutschland:
nur vereinzelte
Zusammenarbeit
von Lyrikern und
Malern

Verbindung von Lyrik und Malerei beruht, hat es im deutschen Expressionismus nicht gegeben. Zwar schnitt Karl Schmidt-Rottluff die Kopfleiste für die Programmzettel des „Neopathetischen Cabarets" im Jahre 1911, zwar entstanden einzelne Buchillustrationen (z. B. von Ernst Ludwig Kirchner zu Heyms „Umbra vitae"), zwar gab es die Bildkarten-Korrespondenz zwischen „Blauem Reiter" und dem „Prinzen von Theben" (d. h. zwischen Franz Marc und Else Lasker-Schüler), doch belegen diese einzelnen Bemühungen noch keinen besonderen Gleichklang zwischen expressionistischer Literatur und Malerei. Expressionistische Gedichte, die von bestimmten Werken der Bildenden Kunst inspiriert wären, sucht man vergebens, und relativ selten nur wird ein Gedicht zum Anlaß bzw. Thema eines Bildes, wie etwa Franz Marcs Holzschnitt zu Else Lasker-Schülers „Versöhnung" (im „Sturm" September 1912).

Bildkunst und
Wortkunst in
„Sturm" und
„Aktion"

Die Gemeinsamkeit von Bildenden Künstlern und Lyrikern ist im wesentlichen eine Inszenierung der Herausgeber der großen Zeitschriften: Im „Sturm" und in der „Aktion" kommt es zum Nebeneinander von Gedichten, Zeichnungen und – vor allem – Holzschnitten, und hier finden sich auch zahlreiche Dichterporträts, die Kokoschka, Meidner, Oppenheimer u. a. vermutlich im Auftrag der Herausgeber anfertigten. Statt konkreter Zusammenarbeit also atmosphärische Korrespondenzen, statt nachweisbarer Impulse und Anregungen eher partielle Entsprechungen und Ähnlichkeiten. Nun ist es zwar möglich, den meisten bestimmenden Motiven der expressionistischen Lyrik einzelne „passende"

Ludwig Meidner: Ich und die Stadt (1913)

Bilder der zeitgenössischen Maler und Grafiker so zuzuordnen, daß sich der Eindruck eines gesamtkulturellen Epochen- und Generationsbewußtseins ergibt. Das Motiv des Ich-Zerfalls (vgl. S. 61 ff.) wäre z. B. mit entsprechenden Porträts und Selbstbildnissen gut zu illustrieren, und relativ schlüssig ließen sich auch individuelle Parallelen konstruieren (z. B. zwischen Chagall und Lasker-Schüler).

Der „Blaue Reiter"

Die bei weitem wichtigere Frage ist indes, ob es über solche punktuellen Entsprechungen hinaus so etwas wie eine gemeinsame Ikonographie von Malerei und Dichtung gibt. Was den „Blauen Reiter" betrifft, kann diese Frage eindeutig verneint werden: von der immer mehr ins Abstrakte vordringenden Bildsprache Kandinskys oder Marcs führt keine Verbindung zur zeitgenössischen Lyrik, auch nicht zur „Wortkunst"-Dichtung im Umkreis des „Sturms".

Die „Brücke"

Anders verhält es sich mit der von Kirchner, Heckel, Schmidt-Rottluff 1905 in Dresden gegründeten „Brücke". In dem Maße, wie diese Künstler stets der Wirklichkeit verpflichtet blieben, die Welt der sichtbaren Erscheinungen subjektiv ausdeuteten und ihre Gefühlsreaktionen dann wiederum auf die Darstellung der gegenständlichen Phänomene übertrugen, ergaben sich – vor allem seit dem im Jahre 1911 vollzogenen Umzug der „Brücke" nach Berlin – deutliche Korrespondenzen zu den Gedichten der

Bilder und Motive der Großstadt

Berliner Lyriker. Es ist das großstädtische Leben, das thematische Übereinstimmungen erzwingt: Bildende Künstler und Dichter wenden sich gleichermaßen den Motiven Straße und Verkehr zu; Zirkus, Varieté, Nachtlokal, Caféhaus tauchen in Bildern wie Gedichten auf; Wahnsinn und Selbstmord, Zerstörung, Apokalypse, Krieg bestimmen die Themenwahl. Was so entsteht, ist eine Art Psychographie des Großstädters, die zwiespältige Empfindungen zum Ausdruck bringt: Das Faszinierende ist zugleich das Beklemmende und Abstoßende.

E. L. Kirchners Berliner Straßenszenen

Als charakteristisches Beispiel sei der in den Jahren 1913 und 1914 entstandene Zyklus großfiguriger Straßenszenen von Ernst Ludwig Kirchner erwähnt. Häuser und Fahrzeuge werden nur sparsam berücksichtigt bzw. als bloße Versatzstücke ins Bild gesetzt. Auf die reale Wiedergabe bestimmter Örtlichkeiten kommt es dabei, auch wenn die Bildtitel „Friedrichstraße" oder „Potsdamer Platz" lauten, nicht an. Die Perspektive ist verzerrt, alles Interesse ist auf die nervös-hektische Bewegung des von hinten nach vorn direkt auf den Betrachter zukommenden Passantenstroms konzentriert. Die Menschen erscheinen sowohl isoliert wie in eine Masse eingebunden, ihre Gesichter sind entindividualisiert und maskenhaft, wie unter einem geheimen Zwang passen sie sich marionettenhaft dem von der Straße

Ernst Ludwig Kirchner: Potsdamer Platz, Berlin (1914)

ausgehenden Rhythmus an. Die Figuren sind überlängt, die Körperformen zu spitzwinkliger V- oder Z-Flächigkeit dynamisiert und verfremdet; alles Natürliche, Echte, Spontane ist den Großstadtmenschen abhanden gekommen, ihr Verhalten ist von

Die Kokotte als Leitfigur

Pose und raffinierter Selbstinszenierung geprägt. Leitfigur ist die Kokotte: die Dirne stellt eine kühle, morbide, damenhafte Eleganz zur Schau, sie erscheint in präzisem Wortsinn als Lockvogel, der einen ganzen Männerschwarm nach sich zieht. Die Szene hat etwas Pathetisch-Theatralisches, und die Personen gruppieren sich zu einer irgendwie vorgegebenen Choreographie, von der eine aggressive Spannung ausgeht. Um welche Tageszeit es sich handelt, ist unklar. Die Farben – dunkelblau, rot, fleischfarbenes Rosa, giftiges Grün, gelb – scheinen auf das künstliche Licht des Großstadtabends zu verweisen: es sind die gleichen Farben wie in den Gedichten von Lichtenstein, Lotz, van Hoddis, Blass oder Heym.

Die Sonderrolle Kirchners innerhalb der „Brücke"

So augenfällig die Übereinstimmung zwischen Kirchners Straßenbildern und der Lyrik des Berliner Frühexpressionismus auch sein mag, so muß doch einschränkend hinzugefügt werden, daß Kirchner – als der intellektuellste der „Brücke"-Maler und als derjenige, der sich am entschiedensten auf das Berliner Großstadtambiente eingelassen hat – in dieser Hinsicht nicht repräsentativ für die „Brücke" insgesamt ist. Bei Pechstein, Nolde, Schmidt-Rottluff oder Otto Mueller etwa sucht man die „typischen" Berlin-Motive vergebens, und auch Heckel und Kirchner selbst sind in ihrem Denken und Fühlen nie so ausschließlich und rückhaltlos Großstädter wie ihre gleichaltrigen Lyriker-Kollegen. Immer wieder ziehen sie sich aus der Stadt in die Natur zurück, und die vielen Bilder von nackten Menschen an Seen und Flüssen sind für den Gruppenstil der „Brücke" weit charakteristischer als die Auseinandersetzung mit der Großstadt. In Berlin entwickelten sich die Individualitäten der „Brücke" immer mehr auseinander, und hier löste sich die Künstlergemeinschaft im Jahre 1913 dann auf.

Die Berliner Malergruppe der „Pathetiker"

In Berlin gibt es nun allerdings – etwa seit 1913 – eine Reihe von Malern, deren Werk in Motivwahl und Bildsprache eine große Nähe zur zeitgenössischen Lyrik aufweist. Das liegt weniger daran, daß die Bildenden Künstler sich an literarischen Vorbildern orientiert hätten, als an der Tatsache, daß in den Jahren 1912 und 1913 die wichtigen „Sturm"-Ausstellungen von Kubisten und Futuristen zu sehen waren.

Unter dem Einfluß von Delaunays Eiffelturmbildern und den visuell aufgepeitschten Stadtlandschaften der Futuristen (z. B. Boccioni: „Die Straße dringt in das Haus", 1911) entwickeln Carlo Mense, Heinrich Richter-Berlin, Georg Tappert, Hans

Richter, Conrad Felixmüller, George Grosz u. a. einen charakteristischen Mischstil. Von Delaunay wird die prismatische Zerlegung der Gegenstände übernommen, nicht aber dessen farbtheoretische Intentionen; von den Futuristen entlehnt man die dynamische Auflösung der Formen, nicht aber deren Verherrlichung von Technik und Motorik schlechthin.

Thematisch bestimmend ist die Auseinandersetzung mit der modernen Welt, und das heißt: mit der Großstadt, doch verläßt die Darstellung den Bereich des Nur-Ästhetischen und ist metaphysisch und kulturkritisch eingefärbt. Bei keinem anderen Maler verschmelzen Großstadtvision und Seelenlandschaft so eindrucksvoll wie bei Ludwig Meidner (1884–1966). Vielleicht darf Meidners Gemälde „Ich und die Stadt" (1913) mit seinen chaotisch durcheinanderstürzenden Häusern, Schornsteinen, Telegrafenmasten und dem an den unteren Rand gesetzten Kopf mit weit aufgerissenen Augen (ein Selbstporträt) überhaupt als *das* Programmbild des Berliner Expressionismus angesehen werden. Die „Apokalyptischen Landschaften" Meidners erinnern an die Bildwelt Georg Heyms; die anarchisch-grotesken Selbstbildnisse sowie die expressiven Dichterporträts korrespondieren aufs genaueste mit dem Menschenbild der Gedichte des Berliner Frühexpressionismus. Die gemeinsame Ikonographie von Malerei und Dichtung enthüllt sich bei keinem Bildenden Künstler so deutlich wie bei Ludwig Meidner.

Großstadt-thematik

Ludwig Meidners „Apokalyptische Landschaften"

Theorien und Manifeste

Die Jahre von 1910 bis 1925 sind ein für die ästhetische Moderne bedeutsamer – und vor allem: theoriefreudiger – Zeitraum, in dem die verschiedensten „Ismen" als Kunst- bzw. Künstlerprogramme vorgestellt, verteidigt, kritisiert werden. Man hat die Dokumente gesammelt und z. B. unter einer Rubrik „Literaturrevolution" (vgl. die Bände von Pörtner) zusammengefaßt. Dieser Begriff wird indes der Tatsache nicht ganz gerecht, daß die ästhetischen Neuerungen zuerst im Bereich der Bildenden Kunst diskutiert wurden, also weder von der Literatur ausgingen noch auf sie beschränkt werden dürfen. Fraglich ist auch, ob man von einer „Theorie des Expressionismus" (vgl. das gleichnamige Buch von Best) sprechen kann oder soll. Zu unterschiedlich sind die Konzepte, zu hymnisch die Thesen und Begründungen, zu individuell die einzelnen Selbstvergewisserungen, als daß der Begriff „Theorie" so recht passend erschiene.

Der Begriff „Literatur-revolution"

Der frühe
Expressionismus
ohne Theorien
und Manifeste

Im Unterschied zu den Manifesten von Futurismus oder Dadaismus, die wirklich den Anfang der jeweiligen Bewegung markieren, entstehen die programmatischen Expressionismus-Definitionen erst relativ spät, etwa seit der Mitte des expressionistischen Jahrzehnts, wogegen der Vorkriegsexpressionismus ganz ohne theoretische Fundierung daherkam, jedenfalls nicht unter dem Signalwort Expressionismus entstand. Dieser Name war, was z. B. die Lyrik der Jahre 1910 bis 1914 angeht, unüblich bzw. unbekannt; keiner der bedeutenden Lyriker dieser Jahre hat ihn verwendet, geschweige denn sich auf ihn berufen. Man

„Jüngste
Dichtung" bzw.
„neues Pathos"

sprach von „jüngster Dichtung", „fortgeschrittener Lyrik" oder „neuem Pathos" und meinte damit eine der modernen großstädtischen Zivilisation angemessene Poesie.

Im Vorwort zum „Kondor", der ersten expressionistischen Anthologie (1912), die u. a. Gedichte von Blass, Heym, Lasker-Schüler, Werfel, Zech enthielt, schreibt der Herausgeber Kurt Hiller:

Die „Erlebensart
des geistigen
Städters" (Kurt
Hiller)

> Und so plant „Der Kondor", ein Manifest zu sein. Eine Dichter-Sezession; eine rigorose Sammlung radikaler Strophen. (...)
> Eine Richtung? Eine „Richtung" will „Der Kondor" nicht fördern. Erscheint die Erlebensart des geistigen Städters, die uneinfache, bewußtere, nervöse (mit Dynamos und Massenstreiken hat sie nichts zu tun!), hier als bevorzugt, so rührt das nur daher, daß man sie anderswo quäkerisch vernachlässigt hat.
> (in: Pörtner I, 225)

Dieses Vorwort ist weder sonderlich programmatisch noch eindeutig (was sind z. B. „radikale Strophen"?), und sogar der Bezug auf die „Erlebensart des geistigen Städters" wird sogleich ein wenig relativiert bzw. mit einer Art Nachholbedarf begründet. Gleichwohl liegt in dem Bekenntnis zu einem nervösen großstädtischen Bewußtsein eine weitreichende Forderung an die zeitgenössische Lyrik. Ernst Blass macht sie sich zu eigen. Im Vorwort seines Bandes „Die Straßen komme ich entlang geweht" (1912) postuliert er die Hinwendung des Dichters zum Alltag – und das bedeutet:

Hinwendung
zum Alltag
(Ernst Blass)

> das Wissen um das Flache des Lebens, das Klebrige, das Alltägliche, das Stimmungslose, das Idiotische, die Schmach, die Missetat. (Blass, 10)

Der kommende Lyriker müsse jemand sein,

> der erkennt und zugibt, daß man manchmal recht ins Alltägliche hineingeklebt ist; der noch in der Erhebung weiß, daß man nicht immer erhoben ist. (ebenda)

Das sind betont nüchterne Formulierungen, mit denen sich Ernst Blass nicht allein gegen das Lyrikverständnis der vorangegangenen Dichtergeneration abgrenzt, sondern mit denen auch schon – avant la lettre – eine Gegenposition zu manchen späteren Expressionisten bezogen scheint. Der kommende Lyriker, so fährt Ernst Blass fort, werde „ein weltstädtischer Schilderer" sein, der den Traum sowohl als die Skepsis kenne:

Der Lyriker als „weltstädtischer Schilderer"

> Er selber wird voll Andacht sein, nicht voll dumpfig-stöhnender oder fett-enthusiasmierter Andacht, sondern voll einer skeptischen, gefiederten, fortgeschrittenen, kriegstüchtigen, voll einer tänzerischen und erkennenden und geschwinden Andacht.
> (Blass, 11)

Von Kurt Hiller, dem Gründer des „Neuen Clubs" in Berlin, seien schließlich die folgenden Sätze (aus: „Die Weisheit der Langenweile", 1913) zitiert:

Der Berliner „Neue Club":

> Ich setze als Ziel der Gedichtschreibung: das pathetische Ausschöpfen dessen, was dem entwickeltsten Typus Mensch täglich begegnet; also: ehrliche Formung der tausend kleinen und großen Herrlichkeiten und Schmerzlichkeiten im Erleben des intellektuellen Städters. Man muß (...) knappe und irisierende Synthesen geben von dem, was seltsame analytische Sensation in uns ist. (in: Raabe I, 25)

– „Knappe und irisierende Synthesen"

Kurt Hiller bezieht sich ausdrücklich auf van Hoddis, Lichtenstein, Blass, Heym, Wolfenstein, Boldt und – etwas überraschend – auch auf Hasenclever und Werfel, wogegen er den „schneidigen Medizyniker" Gottfried Benn aus dem „Kreis belangvoller Neuerer" ausschließt. Das sind private Vorlieben und Antipathien. Wichtig ist, daß die Lyrik auf das „Erleben des intellektuellen Städters" verpflichtet werden soll, und zwar gerade auch auf das, was „täglich begegnet", also auf die vorgegebene Wirklichkeit. Nichts von Vision und Ekstase, im Umkreis des „Neuen Clubs" gibt es wie generell im Berliner Frühexpressionismus keine optimistisch-enthusiastische Aufbruchsprogrammatik. Die Gleichsetzung von Modernität mit intellektuellem Erleben sowie das Bekenntnis zur unmittelbaren Großstadtgegenwart sind vielleicht nicht ausgelöst, aber doch ermutigt worden durch die spektakulären Auftritte und Veröffentlichungen der Futuristen. Gottfried Benn hat immerhin noch im Jahre 1951 behauptet:

– nichts von Vision und Ekstase

> Das Gründungsereignis der modernen Kunst in Europa war die Herausgabe des futuristischen Manifestes von Marinetti, das am 20. Februar 1909 in Paris im „Figaro" erschien.
> (Benn, Bd. 1, 498)

Das futuristische Manifest

In diesem Manifest werden Dynamik und Tempo der neuen Zeit
verherrlicht: „ein heulendes Automobil, das auf Kartätschen zu
laufen scheint, ist schöner als der „Sieg bei Samothrake". Der
Anti-Traditionalismus meldet sich als fröhliche Barbarei: „Ein
altes Bild bewundern heißt unsere Empfindsamkeit auf eine
Totenurne verschwenden." „Steckt doch die Bibliotheken in
Brand! Leitet die Kanäle ab, um die Museen zu überschwem-
men!"

Einzelne Thesen bekennen sich unverhohlen zur Gewalt, und
zwar handelt es sich dabei nicht nur um eine etwas wunderliche
Künstler-Aggressivität („Denn Kunst kann nur Gewalt, Grau-
samkeit sein"), sondern um ein ideologisches Programm:

Marinetti

> Wir wollen den Krieg preisen, – diese einzige Hygiene der Welt –
> den Militarismus, den Patriotismus, die schönen Gedanken, die
> töten, und die Verachtung des Weibes.
> (alle Zitate nach Pörtner II,38–41)

In solchen Sätzen läßt sich bereits Marinettis spätere Parteinahme für den Faschismus erahnen. (Gottfried Benn wird sie in
seiner Berliner „Rede auf Marinetti" vom 29. März 1934 lobend
hervorheben: „Wir haben von hier aus verfolgt, wie Ihr Futurismus den Faschismus mitschuf"; Benn, Bd. 1, 480).

Breitenwirkung
der Futuristen

Nun haben weder die Verherrlichung von Krieg und Gewalt
noch die Begeisterung für Technik und Maschinen einen direkt
erkennbaren Einfluß auf die expressionistische Bewegung gehabt, doch ist die Behauptung kein Wagnis, daß der Futurismus
seit 1910 derart allgegenwärtig war, daß alle „modernen" Künstler, die Expressionisten eingeschlossen, sich zustimmend, relati-
vierend, ablehnend ihm gegenüber definieren mußten. Das
Marinetti-Manifest von 1909 war das erste, aber beileibe nicht
das einzige – bis 1913 erschienen ca. 20 futuristische Manifeste.
Im Jahre 1912, in dem die Galerie „Der Sturm" mit einer
Futuristenausstellung eröffnet wurde, war die Zeitschrift „Der
Sturm" mit futuristischen Thesen und Programmen geradezu
überfüllt. (In Nr. 110 hat z. B. Alfred Döblin die Bilder der
Futuristen bewundert, in Nr. 150/151 dagegen die „futuristische
Worttechnik" entschieden kritisiert.)

Einzelne Thesen
der Futuristen

Aus dem „Technischen Manifest der Futuristischen Literatur" (in
Pörtner II, 47–56) seien folgende Thesen herausgegriffen: „Man
muß das ‚Ich' in der Literatur zerstören, das heißt alle Psycholo-
gie." „Gebrauchen wir das ‚Häßliche' in der Literatur und töten
wir überall die Feierlichkeit." „Die Dichtung muß eine ununter-
brochene Folge neuer Bilder sein." Die Revolte gegen Syntax
und Grammatik geht durchaus ins technische Detail: Plädoyer

für den Gebrauch des Verbs im Infinitiv, Streichen der Adjektive und Adverbien, Beseitigung aller vergleichenden Redewendungen, Verzicht auf Interpunktion. Manche dieser Postulate scheinen in der frühexpressionistischen Lyrik beachtet, andere tauchen in der „Wortkunst"-Theorie des „Sturm"-Kreises wieder auf, einige kommen erst im Dadaismus zur Geltung.

Um eine Formel für das Verhältnis von Futuristen und Expressionisten anzubieten: Es gibt Übereinstimmungen im thematischen, partielle Korrespondenzen auch im formalen Bereich, doch sind die Intentionen letztlich unvereinbar. Gemeinsamer Ausgangspunkt ist die veränderte Wirklichkeit des Großstadtlebens, die neue Raum- und Zeiterfahrung, das beschleunigte Lebenstempo. Futuristen wie Expressionisten bemühen sich darum, die Gleichzeitigkeit heterogener Vorgänge und Bewegungen zu gestalten; Maler wie Boccioni und Severini vereinigen verschiedene Ereignis- und Erlebnisphasen in ein und demselben Bild, und dem sogenannten Reihungsstil der frühexpressionistischen Lyrik liegt ein ähnlicher Ansatz zugrunde. Während die Futuristen aber in so radikaler wie vordergründiger Weise die Erscheinungsformen der modernen Zivilisation verherrlichen, dominiert in der expressionistischen Lyrik eine ambivalente Einstellung, die sich z. B. darin äußert, daß der „Ich-Zerfall" als schmerzhaftes Erlebnis dargestellt wird. Die Futuristen sehen sich im Einklang mit einem vorwärtsdrängenden Prozeß, sie bejahen die Gewalt und empfinden sich als Täter, wogegen die expressionistischen Dichter oft kulturpessimistisch argumentieren und sich angesichts des um sie herum wachsenden Vernichtungspotentials in die Objekt- und Opferrolle versetzt fühlen.

Futuristen und Expressionisten: Parallelen und Unterschiede

In den Vorkriegsjahren entstehen Werke, die im nachhinein als expressionistisch bezeichnet worden sind – eine mit dem Futurismus konkurrierende Literaturtheorie oder gar ein Programm des Expressionismus gab es hingegen nicht. Kasimir Edschmid deutet diese Tatsache in seiner Rede über „Expressionismus in der Dichtung" (1917) zu einem positiven Werturteil um: „Nur die Unproduktiven eilen mit Theorie der Sache voraus." Er behauptet, daß „die Künstler der neuen Bewegung" angetreten seien, um „gegen das Atomische, Verstückte der Impressionisten nun ein großes umspannendes *Weltgefühl*" zu setzen:

Kasimir Edschmid

> Ihnen entfaltete das *Gefühl* sich maßlos.
> Sie sahen nicht.
> Sie schauten.
> Sie photographierten nicht.
> Sie hatten Gesichte.
> (in: Raabe I, 95)

Gefühl und Vision

Die „Sehergabe"
der Expressioni-
sten: ein popu-
lärer Mythos

Edschmids Rede ist in der Folgezeit recht populär geworden, und die in verschiedenen Textsammlungen, Schulbüchern etc. nachgedruckten Auszüge sollen gewissermaßen die Funktion der fehlenden Theorie übernehmen. Das kann nur zum Teil gelingen. Edschmids Thesen passen eher zum „messianischen" Expressionismus der Kriegs- und Nachkriegsjahre, erheben aber, indem sie den antiken Topos vom Dichter als Seher reaktivieren, einen weitergehenden Anspruch. Im Rückblick soll es so scheinen, als sei es den Dichtern der Jahre 1910 bis 1914 dank numinoser Inspiration irgendwie gelungen, den kommenden Weltkrieg vorwegzuahnen, d. h.: das Faktum des Krieges bestätige post festum ihre Sehergabe, in der geschichtlichen Realität manifestiere sich die „Wahrheit" bzw. der eigentliche „Sinn" der Werke. Edschmids Thesen regen dazu an, die Expressionisten als Visionäre und Propheten zu bestaunen. So entsteht ein mystifiziertes Bild von Dichtung (Paradigma ist das Werk Georg Heyms), das mehr zur Legendenbildung als zu einem wirklichen Verständnis dieser widersprüchlichen Epoche beiträgt.

Zeitschriften und Verlage

Abstinenz der
großen Zeitungen
und Verlage

Wie gelangten die expressionistischen Lyriker an die Öffentlichkeit? Ihre Gedichte erschienen, um die Frage zunächst einmal negativ zu beantworten, nicht im Feuilleton der „Frankfurter" oder „Vossischen" oder sonst einer der großen überregionalen Zeitungen, nicht in bekannten Zeitschriften wie z. B. der „Neuen Rundschau", schon gar nicht als fertige Gedichtbände bei den renommierten Verlagen (wie z. B. Fischer oder Insel). Das liegt zum einen natürlich daran, daß die jungen Autoren für die großen Verlagshäuser so lange nicht in Betracht kamen, wie sie noch keinen „Namen" hatten.

Kreation einer
subkulturellen
Gegenöffentlich-
keit

Ein weiterer Grund kommt hinzu. Um 1910 hatte sich das sogenannte literarische Leben bereits weitgehend zentralisiert; es spielte sich in den Metropolen Wien, München und – vor allem – Berlin ab, und hier entstanden auch die Brennpunkte einer kulturellen und subkulturellen Gegenöffentlichkeit. Erwähnt seien z. B. nur die Vortragsabende im Berliner „Neuen Club", dem „Neopathetischen Cabaret" Kurt Hillers, wo Georg Heym, Jakob van Hoddis, Ernst Blass, Else Lasker-Schüler u. a. ihre Gedichte lasen.

Lyrik gehörte in diesen Jahren in einem heute kaum vorstellbaren Maße zu den großstädtischen Tagesattraktionen, und das fundamental Neue daran war, daß ihre Faszinationskraft vor allem schon von dem gelungenen Einzelgedicht ausging. Wichtig war also weniger der Gedichtzyklus oder der komponierte Gedichtband (wie etwa die schon typographisch besonderen Bücher Stefan Georges); der Ruhm eines Lyrikers bzw. die Resonanz in bestimmten Kaffeehäusern oder Bohèmekneipen gründete sich vielmehr auf ein einziges Gedicht, man denke z. B. an Hoddis' „Weltende" (vgl. S. 96) oder an Boldts „Junge Pferde! Junge Pferde!" (vgl. S. 166), oder beruhte im Extremfall gar auf einem einzigen Vers: man denke etwa an Klabunds „Morgenrot! Klabund! Die Tage dämmern!" oder „Die Straßen komme ich entlang geweht" von Ernst Blass (vgl. S. 164).

Das Einzelgedicht als Ausdruck großstädtischen Lebensgefühls

Der Verleger Alfred Richard Meyer („Munkepunke") hat in seinen Erinnerungen diese historisch besondere Rezeptionsform anschaulich festgehalten:

> Man kann sich heute beim besten Willen nicht mehr vorstellen, mit welcher Erregung wir abends, im Café des Westens oder auf der Straße vor Gerold an der Gedächtniskirche sitzend und bescheiden abendschoppend, das Erscheinen des „Sturms" oder der „Aktion" erwarteten (. . .) Nur von Georg Heyms drohender Brachialgewalt flüsterte man. Hatten sich schon wieder neue Fronten ergeben? War ein neuer Überläufer festzunageln? Welches Lager drohte, sich zu spalten? Knisterte es irgendwo im Gebälk einer Freundschaft? Wer stieg? Wer fiel? Alle Börsenberichte waren für uns von nebensächlicher Bedeutung. Wir selbst waren die Marktwerte! Und jeder wußte warum. Wie heißt der neue Mann. Alfred Lichtenstein-Wilmersdorf. Und sein Gedicht „Die Dämmerung" betitelt. Verdrängt das „Weltende" des Jakob van Hoddis?
> (A. R. Meyer, die maer von der musa expressionistica. Zugleich eine Quasi-Literaturgeschichte mit über 130 praktischen Beispielen, Düsseldorf: Die Fähre 1948, S. 12 f.)

Die Gedichtrezeption im Kaffeehaus

„Wir selbst waren die Marktwerte!"

Das Gedicht war also Ausdruck großstädtisch-hektischen Lebensgefühls einer Literatengeneration, die ihre stimulierenden Sensationen aus den in den Kaffeehäusern ausliegenden Zeitschriften bezog.

Erstaunlich ist die Zahl der neugegründeten Zeitschriften, die sich durchweg der Publikation der neuesten Literatur verschrieben. Aus den „sprechenden Titeln" ließe sich leicht eine Programmatik des Expressionismus ableiten: „Kain", „Der lose Vogel", „Das neue Pathos", „Der Anbruch", „Die neue Kunst", „Revolution", „Das junge Deutschland", „Das Tribunal", „Der Orkan", „Aufschwung", „Der Revolutionär", „Die rote Erde" usw.

„Sprechende Titel" der neuen Zeitschriften

Zu erwähnen wären noch „Der Brenner" (Hrsg. Ludwig von
Ficker, Halbmonatsschrift in Innsbruck, seit 1910), der durch
die Erstdrucke der Gedichte Georg Trakls berühmt wurde,
sowie René Schickeles Monatsschrift „Die weißen Blätter", die
erst in Leipzig, dann während des Krieges in der Schweiz,
zuletzt (1919/20) in Berlin ediert wurden. Die für den Expressionismus bedeutendsten Zeitschriften erschienen in Berlin
und hießen „Der Sturm" (1910–1932) und „Die Aktion"
(1911–1932).

Herwarth
Walden und
„Der Sturm"

Georg Levin – den Namen „Herwarth Walden" erhielt er von
Else Lasker-Schüler, mit der er von 1901–1911 verheiratet war –
war einer der wichtigsten Anreger, Organisatoren und Vermitt-
ler der neuen Kunstrichtungen. Das Haus Potsdamer
Straße 134 a war der Kristallisationspunkt der deutschen und

Vereinigung von
Kunst, Musik,
Literatur

europäischen Avantgarde, in dem sich die seltene Symbiose von
Dichtung, Malerei und Musik verwirklichte. In Herwarth Wal-
dens Wohnhaus waren zugleich die Redaktion der Zeitschrift
„Der Sturm", der eigene Verlag „Der Sturm", die eigene Galerie
„Der Sturm" sowie die „Sturm-Buchhandlung" untergebracht,
hier gab es Lesungen und „Melos-Abende" mit zeitgenössischer
Musik, hier wurden Picasso und Delaunay ebenso ausgestellt wie
die italienischen Futuristen, die Künstler der „Brücke" ebenso
wie die des „Blauen Reiters"; die Maler Chagall, Feininger,
Kandinsky, Klee, Kokoschka, Macke, Marc u. a. wurden durch
Waldens Kunstsalon bekannt.

Und an der von 1910–1913 als „Wochenschrift für die Kultur und
die Künste" erscheinenden Zeitschrift faszinierte besonders die
Verbindung von Literatur und Bildender Kunst. Ein Werbetext
aus dem Jahre 1918 sei hier zitiert:

„das führende
Organ der
Expressionisten"

Der Sturm hat auf dem Gebiete der Dichtung, der Literatur, der
Musik, der Zeichnung und des Holzschnitts stets nur die Arbeiten jener Jüngeren und Neueren veröffentlicht, die eine Entwicklung zu grösserer Bedeutung erwarten liessen. (. . .) So geben die
Jahrgänge des Sturm einen Ueberblick über die gesamte künstlerische Entwicklung der neuen Zeit. Wer die Entstehung des
Expressionismus, sein Wesen und seine Bedeutung begreifen
will, ist auf Material, das der Sturm bietet, angewiesen. Einen
besonderen Wert hat die Zeitschrift dadurch, daß sämtliche
Holzschnitte vom Stock gedruckt werden, also Originalgraphik
sind. Der Sturm ist das führende Organ der Expressionisten.
(zit. nach Raabe/Greve, 144)

Franz Pfemfert
u. „Die Aktion"

Die Berechtigung dieser stolzen Selbstanpreisung sei unbestritten. Gleiches hätte indes Franz Pfemfert für seine „Aktion"
behaupten können und hat es auch getan:

Was in den drei vergangenen Jahren in meiner Zeitschrift gedruckt worden ist, es ist so wertereich, so voll heißen Lebens, so (Gott, ein populäres Wort noch!) pyramidal, daß kommende Historiker, der Literatur, der Kunst, der Politik die Geschichte des heutigen Deutschlands nicht schreiben werden, ohne DIE AKTION studiert zu haben. Der Literarhistoriker zum Beispiel wird dann feststellen: Das wichtigste, temperamentvollste, mutigste, moralischste Wochenblatt der jungen Literatur um 1910 war die Berliner AKTION).
(Die Aktion, Nr. 21/Mai 1914, Sp. 445 f.)

„das wichtigste Wochenblatt der jungen Literatur um 1910"

Franz Pfemferts „Wochenschrift für Politik, Literatur, Kunst" unterscheidet sich – die Reihenfolge der Substantive im Untertitel gibt da schon einen Hinweis – vom „Sturm" in dem Maße, wie die Interessen beider Herausgeber differieren. Während Waldens Ziele ausschließlich ästhetische waren und Politik ihn langweilte oder anekelte, verfolgte Pfemfert moralisch-politische Intentionen und verstand sein Blatt als Forum einer parteilich nicht gebundenen radikalen Linken. Gleichwohl druckten Walden und Pfemfert sehr oft die gleichen Autoren, und die „Aktion" reproduzierte ebenfalls Zeichnungen und Holzschnitte expressionistischer Künstler, gab die sogenannten „Aktions-Postkarten" heraus, wurde zu einem selbständigen Verlag. (Hier erschienen die Hefte der „Aktions-Lyrik" und die Bände der Schriftenreihe „Der rote Hahn".)

Unterschiedliche Akzente von „Sturm" und „Aktion"

Nie zuvor fand eine junge Dichtergeneration derart günstige Publikationsbedingungen. Die Einmaligkeit der expressionistischen Bewegung beruht auch auf der Tatsache, daß es in der deutschen Literatur nie eine Zeit gegeben hat, in der auch nur annähernd so viele neue Zeitschriften, Manifeste, Anthologien und z. T. sehr schmale Bücher und Hefte in eigens gegründeten Kleinverlagen herauskamen. Von den vielen für die neue Literatur engagierten Verlegern seien hier nur zwei genannt: Ernst Rowohlt und Kurt Wolff.

Einmalig günstige Publikationsbedingungen

Ernst Rowohlt gründete im Jahre 1908 in Leipzig, mit Kurt Wolff als Teilhaber, den Rowohlt-Verlag, in dem z. B. 1911 die Gedichte Georg Heyms erschienen. Nachdem Rowohlt aus seinem Verlag ausgeschieden war, führte ihn sein Teilhaber seit 1912 als Kurt-Wolff-Verlag weiter. Die Lektoren hießen Kurt Pinthus, dessen „Menschheitsdämmerung" (vgl. S. 40) übrigens in dem 1919 wiedergegründeten Rowohlt-Verlag herauskam, und Franz Werfel. Der Kurt-Wolff-Verlag edierte die bedeutendsten Autoren des Expressionismus; die Reihe „Der jüngste Tag" sorgte wie keine andere für eine relative Breitenwirkung der jungen Dichter.

Die Verleger Rowohlt und Wolff

Anthologien („Menschheitsdämmerung" u. a.)

Die Ernte eines Der Expressionismus beginnt paradoxerweise in dem Moment
Jahrzehnts populär zu werden, wo er aufhört, lebendige Bewegung zu sein.
In den Jahren 1919–1920 häufen sich wie auf geheime Verabre-
dung die Sammlungen und Bestandsaufnahmen; die Ernte eines
Jahrzehnts wird eingebracht. Das heißt, um im Bilde zu bleiben:
Die nicht mehr ganz frischen Früchte der expressionistischen
Lyrik werden aufgelesen, in Dosen konserviert, zu Marmelade
verarbeitet oder zu Obstschnaps destilliert.
1919 erscheinen die ersten Gesamtausgaben einzelner Dichter
(Lasker-Schüler, Lichtenstein, Stramm, Trakl), andere folgen
wenig später (1920: Ehrenstein, 1922: Benn, Heym), literaturge-
schichtliche Würdigungen werden vorgelegt, z. T. von den Autoren selbst (Kasimir Edschmid). Vor allem aber ist es die Lyrik,
die gleich in mehreren Anthologien dokumentiert wird (vgl. die
Übersicht bei Raabe/Greve, 319–325). Zwei Beispiele seien hier
erwähnt: die Anthologien von Rubiner und Pinthus.

Rubiners „Kameraden der Menschheit, Dichtungen zur Weltrevolution.
„Kameraden der Eine Sammlung" – so lautet der vollständige Titel der im Jahre
Menschheit" 1919 von Ludwig Rubiner herausgegebenen Anthologie. Merkwürdig ist (vgl. S. 153 ff.), daß die russische Oktoberrevolution
von 1917 nicht als Motiv auftaucht, und nur vereinzelt begegnen
Namen politischer Persönlichkeiten (Karl Liebknecht, Rosa
Luxemburg). Wenn man das Nachwort liest, erkennt man an
dem entschuldigenden Unterton mancher Passagen („Wir wissen, daß der ‚rein künstlerische' Wert unrein und ein Unwert ist";
„ist die seelisch wertvollere Revolutionsdichtung nicht soziali-
stisch, sondern vorläufig noch utopistisch"), daß der Herausgeber eigene Vorbehalte gegenüber der ästhetischen Qualität wie
dem politischen Anspruch der Gedichte überwinden mußte, um
die vollmundige These einer Kameradschaft von Dichtern und
Proletariern verkünden zu können:

Proletarier und Der Proletarier befreit die Welt von der wirtschaftlichen Vergan-
Dichter genheit des Kapitalismus; der Dichter befreit sie von der
Gefühlsvergangenheit des Kapitalismus. Kameraden der
Menschheit rufen zur Weltrevolution. (Rubiner, 169)

Pinthus' Rubiners Anthologie verstand sich als Dokument einer Zwi-
„Menschheits- schenetappe auf dem richtigen Weg, nicht aber als historisches
dämmerung" Monument. Ähnliches gilt für die „Menschheitsdämmerung"
von Kurt Pinthus, dessen „Symphonie jüngster Dichtung" in
Berlin 1919 (vordatiert auf 1920) im wiedergegründeten Ernst-

Rowohlt-Verlag erschien. Titel und Untertitel dieser Sammlung
müßten erläutert werden. Der Titel ist insofern typisch bzw.
repräsentativ für den Expressionismus, als er etwas Negativ-
Bedrohliches und etwas Positiv-Verheißungsvolles zusammen-
faßt. Man erinnere sich an „Verfall und Triumph" (so war ein
Gedichtband von Johannes R. Becher 1914 überschrieben) oder
an den Reihentitel des Kurt-Wolff-Verlags „Der jüngste Tag" (das
kann der erste wie der letzte sein!), um die Ambivalenz des
Begriffs „Menschheitsdämmerung" zu verstehen:

> Diese Dichter fühlten zeitig, wie der Mensch in die Dämmerung   *Ambivalenz des*
> versank..., sank in die Nacht des Untergangs..., um wieder   *Begriffs „Däm-*
> aufzutauchen in die sich klärende Dämmerung neuen Tags. In   *merung"*
> diesem Buch wendet sich bewußt der Mensch aus der Dämme-
> rung der ihm aufgedrängten, ihn umschlingenden, verschlingen-
> den Vergangenheit und Gegenwart in die erlösende Dämmerung
> einer Zukunft, die er selbst sich schafft.
>
> (Pinthus, Menschheitsdämmerung, 25)

Der Begriff „jüngste Dichtung" des Untertitels war in dem Maße
irreführend, wie Pinthus sich ausschließlich an der weltanschau-
lichen und gefühlsmäßigen „Intensität" der Dichter orientierte
und kein Interesse an der rein ästhetischen Innovation (Sturm-
Kreis, Dada) hatte. Eine „Symphonie" war die Sammlung insofern, als sie die 275 Gedichte von 23 Autoren nach vier „Sätzen"
komponierte (in Klammern die Zahl der Gedichte):

Sturz und Schrei (82)
Erweckung des Herzens (102)
Aufruf und Empörung (43)
Liebe den Menschen (48)

Gemäß seiner Überzeugung, daß „die Humanitäts-Melodie (...)   *Bevorzugung der*
als das messianische Hauptmotiv des Expressionismus bezeich-   *„messianischen"*
net werden" könne (Pinthus, 14), stellte Pinthus die utopisch-   *Expressionisten*
aktivistischen Dichter der Kriegs- und Nachkriegsjahre beson-
ders heraus, also z. B. Werfel, Hasenclever, Schickele, Heynicke,
Rubiner, Leonhard, in deren Texten die Hoffnung auf Neubeginn und Aufbruch stark akzentuiert war.
Von solcher zukunftsbezogenen Hoffnung war schon wenige
Jahre später nichts mehr übrig. Als Kurt Pinthus 1922 eine neue
Einleitung für sein Buch schrieb, das inzwischen eine Auflage
von 20 000 Exemplaren erreicht hatte, stellte er resignierend fest,
daß die „Menschheitsdämmerung" nun „ein abschließendes
Dokument dieser Epoche" (Pinthus, 33) geworden war.
Die „Menschheitsdämmerung" hat bis heute ihren Rang als   *Die Leistung von*
Standardwerk expressionistischer Lyrik bewahrt. Das ist eine   *Kurt Pinthus*

erstaunliche Leistung des Herausgebers, wenn man bedenkt, daß
Kurt Pinthus erstens seine Sammlung aus der literarischen Bewegung heraus, also ohne historischen Abstand, konzipierte und
daß er zweitens, als Lektor bei Rowohlt und Kurt Wolff mit
vielen Autoren persönlich bekannt, mit Werfel und Hasenclever
sogar eng befreundet war, was die „Objektivität" der Bestandsaufnahme doch leicht noch stärker hätte beeinträchtigen können.

Die erfolgreichste
Gedichtantho-
logie der deut-
schen Literatur

Die „Menschheitsdämmerung" ist die berühmteste und erfolgreichste Gedichtanthologie der neueren deutschen Literatur (der
seit 1959 lieferbare Nachdruck als Rowohlt-Taschenbuch hat
mittlerweile eine Auflage von 131 000 Exemplaren erreicht!),
und sie ist im Grunde von keiner der späteren Sammlungen
expressionistischer Lyrik überflüssig gemacht oder gar übertrof-

Charakteristik
neuerer Expres-
sionismus-Samm-
lungen

fen worden. Allerdings werden inzwischen die Akzente etwas
anders gesetzt, das qualitativ Bedeutende wird heute vor allem in
der Lyrik der Jahre 1910–1914 gesehen. Das führt dazu, daß die
Autoren des Berliner Frühexpressionismus (z. B. Benn, van
Hoddis, Lichtenstein) in neueren Anthologien wie etwa derjenigen von Silvio Vietta mit erheblich mehr Texten als bei Pinthus
vertreten sind und daß wichtige Autoren hinzukommen (z. B.
Blass, Boldt, Hardekopf, Herrmann-Neiße), die in der „Menschheitsdämmerung" fehlten.

Kritik am Expressionismus:
Dada, Neue Sachlichkeit

Dada

Heftige Gegnerschaft erwuchs den Expressionisten in bestimmten Kabaretts Berlins und Zürichs, den Zentren einer fröhlich-
anarchistischen Unsinnskultur, die unter dem Namen Dada zwar
nicht populär, aber doch sehr bekannt wurde.
In literaturgeschichtlichen Darstellungen wird der Dadaismus
oft so behandelt, als sei er eine Fortsetzung oder Auflösung des
Expressionismus, als sei er eben *danach* gekommen: eine Art
Satyrspiel nach dem tragischen Scheitern der zuletzt so aktivi-
stisch-pathetischen Bewegung. In Wahrheit begannen die Dadaisten weit früher, mitten im „expressionistischen Jahrzehnt", den
damals aktuellsten Literaturformen mit Ironie und Spott zu
begegnen bzw. ihnen die Leichenrede zu halten.
Im Jahre 1916 erschien z. B. in der Nr. 9/10 der „Aktion" das
folgende Gedicht von Richard Huelsenbeck:

Capriccio
Nach der strammen „Sturm"-Methode gedichtet

Jammer brüllen. Affen heulen.
Gluten klammen
Klammen Klauben
Bimmel Baumel
Bummel Bummel
in die Nacht.
Wanda wende
Wanda Wanda
Wanda wolle
Nächte bersten
sind geborsten
birsten borsten
eines Schweins.

Parodie der
„strammen"
Wortkunst im
„Sturm"

Hier werden bestimmte Stileigentümlichkeiten des von Herwarth
Walden geförderten August Stramm (vgl. S.177 u. 197 ff.) persifliert.
Sowohl die Stabreime als auch die Trivialisierung am Schluß
machen komischen Effekt; der Untertitel läßt an der parodistischen Absicht keinen Zweifel, und Franz Pfemfert wird vermut-
lich gerade ein solches Gedicht, das sich über die Wortkunst-
Theorie seines Konkurrenten Herwarth Walden lustig macht
(vgl. S.197), mit besonderem Wohlgefallen abgedruckt haben.
Allerdings ist bei anderen Dada-Autoren, die stilistisch in großer
Nähe zu August Stramm stehen (vgl. etwa die frühen Gedichte
von Kurt Schwitters), kaum mehr zu unterscheiden, ob ihre
Gedichte nun Stramm-Parodien sind oder vielmehr spielerisch-
freche bzw. groteske Variationen, die den eigenständigen
Anspruch erheben, Dada zu sein.
Gerade weil die Dadaisten in den Expressionisten ihre zeitgenös-
sischen Konkurrenten erblicken, kommen sie in ihren theoreti-
schen Texten immer wieder auf sie zurück. Im „Dadaistischen
Manifest" (1918) heißt es u. a.:

Das „dadaisti-
sche Manifest"

Unter dem Vorwand der Verinnerlichung haben sich die Expressionisten in der Literatur und in der Malerei zu einer Generation
zusammengeschlossen, die heute schon sehnsüchtig ihre litera-
tur- und kunsthistorische Würdigung erwartet und für eine
ehrenvolle Bürger-Anerkennung kandidiert. Unter dem Vorwand, die Seele zu propagieren, haben sie im Kampfe gegen den
Naturalismus zu den abstrakt-pathetischen Gesten zurückgefun-
den, die ein inhaltloses, bequemes und unbewegtes Leben zur
Voraussetzung haben. (...) Jener sentimentale Widerstand gegen
die Zeit, die nicht besser und nicht schlechter, nicht reaktionärer
und nicht revolutionärer als alle anderen Zeiten ist, jene matte
Opposition, die nach Gebeten und Weihrauch schielt, wenn sie

Ablehnung des
„sentimentalen
Widerstands
gegen die Zeit"

es nicht vorzieht, aus attischen Jamben ihre Pappgeschosse zu
machen – sie sind Eigenschaften einer Jugend, die es niemals
verstanden hat, jung zu sein.
(Pörtner II, 486 f.)

Was wird den Expressionisten vorgeworfen? Daß sie – wie die
Künstlergenerationen vor ihnen – in erster Linie an Ästhetik und
Kunst und damit an ihrem Platz in der Geschichte interessiert
seien, daß sie einen abstrakt-pathetischen Gesinnungsprotest
gegen ihre Zeit erhoben hätten, wogegen die neue bzw. ‚richtige'
Jugend nichts anderes als Ausdruck der nun einmal bestehenden
Gegenwart sein wolle.

Für das
„simultanistische
Gedicht"

Erkennbar ist, daß der Angriff vor allem den sogenannten
messianischen Expressionisten (wie z. B. Werfel) gilt, gegen welche die Abgrenzung leichtfällt. Wenn aber dann als neu das
„simultanistische Gedicht" propagiert wird – es lehre „den Sinn
des Durcheinanderjagens aller Dinge, während Herr Schulze
liest, fährt der Balkanzug über die Brücke bei Nisch, ein Schwein
jammert im Keller des Schlächters Nuttke" (Pörtner II, 488) –, so
ist dieses Programm doch im Grunde längst von den Gedichten
des Berliner Frühexpressionismus, bei van Hoddis und Lichtenstein, verwirklicht worden!

Die Expressioni-
sten als morali-
sierende Spießer

Die Expressionisten der Vorkriegsjahre, an die die Dadaisten
anknüpfen, werden von ihnen nicht genannt, auch „vergessen"
sie die Erwähnung all jener humoristischen und grotesken Ausdrucksformen, die es vor und neben Dada ja durchaus gegeben
hat (vgl. S. 167 ff.). Raoul Hausmann („Der Dada", 1919) hält sich
in seiner Polemik gegen *die* Expressionisten z. B. ausschließlich
an die Autoren der Kriegs- und Nachkriegszeit, die er „Schwach-
köpfe" und „Dussel" nennt und denen er eine „Ethik" bescheinigt, „der man nur mit der Mistgabel sich nähern kann". In solch
verkürzter Perspektive erscheint Expressionismus dann als
„Farce" oder „Weltende der romantischen Lügenhaftigkeit",
wenn nicht gar als „eine von vornherein verdorbene Glibber-
speise, von der man feierliches Bauchgrimmen bekam":

> Der schreibende oder malende Spießer konnte sich dabei
> ordentlich heilig vorkommen, er wuchs endlich irgendwie über
> sich selbst hinaus in ein unbestimmtes, allgemeines Weltgedusel.
> (zit. n. Pörtner II, 506)

Im „Dada-Almanach" von 1920 schließlich wird den Expressionisten der Vorwurf gemacht, daß sie „sich als Reaktion gegen die
Zeit" auffaßten und überhaupt „etwas wollten", d. h. die Kritik
gilt nicht nur dem Idealismus ihres Wollens, sondern der Tatsache des Wollens selbst.

Hierzu erfanden sie sich die „Menschlichkeit", gingen skandierend und Psalmen absingend durch die Straßen, in denen die rollenden Treppen fahren und die Telephonapparate schrillen. (...) Der Expressionismus war harmonisch, mystisch, engelisch (...) – Dada ist das Geschrei der Bremsen und das Gebrüll der Makler an der Chicagoer Produktenbörse.
(zit. n. Pörtner II, 522 f.)

Dadaismus contra Expressionismus

Diese Argumentation leitet bereits zu jener der „Neuen Sachlichkeit" über: Der Expressionismus wird mit der Forderung verabschiedet, man müsse sich fest auf den Boden der modernen Wirklichkeit stellen.

Die Vertreter der „Neuen Sachlichkeit" suchen das Einverständnis mit dem Technisierungs- und Modernisierungsprozeß ihrer Zeit. Der Expressionismus ist für sie erledigt, polemische Abgrenzung nicht mehr vonnöten, ihre Lyrik geht einfach zur neuen Tagesordnung über. Die Stilwende äußert sich als ein Klimawechsel. Man vergleiche nur einmal expressionistische Großstadtgedichte (vgl. S. 49 ff.) mit denen von Erich Kästner, Walter Mehring oder Kurt Tucholsky. Als zeitgemäß gelten jetzt eine witzige oder zynische, der Alltagssprache abgelauschte Schnoddrigkeit, Kältemetaphern, Anglizismen, Zitate aus Statistiken bzw. verschiedenen Fachsprachen oder Behördenjargon. Der Unterschied zur expressionistischen Lyrik ist deutlich. Und dennoch: Unter der sachlichen Attitüde der meisten Kabarett- und Chanson-Gedichte der zwanziger Jahre wird eine sentimental-moralische Grundierung erkennbar, die auf den klagend-anklagenden Tenor der expressionistischen Lyrik zurückweist!

Neue Sachlichkeit

Die sogenannte Expressionismus-Debatte

Die Debatte, die in der in Moskau erscheinenden Exilzeitschrift „Das Wort" (1937/1938) geführt wurde, ist ein wichtiges literaturtheoretisches und literaturpolitisches Ereignis, das nachhaltig auf die Kulturpolitik der sozialistischen Länder nach dem Zweiten Weltkrieg einwirkte und dessen Bedeutung vielleicht erst seit 1966, d. h. seit der Publikation der „Schriften zur Literatur und Kunst" aus dem Nachlaß Bert Brechts, ganz erkannt worden ist. Gleichwohl braucht diese Debatte hier nicht ausführlich nachgezeichnet zu werden, denn sie beschäftigte sich mit dem Expressionismus mehr als Anlaß denn als Thema. Thema war die „richtige" Realismus-Theorie. Der von Hans-Jürgen Schmitt für seine Neuedition („Die Expressionismusdebatte", 1973) gewählte

Die Moskauer Exilzeitschrift „Das Wort"

Untertitel – „Materialien zu einer marxistischen Realismuskonzeption" – bezeichnet recht genau, was eigentlich im Zentrum der Auseinandersetzung stand, zumal wenn man jene Schriften von Lukács, Bloch, Anna Seghers und vor allem Brecht miteinbezieht, die im Zusammenhang mit der im „Wort" veröffentlichten Kontroverse entstanden.

Klaus Mann über den „Fall" Gottfried Benn

Ausgangspunkt ist zunächst der Fall Gottfried Benn. Klaus Mann („Gottfried Benn. Die Geschichte einer Verirrung") greift ihn deshalb auf, weil es sich bei Benn „um den einzigen – den einzigen! – deutschen Schriftsteller von Rang" handele, der sich „in den Nationalsozialismus verirrt" habe (Schmitt, 39 f.). Dieser Autor ist für Klaus Mann ein ganz und gar exzeptionelles Beispiel „für die Entwürdigung, den Absturz, die *Selbstvernichtung* eines Intellektuellen" (Schmitt, 49). Klaus Mann bemüht sich zu verstehen, was er im Grunde nicht verstehen kann. Warum habe Benn denn nicht gesehen, daß „man ihn ja nicht *will* bei den Nazis – die einen untrüglichen Instinkt *gegen* alle seine Qualitäten" hätten (Schmitt, 48)? Daher sei auch Benns Versuch, „den Expressionismus vor dem Propaganda-Ministerium zu rechtfertigen", nichts als „verlorene Liebesmüh" (Schmitt, 48). Dem „verirrten" Benn hält Klaus Mann schließlich auch zugute, „daß das patriotische Thema, das Führer-Thema, der ganze faschistische Themen-Komplex niemals in seine *Lyrik* – also niemals in sein eigentliches Werk – eingedrungen sind; sondern daß er dieses durchaus rein zu halten wußte" (Schmitt, 40).

Vom Expressionismus zum Faschismus

Klaus Manns Aufsatz, der den Lyriker Benn vom Essayisten Benn unterscheidet, der zur Kenntnis nimmt, daß Gottfried Benn im Jahre 1937 schon lange kein Parteigänger der Nationalsozialisten mehr ist, und der auch darauf eingeht, daß die aktuelle Kulturpolitik im Dritten Reich gegen alles zu Felde zieht, was sie für „Kulturbolschewismus" hält (und der Expressionismus fällt natürlich unter dieses Verdikt!), ist eine differenzierte Auseinandersetzung, die zwar die Artikelfolge im „Wort" einleitet, aber unmöglich eine Kontroverse auslösen konnte. Dazu bedurfte es einer zugespitzteren, gröberen Argumentation, wie sie Alfred Kurella mit seinem unter dem Pseudonym Bernhard Ziegler veröffentlichten Artikel „Nun ist dies Erbe zuende…" lieferte. Auch Kurella geht von Gottfried Benn aus, nimmt ihn nun aber nicht als Sonderfall, sondern als Paradigma für die Behauptung, daß der Geist des Expressionismus zwangsläufig in den des Faschismus führe.

„Entartet" und „dekadent"

Diese Behauptung, die den Namen These wohl kaum verdient, war unhaltbar, Kurella/Ziegler nahm sie in seinem „Schlußwort" später auch zurück („ist durch die Diskussion widerlegt worden"; Schmitt, 231). Peinlicherweise hatte im Auftrag von Joseph

Goebbels inzwischen ein anderer Herr Ziegler – nämlich Adolf
Ziegler, der Präsident der Reichskammer der bildenden Künste
– am 19. Juli 1937 in München die Ausstellung „Entartete Kunst"
eröffnet, die seit Februar 1938 durch mehrere deutsche Städte
reiste, um die Werke der expressionistischen Maler als „Ausge-
burten des Wahnsinns, der Frechheit, des Nichtkönnertums und
der Entartung" anprangern zu können. Da war nun erheblicher
rhetorischer Aufwand vonnöten, um zu erklären, daß der eine
Herr Ziegler mit dem anderen nichts zu tun habe und daß die
Vorwürfe der eigenen Seite („dekadent", „zersetzend") mit denen
der anderen („entartet") nicht verwechselt werden dürften.

Kurella wirft dem Expressionismus vor, er enthalte eine „Gedan-   *Pauschale*
ken- und Gefühlswelt", welche die Entwicklung der antifaschisti-   *Verdammung*
schen Literatur behindere. Er gehöre nicht zu jenem „Erbe", an   *im Namen des*
das man in der Volksfront anknüpfen könne oder solle, er habe   *„Realismus"*
das rechte Verständnis der Antike zerstört, sei „formalistisch"
und nicht „volkstümlich" genug. Der gegen den Expressionismus
gerichtete Angriff zielt im Grunde – und das wird vor allem in
den Beiträgen von Georg Lukács deutlich – auf die europäische
Avantgarde insgesamt. Der Expressionismus wird nicht anhand
einzelner Werke konkret analysiert, sondern pauschal verdammt
– wie bestimmte künstlerische Techniken (innerer Monolog,
Montage, Verfremdung) auch. „Es geht um den Realismus", d. h.
um das, was in Lukács' Realismus-Theorie paßt, bzw. um das,
was er demgegenüber als kleinbürgerlich, dekadent, formalistisch etc. ablehnte.

Ob Lukács' Konzeption nun mit Begriffen wie „Murxismus"   *Brecht contra*
oder „gigantischer Stumpfsinn" (Brecht) abzutun ist, bleibe   *Lukács*
dahingestellt. Richtig ist auf jeden Fall, daß weder die Aufsätze
von Lukács noch die scharfen und brillant formulierten Entgeg-
nungen von Bloch, Eisler oder Brecht das Verständnis des
Expressionismus wesentlich vertiefen können, weil beide,
Angreifer wie Verteidiger, dazu neigten, dem Expressionismus
eine ästhetische wie ideologische Einheitlichkeit zuzuschreiben,
die er keineswegs besaß. Richtig ist, daß es den Expressionismus
gegeben hat: als ein vielgestaltiges, widersprüchliches Phänomen, das ebenso fortschrittliche wie reaktionäre Züge besaß.
Bertolt Brecht erinnerte im gegebenen Zusammenhang an den
Witz, „in dem ein Aviatiker auf eine Taube deutet und sagt:
Tauben zum Beispiel fliegen falsch" (Schmitt, 302). Der Expressionismus, könnte man sagen, war solch eine Taube, und sie ist
wirklich geflogen. Ob das im Sinne dieser oder jener Theorie
nun „richtig" oder „falsch" war, ist durchaus nebensächlich –
wichtig wäre allein, diesen besonderen „Flug" zu beobachten
und ohne vorgegebene Formeln zu beschreiben.

Themen und Motive expressionistischer Lyrik

Primat der Lyrik im Expressionismus

Die Lyrik ist, vor allem in den Vorkriegsjahren, die repräsentative Gattung des Expressionismus. Diese Tatsache wird mitunter auf das gemeinsame „Wesen" von Gattung und Epoche zurückgeführt: Beide seien eben gleichermaßen subjektiv-direkt und gefühlsbetont, und das Primat der Lyrik im Expressionismus verstehe sich daher von selbst. Vielleicht ist es aber einfach so, daß das Gedicht jene Kunstform ist, die schneller und entschiedener als andere Gattungen auf die Krisensymptome der Gegenwart reagieren kann. So sahen es bereits die zeitgenössischen Kritiker. Peter Scher konstatiert z. B. in einem kleinen Aufsatz („Das Zeitalter der Lyrik"), daß die dramatische Kunst ihre seit Jahrhunderten bewährte Wirkungskraft eingebüßt habe, die Leute gingen nicht mehr ins Theater. Der Grund: „Sie hassen alles, was nicht Lyrik ist." (Die Aktion, Jg. 3, 1913, Nr. 27, Sp. 645.) Das ist mit ironischer Übertreibung gesagt, hat seinen subjektiven Wahrheitsgehalt aber darin, daß in der Tat bestimmte Literaturgattungen, wie z. B. der Roman, nicht mehr dem Tempo der Zeit um 1910 zu entsprechen schienen. Hugo Kersten schrieb im Mai 1914:

Das Gedicht als „einzig mögliche Ausdrucksform"

Heute aber glauben wir nicht an die Ehrlichkeit (dies heißt: künstlerische Notwendigkeit) eines Werkes, das, rein äußerlich genommen, zur Niederschrift alleine mehrere Monate Zeit bedarf. Man bedenke, wie oft uns ein Tag verändert, mit seinen Aufregungen und Abenteuern. Und dann: mehrere Monate! Die einzig mögliche Ausdrucksform ist für uns das Gedicht und die Glosse. (Die Aktion, Jg. 4, 1914, Nr. 21, Sp. 466)

Diese Argumentation ist zugleich so etwas wie die Programmformel für „Die Aktion" und die vielen anderen neu entstehenden Zeitschriften, die sich der zeitgenössischen Literatur widmen: Inhalt und Erscheinungsbild sind geprägt durch eine Mischung von Glossen, Gedichten und Grafik. Da wird Heterogenes und Disparates nebeneinandergestellt, die Vielfalt der Themen und Motive ist beträchtlich. Dennoch kristallisieren sich einzelne Motivkomplexe heraus, die besonders häufig begegnen und insofern als epochentypisch angesehen werden dürfen.

Großstadt

Mit nur geringer Übertreibung ließe sich behaupten, daß im Expressionismus ein Wechsel des traditionellen Motivreservoirs stattfindet: Was Natur und Landschaft für die Lyrik der Goethezeit, der Romantik und der nachromantischen Dichtung bedeuteten, wird nun durch die Motive der Großstadt überlagert, um nicht zu sagen ersetzt. „Die Stadt der Qual" (vgl. die gleichnamigen Gedichte von Georg Heym und Johannes R. Becher) ist der große Fluchort, der fast nur aus einer Anhäufung negativ belasteter Lokalitäten (Irrenanstalt, Bettlerasyl, Krankenhaus, Leichenhalle, Gefängnis, Bordell etc.) zu bestehen scheint. Der Übermacht der Großstadt entspricht die Ohnmacht des Individuums, der „Ich-Zerfall" (vgl. S. 61 ff.). Der Mensch ist isoliert, vereinsamt, geblendet, betäubt, für ihn gibt es nurmehr „Spukhaftes Wandeln ohne Existenz" (Paul Boldt: Berliner Abend), der Gedanke an „Weltende" kommt auf (vgl. S. 95 ff.).

Das zentrale Motiv der modernen Zeit

Das Großstadt-Thema wird im einzelnen sehr unterschiedlich behandelt. Albert Ehrensteins Gedicht „Wien" mündet in die folgenden Schlußverse:

> Ich beschwöre euch, zerstampfet die Stadt,
> Ich beschwöre euch, zertrümmert die Städte,
> Ich beschwöre euch, zerstört die Maschine:
> Ich beschwöre euch, zerstöret den Staat!

Anarchisches Aufbegehren

Die anarchisch-radikale Intention dieser Verse, unterstützt durch die anaphorische Parallelstruktur der Zeilen, ist sicher eindrucksvoll – doch an wen richtet sich der Appell eigentlich? Kaschiert die Gewalt-Attitüde nicht bloß eine gewaltige Hilflosigkeit, einen ebenso vagen wie illusionären Traum vom Rückzug aus Zeit und Gegenwart? Das Ganze bleibt reichlich abstrakt. Sehr konkret erlebbar ist hingegen das Gefühl der gewachsenen Enge und Beengtheit:

Gefühl der Enge und Beengtheit

> Nah wie Löcher eines Siebes stehn
> Fenster beieinander, drängend fassen
> Häuser sich so dicht an, daß die Straßen
> Grau geschwollen wie Gewürgte sehn.
> (Alfred Wolfenstein: Städter)

Das Ich erlebt die Umwelt nicht nur als belebt, die Dinge haben scheinbar jene Aktivität erlangt, die den Menschen abhandengekommen ist. Das gilt in besonderem Maße vom modernen Verkehr:

Bedrohlicher   Autos, eine Herde von Blitzen, schrein
Verkehr   Und suchen einander in den Straßen.
                        (Paul Boldt: Berliner Abend)

Die Autos erscheinen demnach als ein vom Menschen nicht
beherrschtes, optisch wie akustisch gleichermaßen bedrohliches
Naturphänomen; die Insassen verlieren die Orientierung:

Verlust der   Ich liege nur, mein Herz ward ausgerenkt,
Orientierung   Bin ich hier nicht am Brandenburger Tor?
                        (Ernst Blass: Autofahrt)

Anders als bei den italienischen Futuristen gibt es in der expressionistischen Lyrik keinen Technik-Kult, wird die Aggressivität
der Bewegung nicht gepriesen, sondern erlitten; die „Schönheit
der Schnelligkeit" (Marinetti) wird als unmenschlich und als
chaotisch erfahren. Man sehe z. B. das folgende Gedicht von
Paul Boldt:

„Menschenmüll"   *Auf der Terrasse des Café Josty*

                        Der Potsdamer Platz in ewigem Gebrüll
                        Vergletschert alle hallenden Lawinen
                        Der Straßentrakte: Trams auf Eisenschienen,
                        Automobile und den Menschenmüll.

                        Die Menschen rinnen über den Asphalt,
                        Ameisenemsig, wie Eidechsen flink.
                        Stirne und Hände, von Gedanken blink,
                        Schwimmen wie Sonnenlicht durch dunklen Wald.

                        Nachtregen hüllt den Platz in eine Höhle,
                        Wo Fledermäuse, weiß, mit Flügeln schlagen
                        Und lila Quallen liegen – bunte Öle;

                        Die mehren sich, zerschnitten von den Wagen. –
                        Aufspritzt Berlin, des Tages glitzernd Nest,
                        Vom Rauch der Nacht wie Eiter einer Pest.

Der Titel verweist auf eine Beobachterperspektive, doch der
Beobachter ist nur indirekt präsent. Das lyrische Subjekt geht
ganz im Gestus des Konstatierens und Registrierens auf, ist indes
alles andere als ‚objektiv', wie die negativ wertende Bildlichkeit
der Wortwahl verrät („Menschenmüll", „Quallen", „Eiter",
„Pest").

Das „ewige   Die Stadt wird in Bilder eines gewaltigen bzw. überwältigenden
Gebrüll"   Naturschauspiels gefaßt, die Rede ist von „ewigem(!) Gebrüll"
der Stadt   und „hallenden Lawinen", um anzudeuten, daß *diese* Art von

Natur vom Menschen nicht beherrscht wird. Im Gegenteil: Die Menschen sind nurmehr „Müll" und „rinnen" wie schmutziges Wasser über die Straßen. Da ist nirgendwo ein subjektiver Wille, nur massenhaft-bewußtloses Getriebensein („von Gedanken blink"), die Menschen erscheinen auf ein instinktgeprägtes Existieren reduziert, das an Insekten („ameisenemsig") oder niedere Kriechtiere („wie Eidechsen flink") erinnert.

Auffallend und überraschend ist, wie das semantische Feld von Naturmetaphern bestimmt wird: Gebrüll, Lawinen, „vergletschern", Ameisen, Eidechsen, Sonnenlicht, Wald, Nachtregen, Fledermäuse, Quallen. Man könnte versucht sein, diesen Rückgriff auf die Naturmetaphorik als gewisse Hilflosigkeit des Autors zu werten, der noch keine adäquate Bildlichkeit für die Darstellung der Großstadt besitzt. Es scheint jedoch, daß Paul Boldt die Naturbilder sehr bewußt gewählt hat, um die Stadtlandschaft als eine Art „zweiter" oder „falscher Natur" präsentieren zu können, die von den Menschen weder beherrscht noch begriffen wird. Der Potsdamer Platz als „Höhle" und Berlin als „Nest" zeigen ja gerade im Vergleich zur Funktion dieser Orte in der „richtigen Natur", daß die Menschen der Großstadt keine Geborgenheit mehr finden können, keine Flucht- und Schutzorte mehr haben.

Zur Funktion der Naturmetaphorik

Wenige Dichter haben die Stadt so gehaßt wie Georg Trakl. Sie ist für ihn ein Ort,

Georg Trakl über die Stadt:

> Wo kalt und böse
> Ein verwesend Geschlecht wohnt.
> (Der Abend)

– Verwesung

Hier ist Unnatur und Wahnsinn:

> O, der Wahnsinn der großen Stadt, da am Abend
> An schwarzer Mauer verkrüppelte Bäume starren,
> Aus silberner Maske der Geist des Bösen schaut;
> Licht mit magnetischer Geißel die steinerne Nacht verdrängt.
> O, das versunkene Läuten der Abendglocken.
> (An die Verstummten)

– Unnatur und Wahnsinn

Die mordlüsterne Aggressivität der Stadt reicht weit ins Land hinaus, die vergewaltigte Natur (der „Kanal") tut der unberührten (dem „stillen Fluß") ein Leid:

– Vergewaltigung der Natur

> Und ein Kanal speit plötzlich feistes Blut
> Vom Schlachthaus in den stillen Fluß hinunter.
> (Vorstadt im Föhn)

Georg Heym:
– Dämonisierung

Es ließen sich mehrere Gedichte Trakls zitieren, in denen die Stadt (in buchstäblichem wie übertragenem Sinn) als Ort der Verödung und Zersetzung auftaucht, doch ist Trakl nicht in gleichem Sinne ein „Dichter der Großstadt" wie Georg Heym. Bei Georg Heym treten die unheimlich-bedrohlichen Mächte personifiziert in Erscheinung, sie sind „Die Dämonen der Städte". Drei Strophen aus dem gleichnamigen Gedicht seien hier zitiert:

Sie lehnen schwer auf einer Brückenwand
Und strecken ihre Hände in den Schwarm
Der Menschen aus, wie Faune, die am Rand
Der Sümpfe bohren in den Schlamm den Arm.

Einer steht auf. Dem weißen Monde hängt
Er eine schwarze Larve vor. Die Nacht,
Die sich wie Blei vom finstern Himmel senkt,
Drückt tief die Häuser in des Dunkels Schacht.

– „Der Städte
Schultern
knacken"

Der Städte Schultern knacken. Und es birst
Ein Dach, daraus ein rotes Feuer schwemmt.
Breitbeinig sitzen sie auf seinem First
Und schrein wie Katzen auf zum Firmament.

– Zivilisations-
kritik

Die Dämonen sind die Inkarnation einer übermenschlichen und unmenschlichen Kraft, die auf die Städte einwirkt und sogar über die Himmelszeichen gebietet, während die Menschen ohnmächtig den zerstörerischen Elementen der Zivilisation ausgesetzt scheinen. Nun sind die Menschen in Wahrheit ja nicht nur Opfer, sondern zugleich auch Täter, so daß überlegt werden muß, ob Heyms Zivilisationskritik nicht auf einer mythisierenden Übersteigerung beruht, die die tatsächlichen Ursachen der Großstadtproblematik verkennt.
Diese Überlegung sei an einem verwandten Gedicht überprüft:

„Der Gott der
Stadt"

Der Gott der Stadt

Auf einem Häuserblocke sitzt er breit.
Die Winde lagern schwarz um seine Stirn.
Er schaut voll Wut, wo fern in Einsamkeit
Die letzten Häuser in das Land verirrn.

Vom Abend glänzt der rote Bauch dem Baal,
Die großen Städte knien um ihn her.
Der Kirchenglocken ungeheure Zahl
Wogt auf zu ihm aus schwarzer Türme Meer.

Wie Korybanten-Tanz dröhnt die Musik
Der Millionen durch die Straßen laut.
Der Schlote Rauch, die Wolken der Fabrik
Ziehn auf zu ihm, wie Duft von Weihrauch blaut.

Das Wetter schwelt in seinen Augenbrauen.
Der dunkle Abend wird in Nacht betäubt.
Die Stürme flattern, die wie Geier schauen
Von seinem Haupthaar, das im Zorne sträubt.

Er streckt ins Dunkel seine Fleischerfaust.
Er schüttelt sie. Ein Meer von Feuer jagt
Durch eine Straße. Und der Glutqualm braust
Und frißt sie auf, bis spät der Morgen tagt.

Das Gedicht erzählt eine Geschichte, deren Entwicklung durch die Zeitangaben „Abend", „der dunkle Abend", „Nacht", „spät der Morgen" deutlich markiert ist, wobei es wohl gestattet ist, diese Angaben auch symbolisch (Spätzeit, „Weltende") zu verstehen. Baal, die allegorische Verkörperung der Großstadtgewalt, ist die alles beherrschende, in jeder der fünf Strophen gegenwärtige Figur. Die „Wut" dieses Gottes (Str. 1) kann weder durch gebetsähnliche Ergebenheit (Str. 2) noch durch Weihrauchopfer (Str. 3) besänftigt werden, mündet vielmehr in aktiven „Zorn" (Str. 4), der sich mit zerstörerischer Intensität gegen die Stadt wendet (Str. 5). *Die Zeitangaben und ihre Konnotation*

Wie verhält es sich mit der mythologischen Dimension des Gedichts? „Baal" und „Korybanten" sind Bildungsvokabeln, doch ob Georg Heym bei Baal nun eher an den phönizischen Stiergott oder an den alttestamentarischen Pseudogott der Kanaaniter denkt, ist für das Verständnis des Gedichts nur sekundär wichtig. Auch braucht der Leser keineswegs genau zu wissen, wie ekstatisch und unzüchtig er sich den Tanz der „Korybanten" (dämonische Begleiter der phrygischen Göttin Kybele) vorzustellen habe. Worauf es allein ankommt, ist, daß hier dem Baal als einer heidnisch-brutalen Großstadtgottheit („Fleischerfaust"!) geradezu besessen gehuldigt wird, ohne daß durch diese Art Gottesdienst die Vernichtung aufgehalten oder gar verhindert werden könnte. Wichtig ist außerdem, daß es keinen „richtigen" Gott gibt, der korrigierend eingriffe, um Städte und Menschen wegen ihrer Huldigung des „falschen" Gottes zu strafen – alle Gewalt ist bei Baal. „Die Winde lagern schwarz um seine Stirn": in Baal heben sich die Gegensätze von Bewegung („Winde") und Bewegungslosigkeit („lagern") auf, und diese logisch nicht faßbare Allmächtigkeit wird durch das Wort „schwarz" ausgedrückt, das eigentlich weder grammatisch noch *Mythologisierung*

Spannungsvolle Intensität des poetischen Bildes

Kritisch-entlar-
vende Funktion
der Allegorie

semantisch richtig in den Kontext ‚paßt', aber gerade dadurch so intensiv wirkt.

Da es keinen „richtigen" („guten", „lieben") Gott gibt, von dem die Menschen sich abgewendet hätten, ist das Gedicht kein religiöses. Damit wird zugleich die Funktion des Großstadtgottes einsichtig: Er steht als allegorische Figur für all das ein, was sich die Menschen selbst – ohne es zu begreifen – als Vernichtungspotential geschaffen haben. Er tritt den Menschen als fremd und übermächtig gegenüber und ist dabei doch nur die Inkarnation einer Großstadtrealität, die die Menschen geradezu begeistert immer weiter ausbauen.

Im „Gott der Stadt" geht es insofern ebenso wie in den „Dämonen der Städte" keineswegs um eine verschwommen-mythische Verrätselung des modernen Großstadtlebens, sondern im Gegenteil um dessen kritische Diagnose, die sich der Allegorisierung lediglich als eines verfremdenden Mittels bedient, um auf die selbstzerstörerischen Tendenzen der fortgeschrittenen Zivilisation aufklärerisch hinzuweisen.

Neben solch spektakulär-metaphorischen Stadtvisionen wie denen Georg Heyms gibt es natürlich auch eher traditionelle Gedichte, die im Stil der Erlebnislyrik eine in der Abendstimmung beruhigte Stadtlandschaft skizzieren. Man sehe etwa „Die Häuser haben Augen aufgetan" von Paul Zech oder den „Sonnenuntergang" von René Schickele, wo die Verse stehen:

> Die Stadt, sonst verdrossen,
> Hob Kuppeln aus Gold,
> Es glühten die Gossen
> Wie Adern von Gold.

Faszination trotz
allem

Derartige Harmonisierungen sind allerdings die Ausnahme. Repräsentativer sind da Gedichte, in denen die bedrohlich-zerstörerischen Tendenzen der Großstadt, wo „der irdische Dämon Hölle und Feuer schürt", zwar durchaus herausgearbeitet werden, in denen aber gleichwohl die Faszination überwiegt. Die folgenden Verse stehen in Johannes R. Bechers Gedicht „De profundis III" sowohl als Eingangs- wie als Schlußstrophe:

„… mein trun-
kenstes Loblied"
(Johannes
R. Becher)

> Singe mein trunkenstes Loblied auf euch, ihr großen, ihr
>   rauschenden Städte,
> Trägt euer schmerzhaft verworren, unruhig Mal doch mein
>   eigen Gesicht.
> Zerrüttet wie ihr, rüttelnd an rasselnder Kette.
> Glänzende Glorie, seltsamst verwoben aus Licht und
>   Nacht du, die meine zerrissene Stirn umflicht!

Das lyrische Ich erkennt sich in dem Maße als modernes, wie es in der Hektik, Zerrissenheit und Heterogenität der Großstadt die Strukturmerkmale der eigenen Befindlichkeit entdeckt. Die Großstadt bereitet Qual, aber auch Lust, das Großstadtgedicht wird zum Medium der Selbstaussage – das gilt insbesondere für die Metropole Berlin und das Werk der Berliner Frühexpressionisten. Keine andere Stadt sorgt wie diese für Faszination und Rausch:

> In fremden Städten treib ich ohne Ruder.
> Hohl sind die fremden Tage und wie Kreide.
> Du, mein Berlin, du Opiumrausch, du Luder.
> Nur wer die Sehnsucht kennt, weiß, was ich leide.
>
> (Alfred Lichtenstein: Gesänge an Berlin)

Liebeserklärung
an Berlin
(A. Lichtenstein)

Berlin ist eine Stadt, die geradezu süchtig mache („Opiumrausch"), ihr gilt alle „Sehnsucht". Die Liebeserklärung an Berlin bedient sich im Schlußvers eines Goethe-Zitats (das Lied Mignons und des Harfners aus „Wilhelm Meisters Lehrjahren"), indem es dessen Bedeutung ins Gegenteil verkehrt: Während in Goethes Lied der Blick ans Firmament eine träumerisch-schmerzliche Empfindung auslöst, die sich in eine vage Ferne richtet („Ach! der mich liebt und kennt,/ Ist in der Weite."), ist das geliebte Berlin in Lichtensteins Gedicht eine ‚Person' („du Luder"), die nah und gegenwärtig ist. Nichts ist so schlimm wie die Vorstellung, von Berlin wegzumüssen!

Stätten des bezahlten Vergnügens

„Die Straßen komme ich entlang geweht" – so lautet der oft zitierte Vers aus Ernst Blass' Gedicht „An Gladys". Aber es sind, um beim Berliner Frühexpressionismus zu bleiben, nicht beliebige Straßen, nicht irgendwelche Plätze und Cafés, die von den Dichtern aufgesucht werden. Paul Boldt benötigt als Ambiente seiner Großstadtverse die Terrasse des berühmten Café Josty, um den Blick auf den damals verkehrsreichsten Platz Europas, den Potsdamer Platz, richten zu können (vgl. S. 50). Und wer sich in der Topographie Berlins etwas auskennt, sieht leicht, wohin es die jungen Expressionisten immer wieder treibt, nicht in die städtischen Randgebiete, Industriegegenden, Arbeiterbezirke, sondern in die Literatencafés und Vergnügungsviertel des Stadtzentrums, also z. B. ins „Café des Westens" (im Volksmund „Café

Großstädtisches
Ambiente

Größenwahn") am Kurfürstendamm oder ins „Romanische Café" am Tauentzien gegenüber der Gedächtniskirche oder in die Gegend um die Friedrichstraße.

Aus dem Café führt der Weg ins Kino:

> Wir haben all unsre Lüste vergessen,
> In Cinémas suchen wir Grauen zu fressen;

Dann wieder zurück ins Café:

Zwischen Café
und Kino

> Da flohen wir zitternd ins Café des Westens
> Zu heiligen Frauen. Es gibt auch Hyänen,
> Die scharren nach goldenen Löwenmähnen.
> (Ferdinand Hardekopf: Wir Gespenster)

Wieder ins Kino:

> Man zückt Revolver, Eifersucht wird rege,
> Herr Piefke duelliert sich ohne Kopf.
> Dann zeigt man uns mit Kiepe und mit Kropf
> Die Älplerin auf mächtig steilem Wege.
>
> [...]
>
> Und in den dunklen Raum – mir ins Gesicht –
> Flirrt das hinein, entsetzlich! nach der Reihe!
> Die Bogenlampe zischt zum Schluß nach Licht –
> Wir schieben geil und gähnend uns ins Freie.
> (Jakob van Hoddis: Kinematograph)

Dann mag der Weg wieder an den Ort führen, wo „Frauen im Café" (vgl. das gleichnamige Gedicht von Johannes R. Becher) zu bestaunen und zu begutachten sind. Gottfried Benn notiert, welche Verhandlungsgespräche da zu hören sind:

Café des Westens

Café des Westens

> Ein Mann tritt mit einem Mädchen in Verhandlung:
> Deine Stimme, Augenausdruck, Ohrläppchen
> sind mir ganz piepe.
> Ich will dir in die Schultern stoßen.
> Ich will mich über dir ausbreiten.
> Ich will ein ausgeschlenkertes Meer sein, du Affe! –

Diese Fiktion eines aufgeschnappten Dialogs gerät zu einer zynisch-brutalen Genreszene, die verdeutlicht, daß im Caféhaus auch andere als nur intellektuell-literarische Erregungen gesucht werden.

Vom Künstlerlokal zum Kabarett/Cabaret, von der Bohème-
kneipe zum Varieté – das ist oft ein fließender Übergang:

> Ein Walzer rumpelt, geile Geigen kreischen;
> Die Luft ist weiß vom Dunst der Zigaretten;
> Es riecht nach Moschus, Schminke, Wein, nach fetten
> Indianern und entblößten Weiberfleischen.
>
> Ah! schwimmen in der dicken Luft die vielen
> Dämlichen Köpfe, die ins Helle glotzen?
> Drei Weiber läßt man auf der Bühne spielen,
> Die süßlich mit gemeinen Gesten protzen.
> (Jakob van Hoddis: Loge)

Cabaret und Varieté

Der Gestus der Darstellung bemüht sich um ironische Distanz,
um eine blasierte Weltläufigkeit, die anzeigen soll, daß man
derlei Vergnügungen eben kenne und sich nicht wie ein Provinz-
ler von ihnen überrumpeln lasse. Die gleiche Haltung findet sich
in den Bar- und Prostituierten-Gedichten eines Ferdinand Hardekopf oder Paul Boldt, man sehe auch etwa folgende Verse von
Ernst Blass („Bordell"):

> Der Fünfzehnmarksekt ist nicht zu genießen.
> Der Raum sprießt bunt und wie ein Korbgeflecht
> Mit Spiegeln, die Blitze von Licht verschießen.
> Die Mädchen sind zwar lebhaft, aber schlecht.

Bordell

Hier spricht ein Kenner, der die Qualität der Mädchen bemäkelt
(„Nur eine reizt; auch sie nicht einwandfrei"). Da ist von Faszination und Lust wenig, viel aber von Ernüchterung und Enttäuschung die Rede. Die ambivalenten Gefühle, die die expressionistischen Dichter der Großstadt entgegenbringen, werden an den
großstädtischen Vergnügungsstätten in gesteigerter Form empfunden: Was anzieht, stößt zugleich ab – aber gleichwohl bleiben
die Autoren in Berlin und suchen die Vergnügungsstätten immer
wieder auf!

Diese Generation von Bürgerkindern durcheilt mit erregten
Nerven Cafés, Kinos, Kneipen, Bars, Varietés und Bordelle der
nächtlichen Großstadt, um morgens erschöpft nach Hause zu
taumeln und die Impressionen der Nacht – die Erfahrung von
Lust, Ekel, Einsamkeit – in ein neues Gedicht zu fassen. Dabei
wird bei diesem Thema besonders deutlich, wie problematisch
es ist, von einem expressionistischen „Stil" zu sprechen. Die
Technik der Reihung und Überlagerung verschiedener Momentaufnahmen weist einerseits auf den Impressionismus zurück,
scheint andererseits aber auch Anleihen bei der hektischen

Nächtliche Erfahrungen

Zwischen Impressionismus und Neuer Sachlichkeit

Bildfolge des Films zu machen. Das lässige Parlando, die Montage schnoddriger Dialektvokabeln sowie die oft zynischen Pointen nehmen zudem bestimmt Stiltendenzen vorweg, von denen man fälschlicherweise glaubt, sie seien ausschließlich eine Spezialität der Mehring, Kästner, Tucholsky u. a., also der Literatur der zwanziger Jahre bzw. der „Neuen Sachlichkeit".

Zwei Gedichte von August Stramm und Gottfried Benn, die sich von den bisher zitierten unterscheiden, seien etwas näher betrachtet:

„Schamzerpört"
im Freudenhaus

Freudenhaus

Lichte dirnen aus den Fenstern
Die Seuche
Spreitet an der Tür
Und bietet Weiberstöhnen aus!
Frauenseelen schämen grelle Lache
Mutterschöße gähnen Kindestod!
Ungeborenes
Geistet
Dünstelnd
Durch die Räume!
Scheu
Im Winkel
Schamzerpört
Verkriecht sich
Das Geschlecht!

August Stramms Bordell wirkt so, als habe es neben bzw. vor der verheißenen Sünde (um nicht zu sagen: statt ihrer) gleich noch die verdiente Höllenstrafe mitzuliefern. Es geht nicht um ein bestimmtes Etablissement, sondern um das „Freudenhaus" schlechthin; nichts mehr von Impressionen, jede Unmittelbarkeit oder Zufälligkeit des Erlebnisses – wie etwa in dem Bordell-Gedicht von Ernst Blass – ist hier getilgt, und das Bemühen um äußerste Reduktion und Konzentration der Aussage hat keinen Platz mehr für ein lyrisches Ich.

August Stramm:
eigenwillige
Sprachbehand-
lung

Sechs Sätze sind es, die mit großem Nachdruck – man beachte die Satzzeichen – auf 15 reimlose Verszeilen unterschiedlicher Länge verteilt sind. Das syntaktische Gefüge ist hier also durchaus noch intakt, doch hält es gegen Ende hin die rhythmisierten Einzelzeilen und Einzelwörter nur noch oberflächlich zusammen. Der sinntragende Akzent verlagert sich immer mehr auf das einzelne Wort, wie denn überhaupt die Wortwahl zu einer radikalen Bedeutungskomprimierung drängt. Die Regeln der Grammatik und Semantik werden durchbrochen („Lichte dirnen"), es kommt zu Neubildungen (z. B. die Kontraktion von

„empört" und „zerstört" zu „zerpört"). Hier wird weder realistisch abgebildet noch der Wirklichkeit eine sogenannte Vision übergestülpt, sondern die metaphorischen Verfremdungen erheben den Anspruch, der einzig passende Ausdruck zu sein.

In anderem Sinne radikal ist auch das Gedicht von Gottfried Benn:

Nachtcafé   *Nachtcafé*

    824: Der Frauen Liebe und Leben.
    Das Cello trinkt rasch mal. Die Flöte
    rülpst tief drei Takte lang: das schöne Abendbrot.
    Die Trommel liest den Kriminalroman zu Ende.

5   Grüne Zähne, Pickel im Gesicht   *Aufmarsch der*
    winkt einer Lidrandentzündung.   *häßlichen Paare*

    Fett im Haar
    spricht zu offnem Mund mit Rachenmandel
    Glaube Liebe Hoffnung um den Hals.

10 Junger Kropf ist Sattelnase gut.
    Er bezahlt für sie drei Biere.

    Bartflechte kauft Nelken,
    Doppelkinn zu erweichen.

    B-moll: Die 35. Sonate.
15 Zwei Augen brüllen auf:
    Spritzt nicht das Blut von Chopin in den Saal,
    damit das Pack drauf rumlatscht!
    Schluß! He, Gigi! –

    Die Tür fließt hin: Ein Weib.
20 Wüste. Ausgedörrt. Kanaanitisch braun.
    Keusch. Höhlenreich. Ein Duft kommt mit. Kaum Duft.
    Es ist nur eine süße Vorwölbung der Luft
    gegen mein Gehirn.

    Eine Fettleibigkeit trippelt hinterher.

Das Gedicht beginnt mit einem Zitat. Was da zitiert wird, ist leider unklar (für das Verständnis des Gedichts allerdings nicht unerläßlich!). 824 – ist das eine Paragraphennummer? Der Paragraph des Bürgerlichen Gesetzbuchs, dessen Erwähnung hier einen ironischen Sinn geben würde („Bestimmung zur Beiwohnung", also außerehelicher Sexualverkehr), trägt indes die Nummer 825.

Handelt es sich um die Opuszahl eines musikalischen Werks? Robert Schumanns berühmte Vertonung des Gedichtzyklus von Chamisso „Frauenliebe und -leben" trägt aber eine weit niedrigere Ziffer (op. 42). Vielleicht ist 824 auch einfach zu verstehen als Hausnummer dieses besonderen Nachtcafés, in dem der damals aktuelle Schlager „Frauen Liebe und Leben", ein Walzer von Franz von Blon, zu hören ist?

Der Aufbau des Gedichts läßt fünf Sinnabschnitte erkennen:

Die rülpsende Musik

1. Die Musik- bzw. Musikerszene der ersten Strophe (V. 1–4) ist metaphorisch interessant: Einerseits wird der Mensch verdinglicht, auf die ausgeübte Tätigkeit reduziert, der Cellist wird Cello genannt usw. Andererseits ist eine Lesart möglich, in der die Musikinstrumente personifiziert erscheinen, so daß also das Saufen und Rülpsen als Klang der Musik zu verstehen wäre.

Stilfigur der Synekdoche

2. Im zweiten Teil (V. 5–13) wird das Publikum vorgestellt (vermutlich wohl Prostituierte mit ihren Kunden), aus dem vier Paare hervorgehoben werden. Männer wie Frauen sind reduziert auf ein abstoßendes Körperattribut. Das aus der antiken Rhetorik bekannte Stilmittel der Synekdoche, bei dem jeweils ein Teil die Bedeutung für das Ganze aufgeladen bekommt (pars pro toto), ist hier ins Extrem getrieben. Das häßliche Detail wird ja nicht als rein äußerliche und vorübergehende Attraktivitätseinbuße gewertet, sondern soll für die grundsätzliche körperlich-

Deformiertheit der Personen

moralische Deformiertheit der Person einstehen. Alles ist ekelhaft oder wirkt blasphemisch: Was da am Halse hängt, die Symbole für Glaube, Liebe, Hoffnung (i. e. Kreuz, Herz, Anker), ist schließlich die oberste Wertetrias des Christentums (vgl. 1. Korinther 13,13)!

Chopins Trauermarsch

3. (V. 14–18) Eine Anmaßung, die einer Kunstlästerung gleichkommt, ist der Versuch, ausgerechnet an diesem Ort Chopins Klaviersonate Nr. 2 b-moll, op. 35 mit der berühmten „Marche funèbre" zu intonieren, und der stumme Protest des einen Besuchers ist nur allzu verständlich. Allerdings hält die Empörung nicht lange an, die Aufmerksamkeit wird von anderem („He, Gigi! –") gefangengenommen.

„Ein Weib"

4. (V. 19–23) Wie eine Fata Morgana erscheint plötzlich „ein Weib", eine Person, die nicht auf ein bestimmtes häßliches Körperattribut festlegbar ist. Zwar ist sie nicht eigentlich schön („Ausgedörrt"!), übt jedoch eine starke erotische Faszination auf das lyrische Ich aus, das sich hier erstmals zu erkennen gibt („mein Gehirn").

5. Der entlarvende Nachsatz (V. 24), durch eine Leerzeile von den vorhergehenden Versen getrennt, macht klar, daß die so verführerisch Duftende eine wie alle anderen ist: der Frauen Liebe und Leben ist käuflich.

Daß die Stätten des bezahlten Vergnügens nur schale Belustigun- *Antiidealistisches*
gen bieten, kommt in jedem der expressionistischen Gedichte *Menschenbild*
zum Ausdruck. Das ist ja auch keine überraschende Einsicht. In
den Gedichten von Stramm und Benn scheint es um mehr zu
gehen: um ein antiidealistisch-zeitgemäßes Menschenbild, um
Bestandsaufnahme und Bilanz – und was sich dem sezierenden
Blick zeigt, ist trostlos. Dabei verfolgen weder Stramm noch
Benn eine gesellschaftskritische Intention. Stramm geht es um
eine völlig neue Kongruenz von Inhalt, Form und Sprache, und
Benns Grunderlebnis der Hinfälligkeit und Nichtigkeit mensch-
licher Existenz, das sicher auch biographisch begründet ist
(Pfarrerssohn, praktizierender Arzt), gewinnt zu seiner eigenen
Überraschung symptomatische Bedeutung.

Ich-Zerfall

Ich-Zerfall – in modischer Terminologie „Ich-Dissoziation"
(Vietta/Kemper) – ist nicht nur ein bestimmendes Thema
expressionistischer Lyrik, sondern stellt zugleich die entscheidende Hintergrundkategorie dar, an der andere „typische" Themen und Motive (Wahnsinn, Selbstmord, Weltende, neuer
Mensch etc.) erst meßbar werden. Was ist darunter zu verstehen?
In einem Brief Georg Trakls aus dem November 1913 stehen die
folgenden Sätze:

> Es ist ein so namenloses Unglück, wenn einem die Welt entzwei- *„... wenn einem*
> bricht. (...) Sagen Sie mir, daß ich nicht irre bin. Es ist ein *die Welt entzwei-*
> steinernes Dunkel hereingebrochen. (Trakl, Bd. 1, 530) *bricht"*

Das ist ein erschütterndes Dokument. Allerdings scheint es,
isoliert betrachtet, nur für die subjektive Befindlichkeit eines
besonderen, psychisch gefährdeten Individuums zu sprechen,
dem „die Welt entzweibricht", weil es sich vom Wahnsinn
bedroht fühlt.
Solche Selbstdiagnose ist nun aber weder vereinzelt noch rein
privat. Die erste Strophe eines Gedichts von Alfred Lichtenstein
lautet:

> Ich kann die Augen nicht mehr unterbringen. *Körper, Geist,*
> Ich kann die Knochen nicht zusammenhalten. *Seele entgleiten*
> Das Herz ist stier. Kopf muß zerspringen. *der Kontrolle*
> Rings weiche Masse. Nichts will sich gestalten.
> (Nachmittag, Felder und Fabrik)

Der „poetische" Text enthält also die gleiche Aussage wie Trakls „authentischer" Brief: Das Ich ist nicht mehr bei sich selbst – oder, mit den Worten aus einem Gedicht von Paul Boldt:

„Ichlose Nerven"
liegen bloß

Mein Ich ist fort. Es macht die Sternenreise.
Das ist nicht Ich, wovon die Kleider scheinen.
Die Tage sterben weg, die weißen Greise.
Ichlose Nerven sind voll Furcht und weinen.
(In der Welt)

Gerade die Unstimmigkeit des Bildes (Nerven, die weinen?!) verweist auf die Bedrohlichkeit eines Vorgangs, der existentiell erfahren wird und sich der Darstellbarkeit entzieht. Wilhelm Klemm führt, was das Ich quält und zerreißt, auf die Zerrissenheit der Zeit zurück. Die beiden Terzette seines Sonetts „Meine Zeit" seien zitiert:

Zerrissenheit der
Zeit

O meine Zeit! So namenlos zerrissen,
So ohne Stern, so daseinsarm im Wissen
Wie du, will keine, keine mir erscheinen.

Noch hob ihr Haupt so hoch niemals die Sphinx!
Du aber siehst am Wege rechts und links
Furchtlos vor Qual des Wahnsinns Abgrund weinen!

Am Abgrund des
Wahnsinns

Das erste Terzett ist sozusagen ein Topos konservativer Kulturkritik, derzufolge früher alles besser bzw. weniger schlimm gewesen sei. Das zweite Terzett hingegen formuliert prägnant und schneidend eine Aussage zum „Wesen" des modernen Menschen: Er ist nicht mehr derjenige, der – wie in dem bekannten Rätsel der Sphinx – am Morgen, d. h. als Kind, auf Händen und Füßen kriecht, am Mittag, d. h. als Erwachsener, aufrecht geht und am Abend, d. h. im Greisenalter, den Stock zur Hilfe nimmt. Er ist vielmehr jemand, der sich auf schmalem Pfade bewegt, links und rechts den Abgrund des Wahnsinns vor Augen. Deshalb hebt die Sphinx „ihr Haupt so hoch": Ihre berühmte Rätselfrage, was der Mensch sei, ist kaum mehr lösbar.
Der Ich-Zerfall mündet in Wahnsinn oder in Selbstmord:

Verlust des
„Wesens"

Selbstmörder gehen nachts in großen Horden,
Die suchen vor sich ihr verlornes Wesen
(Georg Heym: Die Menschen stehen vorwärts...)

Das „Wesen", ist es erst einmal verloren, kann nicht so einfach wiedergefunden werden; die imperativische Beschwörung eines alten Spruchs (des Mystikers Angelus Silesius) ist lediglich Postulat, Bildungsreminiszenz:

Der Welt entfremdet, fremd dem tiefsten Ich,
Dann steht das Wort mir auf: Mensch, werde wesentlich!
(Ernst Stadler: Der Spruch)

Worauf ist der Ich-Zerfall zurückzuführen? Im geistesgeschichtlichen Zusammenhang wäre an die Schlagworte Transzendenzverlust („Gott ist tot") und Nihilismus, also an das Nichtigwerden
der obersten Werte, zu erinnern; vor allem aber spielt hier die
Erfahrung der zeitgenössischen Großstadtwirklichkeit eine
Rolle. Es gibt einen „Punkt", an dem kaum mehr unterscheidbar
ist, wo das Ich aufhört und wo die als übermächtig erfahrene
Umwelt anfängt. Das Ich erlebt sich selbst nicht mehr als aktiv
Handelnden; es ist fremdbestimmt und „wird gehandelt", wird
zum Objekt gemacht, wie z. B. in dem folgenden Gedicht von
Alfred Lichtenstein:

Nihilismus

*Macht der Groß-
stadt und Ohn-
macht des Ich*

Punkt

Die wüsten Straßen fließen lichterloh
Durch den erloschnen Kopf. Und tun mir weh.
Ich fühle deutlich, daß ich bald vergeh –
Dornrosen meines Fleisches, stecht nicht so.

Die Nacht verschimmelt. Giftlaternenschein
Hat, kriechend, sie mit grünem Dreck beschmiert.
Das Herz ist wie ein Sack. Das Blut erfriert.
Die Welt fällt um. Die Augen stürzen ein.

*Umkehrung des
Subjekt-Objekt-
Verhältnisses*

Die moderne Großstadt hat das Subjekt-Objekt-Verhältnis verkehrt. Nicht länger steht das Ich der Welt anschauend gegenüber, vielmehr ist die flammende Aktivität („lichterloh") auf die
Dinge übergegangen. Das passive Ich („erloschner Kopf") wird
sozusagen ausgebrannt, das Ich verliert die Orientierung; das
Wahrgenommene wie die Wahrnehmungsfähigkeit brechen in
sich zusammen.
Es ist kein Zufall, daß das Thema des Ich-Zerfalls immer wieder
und besonders eindringlich mit der Großstadt-Thematik verbunden wird, so z. B. auch in der ersten Strophe von Ernst Wilhelm
Lotz' Gedicht „Die Nächte explodieren in den Städten…":

Die Nächte explodieren in den Städten,
Wir sind zerfetzt vom wilden, heißen Licht,
Und unsre Nerven flattern, irre Fäden,
Im Pflasterwind, der aus den Rändern bricht.

*Passivität und
Opferrolle*

Auch hier wieder ist das Ich in die Objektrolle geraten: Ihm
geschieht etwas, es hat keine eigene Aktivität.

Alfred Lichtenstein (um 1913)

Ich-Zerfall begegnet nun aber nicht allein im Zusammenhang
mit der Großstadt-Thematik und wird nicht allein am Beispiel
des Einzelsubjekts demonstriert. In den Todes- und Endzeitland-
schaften Georg Heyms irren die Menschen ohne jedes Ziel
herum, eigentlich leben sie gar nicht mehr:

> Die Menschen gehen schattenhaft im Kreise,   *Zielloses Herum-*
> In leerer Wege ausgetretnem Gleise.   *irren*
> (Die Menschen)

Der Motivkomplex Ich-Zerfall ist die Grundierung für nahezu   *Flucht in die*
alle wichtigen Themen expressionistischer Lyrik. Zum einen   *Drogen*
ersehnt das zerreißende, gepeinigte Bewußtsein Ruhe und Erlösung durch Drogen: „Den Ich-Zerfall, den süßen, tiefersehnten",
d. h. ein Herausfallen aus angespannter Rationalität, gibt
„Kokain" in dem gleichnamigen Gedicht von Gottfried Benn.
Oder das Ich wünscht sich gar in einen vorexistentiellen Zustand
zurück; und das führt zu ausgesprochenen Regressionsphantasien (vgl. S. 72 ff.): „Nimm mich zurück ins Nichtgeborensein!"
(Paul Boldt: Adieu Mädchenlachen!). Zum anderen bezieht sich
der Ich-Zerfall natürlich auch in rein gegenständlichem Sinn auf
den körperlichen Verfall (z. B. bei Benn), auf Tod und Verwesung
(z. B. bei Trakl).

Schließlich wäre noch zu bedenken, ob nicht auch die Verbrüde-   *Dialektik von*
rungsgesten und Erneuerungshoffnungen des messianischen   *Ich-Zerfall und*
Expressionismus auf das engste mit Ich-Zerfall und Substanzver-   *„O Mensch"-*
lust des Individuums zusammenhängen (so jedenfalls die zentrale   *Euphorie*
These von Vietta/Kemper, 22). Das heißt: der Hymnus auf *den*
Menschen gerät desto emphatischer, je vernichtender die Ent-
fremdungs- und Verfallssymptome erfahren wurden.

Wahnsinn und Selbstmord

Die expressionistischen Lyriker identifizieren sich gern mit
gesellschaftlichen Außenseitern und zeichnen in ihren Gedichten Bilder der körperlichen wie der psychisch-seelischen Versehrtheit und Verkommenheit: Die Personen sind noch nicht
richtig tot, aber deformiert – vom Leben geschlagen, vegetieren
sie dahin.

Wer die Gedichtbände und Anthologien durchblättert, begegnet   *Existenzen am*
einem Heer von Irren, Mördern und Selbstmördern, Verbre-   *Rande der*
chern, Gefangenen, Bettlern, Krüppeln und anderen Randexi-   *Gesellschaft*

stenzen, die sich von den normalen Bürgern unterscheiden. Immer wieder werden die Schattenseiten der Gesellschaft ins Licht gerückt, und was dann zu sehen ist – Bilder der Verzweiflung und des menschlichen Elends – stellt in seiner Häufung eine deutliche Absage an das optimistisch-saturierte Selbstverständnis der wilhelminischen Epoche dar. Die expressionistische Lyrik ist in gewissem Sinne eine „Rinnsteinpoesie" (Wilhelm II) wie schon die der Naturalisten, doch ist sie weniger als diese Ausdruck der sozialen Empörung als vielmehr Ausdruck existentieller Betroffenheit.

Anarchisches Selbstverständnis der bürgerlichen Autoren

Ein gewisses Maß an Pose mag auch dabei sein. Der Künstler sieht sich außerhalb der bürgerlichen Normen und kultiviert seine Sonderstellung, die ihn in Gegensatz zur Gesellschaft rückt. Man möchte lieber ein Ausgestoßener, Aussätziger, Mörder etc. als nur einfach ein Bürger sein. Zumindest aber möchte man auf eine Art von ihnen schreiben, die auf intimer Kenntnis zu beruhen scheint – das gehört zum anarchischen Selbstverständnis der im Grunde recht bürgerlichen Autoren (vgl. S. 8 ff.). Gleichwohl liegt hier mehr vor als nur eine snobistische Selbststilisierung. Die Autoren fühlen sich tatsächlich als Opfer ihrer Zeit und generalisieren die eigene Befindlichkeit zu einem Symptom des geschichtlichen Augenblicks, in dem sie leben.

Wahnsinn und Selbstmord: Lieblingsmotive der Romantik

Wahnsinn und Selbstmord sind an sich keine Motive, die erst durch die Expressionisten literaturfähig gemacht worden wären. Sie sind vielmehr seit der Romantik in vielfältigen Variationen bekannt, man denke nur etwa an die vielen Wahnsinnigen oder vom Wahnsinn bedrohten Figuren im Werk E. T. A. Hoffmanns. Aber handelt es sich hier wirklich um das gleiche Phänomen bzw. um eine vergleichbare Art der Darstellung? Die Romantiker interessierten sich vor allem für die bedrohliche Nachbar-

Romantik: Verwandtschaft von Wahnsinn und Künstlertum

schaft, um nicht zu sagen Verwandtschaft, von Wahnsinn und Künstlertum. Wahnsinniger wie Künstler tragen die Stigmatisierung des Besonderen; was sie auszeichnet, ist das, was sie zu „Gezeichneten" macht. Fast immer geht es darum, daß ein einzelner aus der Welt herausfällt, und das ist ein ganz und gar singulärer Vorgang, der mit faszinierter Anteilnahme dargestellt wird.

Expressionismus: Der Wahnsinnige als Repräsentant

Das Wahnsinnsmotiv in der expressionistischen Lyrik ist dagegen auf das engste mit den Motivkomplexen „Großstadt" (vgl. S. 49 ff.) und „Ich-Zerfall" (vgl. S. 61 ff.) verknüpft. Das heißt, daß der Wahnsinnige nicht mehr als dem Künstler verwandt, ja nicht einmal als Ausnahmeexistenz gesehen wird, sondern eher als exemplarischer Fall. Man lese z. B. die Eingangsstrophe von Ernst Blass' Gedicht „Der Nervenschwache":

> Mit einer Stirn, die Traum und Angst zerfraßen,
> Mit einem Körper, der verzweifelt hängt
> An einem Seile, das ein Teufel schwenkt,
> – So läuft er durch die langen Großstadtstraßen.

Die Titelfigur ist also denselben Einflüssen und Reizen wie alle übrigen Großstadtbewohner ausgesetzt. Was ihn von jenen unterscheidet, ist nur graduell meßbar: Seine Nerven sind eben „schwächer".

Ähnlich ist der Beginn von Johannes R. Bechers Gedicht „Der Idiot": „Er schwirrte nächtens durch der großen Städte Flucht. Das traf ihn schwer." Unversehens wird dann das Gedicht über den „Idioten" zu einem Gedicht über die Großstadt:

> Es stürzten Türme groß und Mauern drob zusammen.
> Auf allen Dächern tosten Flammen laut.
> Die Dome knieten nieder. Berge schwammen
> Zur Stadt herein, von Regenbogen kreuzweis überbaut.
>
> Da fuhr ein greller Strahl durch sein Gehirn.
> Es gellte. Mövenschwärme schreckten auf.
> Blütenwälder weiß begruben ihn.

Die Großstadt macht wahnsinnig

Man wird kaum behaupten wollen, daß sich die hier an die Perspektive eines „Idioten" gebundene Wahrnehmung der Großstadt von der anderer Großstadtgedichte desselben Autors oder der seiner Dichterkollegen besonders unterscheidet: Großstadt ist hier wie dort etwas, das den einzelnen bedroht, entsubstantialisiert, in buchstäblichem wie übertragenem Sinn „wahnsinnig" macht. Der Wahnsinnige wird zum Repräsentanten, ihm haftet kaum mehr etwas Exzeptionelles an. Er wird zum anonymen Teil einer Gruppe und eines Gruppenschicksals: So zieht durch Georg Heyms Gedicht „Die Stadt der Qual" „Ein Volk von bleichen Narren, kettenlos". Und in einem anderen Gedicht Georg Heyms heißt es:

„Ein Volk von bleichen Narren" in der „Stadt der Qual"

> Selbstmörder gehen nachts in großen Horden,
> Die suchen vor sich ihr verlornes Wesen.
> (Die Menschen stehen vorwärts...)

Das groteske Bild ist im Grunde als These zu verstehen, daß in den großen Städten alle Menschen durch die sie bedrängende Wirklichkeit entwesentlicht, zerrissen werden: Wer hier lebt, ist ein Wahnsinniger oder Selbstmörder. Und das ist eben deshalb so furchtbar, weil der Glaube an religiöse oder sonstige Werte abhandengekommen ist: „Alles was war ist leer./ Nirgends ist

eine Wiederkehr." (Georg Heym: Die Irren im Garten) Je inten-
siver das Leiden an der Welt ist, desto eher schlägt dann mitunter
Irrenhaus: ein   die Bewertung des Wahnsinns ins Positive um. Als Illustration
Ort des Glücks!   diene hierfür Ernst Stadlers Gedicht „Irrenhaus":

> Hier ist Leben, das nichts mehr von sich weiß –
> Bewußtsein tausend Klafter tief ins All gesunken.
> Hier tönt durch kahle Säle der Choral des Nichts.

In diesen Anfangsversen wird der Verlust des Bewußtseins noch
als Schreckensbild gestaltet, wie man das aus der Perspektive des
„Gesunden" und „Normalen" ja auch üblicherweise erwartet.
Kurz darauf heißt es aber:

> Hier droht nichts Menschliches. Die stieren Augen,
> Die verstört und aufgeschreckt im Leeren hangen,
> Zittern nur vor Schrecken, denen sie entronnen.

Hier ist die Umwertung bereits vollzogen, in der das eigentliche
„Menschliche" als das viel Furchtbarere erscheint, und die
Schlußverse lauten dann:

> In den entrückten Augen,
> die nichts Körperliches halten, weilt das Glück.

Die Welt der   Vor allem im Werk Georg Trakls finden sich oft Wendungen von
„Abgeschiedenen"   verhaltener Ruhe und Schönheit, mit denen die Welt der „Abgeschiedenen" veranschaulicht wird:

> Stirne Gottes Farben träumt,
> Spürt des Wahnsinns sanfte Flügel.
> (In den Nachmittag geflüstert)

In solchen Versen spiegelt sich Entrückung, Verheißung von
Frieden, nicht Bedrohung. Oder an anderer Stelle:

> Demutsvoll beugt sich dem Schmerz der Geduldige
> Tönend von Wohllaut und weichem Wahnsinn.
> (In ein altes Stammbuch)

„Die mondenen Pfade der Abgeschiedenen" führen in eine
Gegend weitab von den Städten, in eine Heimat, die nicht mehr
ganz von dieser Welt ist.
Der Tod als   Die Verdinglichung des Individuums sowie die Trostlosigkeit des
Erlösung   modernen Lebens lassen dann sogar den Tod als Erlösung
herbeisehnen. Die Schlußverse von Albert Ehrensteins Gedicht
„Der Selbstmörder" lauten:

Ich grüße den Tod.
Denn Sein ist Gefängnis,
Im Hirn haust die Qual,
Das Auge verengt Welt,
Und schlecht ist Geschlecht,
Es vermehrt sich.

Schön ist es, ein Skelett zu sein oder Sand.

Das Schreckliche und Häßliche
(am Beispiel des Motivs „Hinrichtung")

Expressionistische Dichtung ist selten „schön", und diese Eigenschaft (bzw. diesen Mangel) teilt sie mit den meisten Erscheinungsformen nachklassischer Literatur. Bereits die Romantiker notierten „das totale Übergewicht des Charakteristischen, Individuellen und Interessanten in der ganzen Masse der modernen Poesie" (Friedrich Schlegel, Kritische Schriften, hg. von W. Rasch, München ²1964, S. 130). Das Häßliche, Groteske, Schreckliche gewinnt in dem Maße an Bedeutung, wie sich die Künste als nicht mehr dem Primat der Schönheit verpflichtet definieren.

Seit der Romantik: Das Interessante verdrängt das Schöne

Die Lyrik Baudelaires z. B. grenzt sich in der Motivwahl (vgl. das Gedicht „Une charogne") mitunter schockierend gegen die traditionelle Poesie ab, und bei Rimbaud wird die Intensität des Häßlichen (vgl. das Gedicht „Vénus Anadyomène") noch beträchtlich gesteigert. Der provozierende Bruch mit den Konventionen lyrischen Sprechens, wie er z. B. in Rimbauds Gedicht „Ce qu'on dit au poète à propos de fleurs" zum Ausdruck kommt, diese zugleich höhnische und heftige Absage an alles, was bis dahin als ,poetisch' galt, ist von den Expressionisten aufgenommen und fortgeführt worden. Nur im Extrem scheint ihnen noch eine ,wahre' Aussage möglich; sie legen das Grauenhafte und Abstoßende frei, sie zeigen das Deformierte, Verdinglichte menschlicher Existenz. Je expressiver das gewählte Motiv selbst ist (vgl. die Krankenhaus- und Leichenhallen-Gedichte Gottfried Benns, S. 76 ff., 84 f. u. 214 ff), desto emotionsloser, unterkühlter, scheinbar bloß berichtend wird die Sprache, und gerade dieser Kontrast zwischen außerordentlichem Vorgang und nüchtern referierender Darstellung verstärkt die Wirkung erheblich.

Ästhetik der Häßlichkeit (Baudelaire, Rimbaud)

Expressionismus: Vorliebe für das negative Extrem

Ein solch expressives Motiv ist das der Hinrichtung:

Die Fahrt zur   *Robespierre*
Guillotine

Er meckert vor sich hin. Die Augen starren
Ins Wagenstroh. Der Mund kaut weißen Schleim.
Er zieht ihn schluckend durch die Backen ein.
Sein Fuß hängt nackt heraus durch zwei der Sparren.

Bei jedem Wagenstoß fliegt er nach oben.
Der Arme Ketten rasseln dann wie Schellen.
Man hört der Kinder frohes Lachen gellen,
Die ihre Mütter aus der Menge hoben.

Man kitzelt ihn am Bein, er merkt es nicht.
Da hält der Wagen. Er sieht auf und schaut
Am Straßenrande schwarz das Hochgericht.

Die aschengraue Stirn wird schweißbetaut.
Der Mund verzerrt sich furchtbar im Gesicht.
Man harrt des Schreis. Doch hört man keinen Laut.
(Georg Heym)

Georg Heym –   Georg Heym war von der Französischen Revolution fasziniert.
fasziniert von der   Sie schien ihm eine jener heroischen Zeiten, in denen er selbst
Französischen   gern gelebt hätte: „Ich sehe mich in meinen wachen Phantasien,
Revolution   immer als einen Danton, oder einen Mann auf der Barrikade,
                         ohne meine Jacobinermütze kann ich mich eigentlich garnicht
                         denken." (Heym, Bd. 3, 164) Im Juni 1910 entstand ein kleiner
                         Zyklus von Sonetten zur Französischen Revolution: „Bastille",
                         „Louis Capet" (ebenfalls den Moment der Hinrichtung fixie-
                         rend), „Danton" und eben „Robespierre".

Das Sonett   Dieses Gedicht ist indes weniger noch als die anderen ein
„Robespierre"   ‚historisches': Heym interessiert sich nicht für die dramatische
                         Revolte gegen Robespierre am 9. Thermidor im Konvent, nicht
                         für die Verhaftung, Befreiung, erneute Gefangennahme, bei der
                         der gefürchtete Robespierre durch einen Schuß am Unterkiefer
                         verletzt wird (oder sich bei einem Selbsttötungsversuch selbst
                         verletzt hat). Kein Wort darüber, wer Robespierre war und
                         welche Bedeutung er im sogenannten Wohlfahrtsausschuß hatte,
                         der die zahllosen Todesurteile gegen tatsächliche oder vermeint-
                         liche Abweichler verhängte. Heym konzentriert sich auf die
                         präzise Schilderung eines Mannes in den letzten Augenblicken
                         vor seiner Hinrichtung, und die Tatsache, daß es sich um
                         Robespierre handelt, wird sekundär. Auch verzichtet Heym in
                         der endgültigen Fassung auf die Darstellung der Exekution
                         selbst. In einem früheren Entwurf (auch schon in Sonettform,
                         aber ohne Reime) lautet das Schlußterzett noch so:

Da sieht er das Schafott. Das Fallbeil glänzt.
Die Augen quellen aus den Höhlen weit.
Dumpf schlägt der Schädel auf das Wagenstroh.

Hier wird die grausige Geschichte sozusagen ‚zu Ende erzählt' und damit auch schon wieder ein wenig aus der unmittelbaren Betroffenheit weggerückt, während die endgültige Fassung dadurch, daß sie den letzten Moment ausspart, das Grauen festzuhalten versucht. Georg Heym bemüht die Ästhetik des Häßlichen, um der Schreckenssituation gerecht werden zu können; alle Angaben zu Stimme, Gesicht, Körper des Delinquenten sind negativ verzerrt: das Meckern, die starrenden Augen, der weiße Schleim, die verrenkten Füße, das verzerrte Gesicht. Die brutale Fühllosigkeit der Menge, die sich an dem Wehrlosen vergreift („Man kitzelt ihn am Bein"), sowie die ahnungslose Fröhlichkeit der Kinder sorgen für einen grellen Kontrast zur Einsamkeit des Todgeweihten, ohne daß man sagen könnte, daß das Gedicht eine Mitleidswirkung intendiert. Ein lyrisches Ich ist nicht gegenwärtig. Gleichwohl scheint es, als ob der letzte Vers eine geheime Sympathie mit dem Todeskandidaten verriete: Diese groteske Menschengestalt gewinnt eine Art schauriger Größe, indem die kreatürliche Todesangst nämlich nicht in jenen Angstschrei mündet, den „man" erwartet. In diesem geschwächten und gedemütigten Körper steckt noch immer ein starker Wille, der der sensationslüsternen Menge widersteht und über ihre Erwartung triumphiert.

Aspekte des Grotesken

Geheime Sympathie mit dem Todeskandidaten

Nicht um eine Person der Weltgeschichte, sondern um einen namenlosen „Er" geht es in Paul Boldts Gedicht:

Hinrichtung 1913

Er heult ein Dunkeln. Horch! – – Sie kommen. Hui!
Er schwirrt hervor wie eine Fledermaus
Gegen die Wände. Fort! Er will heraus; –
Der Geistliche beginnt: „Ich bitte Sie" – –

Er sitzt, rutscht wie ein Affe auf dem Steiß
Zwischen den Pfaffen durch; der fällt zusammen.
Aber die Wärter greifen ihn, die strammen
Geübten Männer schnaufen voller Schweiß.

Sie trugen ihn. Er ließ Urin, er riß
Die Hände los zum Schutz an seinen Hals.
Er schnatterte, er sah nichts weiter als

Den Herrn im Frack: ta-ta-ta-ta-tattt!
Die Zunge hobelte noch Wortsalat,
Als ihr das Beil wild durch die Wurzel biß.

*„Hinrichtung 1913"
(Paul Boldt)*

Brutalität,
Todesangst,
Entmensch-
lichung

Das Gedicht gibt die Brutalität des Vorgangs in einer dramatischen, von Ausrufen und wortmalerischen Sprachfetzen akzentuierten Bewegungsfolge wieder, Gewalt und Angst der Szene kommen geradezu schmerzhaft zum Ausdruck. Gezeigt wird, wie die Todesfurcht den Menschen auf unkontrollierbare Körperlichkeit reduziert („Er ließ Urin"); die drastischen Vergleiche mit Fledermaus und Affe, die Bezeichnung Schnattern für eine Sprache, die in ein unartikuliertes Ausstoßen von Lauten übergeht, deuten auf einen entmenschten, tierischen Zustand, in den der Mensch gerät. Aber wird damit nicht zugleich auch die Unmenschlichkeit der Todesstrafe ins Licht gerückt? „Hinrichtung 1913" – die Erwähnung der Jahreszahl macht das Gedicht, das am 12. Februar 1913 in der „Aktion" veröffentlicht wurde, zu

Dokument und
Anklage

einem Dokument seiner Zeit: Seht her, so sieht eine Hinrichtung heute aus, dergleichen geschieht heute „im Namen des Volkes". (Textkritischer Zusatz: Ob es in V. 1 nicht richtiger „*im* Dunkeln" und in V. 6 „*dem* Pfaffen" heißen müßte? Möglicherweise hält die Boldt-Ausgabe hier Druckfehlern der Erstveröffentlichung die Treue!)

Kontrast
zwischen Inhalt
und Form

Den Gedichten von Heym und Boldt ist zweierlei gemeinsam: das inhaltliche Motiv und die äußere Form. Einerseits wird das Schreckliche und Häßliche durch Bildlichkeit und Wortwahl bis ins Extrem getrieben, andererseits geschieht dies nicht etwa in freien Rhythmen, sondern in der strengen Form des Sonetts (vgl. auch die beiden Sonette „Hinrichtung" von Johannes R. Becher). Dieser Kontrast von Inhalt und Form erzeugt eine innere Spannung, wie sie für sehr viele expressionistische Gedichte charakteristisch ist. Die Lyrik Baudelaires und Rimbauds wird hier modellhaft verbindlich.

Regressionsphantasien

Ausschaltung des
Bewußtseins als
Glücksvorstellung

Die Häufigkeit der Selbstmord- und Wahnsinnsmotive in der expressionistischen Dichtung ist Ausdruck einer das Ich und die Welt gemeinsam umfassenden „Zerrissenheit", ein gesellschaftliches Krisensymptom. Es handelt sich dabei nicht allein um Angstvisionen! Die bereits zitierten Verse aus Ehrensteins „Selbstmörder"-Gedicht (vgl. S. 69), daß es schön bzw. gar erstrebenswert sei, „ein Skelett zu sein oder Sand", oder auch – besonders bei Trakl – die insistierenden Beschwörungen von Traum, Umnachtung, „sanftem Wahnsinn" deuten auch auf anderes hin. Es handelt sich um Regression, d. h. um einen Rückfall der seelischen

Entwicklung auf frühere Zustände des Affektlebens, bei denen das
Bewußtsein ausgeschaltet ist. Die Sehnsucht nach vormenschli-
chen bzw. vorgeburtlichen Stadien, die Lust an der Auflösung des
Denkens, das „ferne Glück" des Zerrinnens, Verströmens, des
Untergangs findet sich vor allem bei Gottfried Benn.

Dieser Autor wird zwar einerseits nicht müde, so z. B. in den *Gottfried Benn*
„Morgue"-Gedichten, die Körperlichkeit und Hinfälligkeit des
Menschen zu betonen. In einer Art von verzweifeltem Zynismus
weist er darauf hin, daß der Mensch ein vergängliches Gebilde
aus Knochen, Fleisch und Säften sei – wie andere Kreaturen *Der Mensch als*
auch. Das führt zu krassen, ja brutalen Formulierungen: „Das *vergängliche*
Hirn verwest genau so wie der Arsch!", „Der Schöpfungskrone *Kreatur*
gehn die Zinken aus.", „Die Krone der Schöpfung, das Schwein,
der Mensch –". In Versen wie diesen aus den Gedichten
„Fleisch" und „Der Arzt II" wird die jüdisch-christliche Vorstellung eines nach göttlichem Plan erschaffenen Menschen negiert,
aber auch die darwinistische Überzeugung von einer steten
Höherentwicklung der Arten höhnisch zurückgewiesen.

Andererseits aber häufen sich in Benns Gedichten die Aussagen, *„Ein hirnzer-*
in denen das lyrische Ich gerade an dem leidet, was den *fressenes Aas"*
Menschen nun doch wieder von anderen Kreaturen qualitativ
unterscheidet: an seinem Bewußtsein. Er ist „Ein hirnzerfres-
senes Aas" („Ikarus"), „Ein armer Hirnhund. Schwer mit Gott
behangen" („Untergrundbahn"). Der Tod hat dann nichts
Bedrohliches mehr, er bringt vielmehr die Erlösung aus dem
irdischen Jammertal:

> ...ein paar verlorene Stunden
> Haben nun in die stille Nacht gefunden
> Und wehen mit den Winden hin und her.
> („Finish V")

Die Auflösungslust sehnt sich nach einem künstlichen Paradies *Drogen – Lust*
im Drogenhimmel: Kokain sorgt für den „Ich-Zerfall, den süßen, *und Rausch*
tiefersehnten" (vgl. „Kokain" und auch die Anfangsverse von
„O, Nacht-"). In dem Gedicht „Ikarus" träumt das Ich davon,
„den Mohn an (s)eine Schläfe" zu ziehen, die Denktätigkeit des
Gehirns soll durch Opium ausgeschaltet werden. Doch der
Drogenrausch sorgt nur vorübergehend für eine lustvolle Betäu-
bung, die Regressionsphantasie zielt aber weiter, tiefer, umfas-
sender:

> Oh, dass wir unsere Ur-ur-ahnen wären. *Der Traum von*
> Ein Klümpchen Schleim in einem warmen Moor. *einem rein vege-*
> Leben und Tod, Befruchten und Gebären *tativen Dasein*
> Glitte aus unseren stummen Säften vor.

> Ein Algenblatt oder ein Dünenhügel:
> Vom Wind geformtes und nach unten schwer.
> Schon ein Libellenkopf, ein Möwenflügel
> Wäre zu weit und litte schon zu sehr. –
> („Gesänge")

Das Glückserlebnis wird von einem ungeformten, gestaltlosen Dasein erhofft, wo es weder Bewußtsein noch Individualität gibt. In vielen Gedichten Benns, auf die hier nicht eingegangen werden kann, sind es die Worte „Nacht" und „Meer", die metaphorisch jenen verheißenen Zustand ankündigen, in dem die Qual des Bewußtseins erlischt.

Sigmund Freud über Regression

Aber Regressionsphänomene gibt es nicht nur im Werk Gottfried Benns. Die Frage ist, warum sie in den Jahren um 1910 so zahlreich auftreten. Sigmund Freud sah in ihnen eine zeitlose Konstante und hat behauptet, daß die infantile Vergangenheit sowohl des einzelnen Menschen als auch der Menschheit insgesamt immer in uns sei und bleibe:

> Aber die primitiven Zustände können immer wiederhergestellt werden; das primitive Seelische ist im vollsten Sinne unvergänglich. (Studienausgabe Bd. IX, Frankfurt/M. 1974, S. 45)

Aber natürlich ist das Regressionsbedürfnis der Jahre um 1910 nicht unabhängig von Zeit und Gesellschaft erwachsen, sondern entstand als (fatale) Reaktion auf eine als lähmend erfahrene Gegenwart. Und Freuds Betrachtungen stammen ja nicht zufällig aus derselben Zeit. Die zitierten Sätze stehen in der Schrift „Zeitgemäßes über Krieg und Tod" (1915); es gibt also einen konkreten Anlaß, den Krieg als Regressionsphänomen zu untersuchen:

Der Krieg erweckt den „Urmenschen in uns"

> Er (der Krieg) streift uns die späteren Kulturauflagerungen ab und läßt den Urmenschen in uns wieder zum Vorschein kommen. Er zwingt uns wieder, Helden zu sein, die an den eigenen Tod nicht glauben können; er bezeichnet uns die Fremden als Feinde, deren Tod man herbeiführen oder herbeiwünschen soll; er rät uns, uns über den Tod geliebter Personen hinwegzusetzen. (Studienausgabe Bd. IX, Frankfurt/M. 1974, S. 59)

Die Sehnsucht nach *diesem* Zustand gehört nun allerdings auch zu den Regressionsphantasien expressionistischer Lyriker. Der Traum von der Ich-Erlösung und Bewußtseinsauslöschung des Individuums wird ergänzt durch die Vorstellung vom erlösenden Krieg. Als Beleg seien hier nur die folgenden Verse aus Lichtensteins „Sommerfrische" angeführt:

Friedliche Welt, du große Mausefalle,
Entkäm ich endlich dir... O hätt ich Flügel –

Wär doch ein Wind... zerriß mit Eisenklauen
Die sanfte Welt. Das würde mich ergetzen.
Wär doch ein Sturm... der müßt den schönen blauen
Ewigen Himmel tausendfach zerfetzen.

*Krieg als
„Erlösung" aus
lähmender
Gegenwart*

Diese Verse stammen aus dem Jahr 1913. Die Regressionsphantasien der Lyriker müssen somit auch als Indiz für die latenten
(Selbst-)Zerstörungstriebe der wilhelminischen Gesellschaft verstanden werden, die auf den Krieg hindrängte. Und sicher besteht
auch ein Zusammenhang zwischen der Intensität, mit der Gottfried
Benn das Versinken in Regression lustvoll preist, und dem faszinier-
ten Einverständnis, das er zeitweilig für die völkisch-archaische
Blut-und-Boden-Mystik der Nationalsozialisten haben sollte.

Krankenhaus und Leichenhalle

„In der Lungenheilstätte", „Die Operation", „Beim Betrachten
einer Menschenlunge in Spiritus" sind Gedichttitel von Alfred
Lichtenstein, „Das Fieberspital", „Das Krankenhaus", „Die Morgue" sind Überschriften bei Georg Heym, und mit „Morgue"
(dem französischen Wort für Leichenschauhaus) ist der erste
Gedichtband Gottfried Benns überschrieben. In all diesen
Gedichten wird der Mensch auf seine Körperlichkeit reduziert,
und indem Krankheit und Tod zum Thema werden, wird
zugleich über die Anonymität und Sinnleere des modernen
Lebens gesprochen. Es geht um die Frage, wie es um die
menschliche Existenz bestellt ist. Zur Verdeutlichung seien hier
einige Sätze aus Rilkes Roman „Die Aufzeichnungen des Malte
Laurids Brigge" (1910) zitiert:

*Reduktion des
Menschlichen*

Rilkes „Malte":

Jetzt wird in 559 Betten gestorben. Natürlich fabrikmäßig. Bei so
enormer Produktion ist der einzelne Tod nicht so gut ausgeführt,
aber darauf kommt es auch nicht an. Die Masse macht es.
Wer gibt heute noch etwas für einen gut ausgearbeiteten Tod?
Niemand. Sogar die Reichen, die es sich doch leisten könnten,
ausführlich zu sterben, fangen an, nachlässig und gleichgültig
zu werden; der Wunsch, einen eigenen Tod zu haben, wird
immer seltener. Eine Weile noch, und er wird ebenso selten sein
wie ein eigenes Leben. Gott, das ist alles da. Man kommt, man
findet ein Leben, fertig, man hat es nur anzuziehen. Man will

*– Entfremdung,
„fabrikmäßiges"
Sterben
– Verlust des
„eigenen Todes"*

gehen oder man ist dazu gezwungen: nun, keine Anstrengung: Voilà votre mort, monsieur. Man stirbt, wie es gerade kommt; man stirbt den Tod, der zu der Krankheit gehört, die man hat (denn seit man alle Krankheiten kennt, weiß man auch, daß die verschiedenen letalen Abschlüsse zu den Krankheiten gehören und nicht zu den Menschen; und der Kranke hat sozusagen nichts zu tun).

Nicht auf das individuelle Dasein kommt es mehr an („Die Masse macht es"); die geradezu „fabrikmäßige" Uniformität, mit der in den Hospitälern gestorben wird, weist auf das uniforme Funktionieren der Menschen im großstädtischen Alltag zurück, das Leben ist schon „fertig", ehe man es recht begonnen hat.

Die zitierte Passage aus Rilkes Roman ist auch in stilistischer Hinsicht vorbildlich für die Gestaltung des Morgue-Motivs in der expressionistischen Lyrik: Die Erzählperspektive ist die einer nüchternen Außensicht auf Personen und Dinge, und der unpersönliche Ton (man sehe die vielen Wendungen mit „es" oder „man") gibt der Darstellung einen scheinbar unemotionalen Charakter.
Ähnlich verhält es sich mit dem folgenden Gedicht Gottfried Benns:

Der Gang durch die Krebsbaracke

Mann und Frau gehen durch die Krebsbaracke

Der Mann:
Hier diese Reihe sind zerfallene Schöße
und diese Reihe ist zerfallene Brust.
Bett stinkt bei Bett. Die Schwestern wechseln stündlich.

Komm, hebe ruhig diese Decke auf.
Sieh, dieser Klumpen Fett und faule Säfte,
das war einst irgendeinem Manne groß
und hieß auch Rausch und Heimat.

Komm, sieh auf diese Narbe an der Brust.
Fühlst du den Rosenkranz von weichen Knoten?
Fühl ruhig hin. Das Fleisch ist weich und schmerzt nicht.

Hier diese blutet wie aus dreißig Leibern.
Kein Mensch hat so viel Blut.
Hier dieser schnitt man
erst noch ein Kind aus dem verkrebsten Schoß.

Man läßt sie schlafen. Tag und Nacht. – Den Neuen
sagt man: hier schläft man sich gesund. – Nur sonntags
für den Besuch läßt man sie etwas wacher.

Nahrung wird wenig noch verzehrt. Die Rücken
sind wund. Du siehst die Fliegen. Manchmal
wäscht sie die Schwester. Wie man Bänke wäscht.

Hier schwillt der Acker schon um jedes Bett
Fleisch ebnet sich zu Land. Glut gibt sich fort.
Saft schickt sich an zu rinnen. Erde ruft.

Das Gedicht gibt sich als grelle Kontrafaktur zu Motiven und Wendungen, die man aus ganz anderem Zusammenhang kennt. Der Gestus des „Komm und sieh" z. B. erinnert wie von fern an die Eingangsverse von Stefan Georges berühmtem Parkgedicht („Komm in den totgesagten park und schau:/ Der schimmer ferner lächelnder gestade."), nur daß hier eben nicht auf offenbare oder verborgene Naturschönheit hingewiesen wird, sondern die schrecklichen Details körperlichen Verfalls aufgedeckt werden. Der Mann, der sich mit vertraulicher Du-Anrede an die Frau wendet, und seine Partnerin auf dem gemeinsamen Gang durch die Krebsbaracke – sie könnten ein Liebespaar sein, doch braucht nicht eigens erläutert zu werden, daß es sich hier kaum um ein Liebesgedicht handelt.

Charakter der Kontrafaktur

Um den Unterschied klar zu markieren, sei an die „Carpe diem"-Gedichte der Barockzeit erinnert, an eine Rollenlyrik, die nach dem folgenden Schema gefertigt ist: Der Mann beschwört die Geliebte, sie möge ihn doch endlich erhören und sich ihm hingeben, da beide doch von der Vergänglichkeit bedroht seien. Es gelte darum, die Lebenszeit, ja vor allem den gegenwärtigen Augenblick zu nutzen, denn – und hier folgen die düsteren und wenig charmanten Hinweise auf die begrenzte Dauer der Frauenschönheit –: was jetzt noch von bezwingendem erotischem Reiz sei (Haare, Wangen, Brust etc.), werde nur allzu bald zu Staub zerfallen. Der Monolog des Mannes in Benns Gedicht hat mit solchem Schema nichts zu tun; allerdings fällt auf, daß der durch die Krankheit hervorgerufene Zerstörungsprozeß besonders am Beispiel jener Körperregionen angesprochen wird (Brust, Schoß), die im Zentrum erotisch-sexuellen Interesses stehen. Die angeredete Person wird also nicht mit Liebeswerbungen bedrängt, aber die Tatsache, daß der Mann sich an eine Frau wendet, ist keinesfalls unwichtig, sondern gibt seiner Rede einen zusätzlichen Akzent.

Tradition des „Carpe diem"-Motivs?

Die Situation sei noch einmal rekapituliert: Ein Mann, vermutlich als Arzt an dieser Anstalt beschäftigt, führt der Begleiterin seinen Arbeitsplatz vor. Die Frau ist offensichtlich ‚nicht vom Fach', denn die gegebenen Informationen gehen über die im Rahmen einer Chefvisite üblichen oder für Medizinstudenten veranstalteten Falldemonstrationen hinaus, verzichten überdies

Rhetorische Konstruktion

auf jedes allzu spezielle Vokabular aus der medizinischen Fachsprache. Von einer Reaktion der Frau ist nichts vermerkt, und es ist durchaus zweifelhaft, ob sie den ermutigenden Anweisungen „Heb ruhig diese Decke auf", „Fühl nur hin" wirklich nachkommt. Sie braucht ja auch nichts zu tun oder zu sagen, denn ihre wichtigste Funktion im Gedicht besteht darin, direkt angeredet zu werden. Dank ihrer Gegenwart kann sich auch der Leser unmittelbar angesprochen fühlen und wird gewissermaßen zum Hinsehen gezwungen. Der besondere Charakter des Gedichts beruht auf dem Gestus des Zeigens, erkennbar an der häufigen Verwendung des Lokaladverbs „hier".

Verdinglichung des Menschen

„Hier" ist nur noch bewußtloses Dahindämmern, „hier" ist vergangen, was einst „Rausch und Heimat" war, „hier" ist die Verdinglichung der Menschen extrem geworden, der einzelne ist nurmehr Teil einer „Reihe" von Brust- oder Unterleibskrebsen, die karitative Anteilnahme der Schwestern beschränkt sich auf das unbedingt Notwendige, dabei wird der Kranke zum leblosen Körper („wie man Bänke wäscht"). Der Lebensraum ist aufs äußerste geschrumpft („Bett stinkt bei Bett"), die verrinnende Lebenszeit wird organisatorisch verwaltet, und zwar nach den Bedürfnissen des Krankenhauspersonals („Die Schwestern wechseln stündlich") oder der Angehörigen, die einmal in der Woche zu Besuch kommen. Das Schreckenspanorama der Krebsbaracke enthüllt sich Bild für Bild, sechs Strophen lang, in einem – scheinbar teilnahmslosen – distanziert-zynischen Parlando. Das Beispiel der Krebskranken verweist auf die conditio humana schlechthin: Der Mensch ist Körper, zersetzliches Fleisch, ein „Klumpen Fett und faule Säfte", nichts weiter. Von Erde bist du genommen, zu Erde sollst du wieder werden.

Zurück in der Erde Schoß

„Erde ruft". Das Element fordert seine Bestandteile („Fleisch", „Saft") zurück. Die letzte Strophe betont mit ihrem Einsatz „Hier schwillt der Acker schon um jedes Bett" keineswegs Bedrohung und Schrecken des Todes, sondern sieht in dem Verlöschen, Zerrinnen, Nicht-mehr-Sein vielmehr Trost und Erlösung; barmherzig nimmt die Erde die gequälten Körper in sich auf. Christlich gedacht ist das nicht! „Fleisch ebnet sich zu Land", der Tod, so erlösend er auch kommen mag, er ist das absolute Ende, von Auferstehung kein Wort. Und die biblische Wendung „Denn du bist Erde und sollst zu Erde werden" (1. Mose 3,19), an die der Leser sich vielleicht erinnert, ist im Alten Testament ja gerade nicht tröstlich gemeint, sondern ist das Fluch- und Strafwort Gottes nach dem Sündenfall.

Absage an das Christentum

Auf die christliche Tradition wird hier mit einem blasphemischen Detail angespielt (die Krebsknoten bilden einen „Rosenkranz"!), wie um den anti-metaphysischen und anti-religiösen

Charakter des Gedichts zu unterstreichen. Die Gedichte des Pfarrerssohns Gottfried Benn offenbaren statt einer gelassenen Absage an das Christentum eine brutale Heftigkeit, die vermuten läßt, daß der Autor noch in der radikalen Negation an den Glauben seiner Kindheit gebunden bleibt:

> ich muß noch einmal dieser frommen Leiche
> den Kopf zerfleischen – Bregen vor –! Ein Fleckchen!
> Ein Fleck, der gegen die Verwesung spräche!! –
> Das Fleckchen, wo sich Gott erging…!!!
> (Gottfried Benn: Fleisch)

Doch dieses „Fleckchen" ist nicht zu finden: Das trotzige Resümee lautet:

> wir sind und wollen nichts sein als Dreck.   *Nihilismus*
> Man hat uns belogen und betrogen
> mit Gotteskindschaft, Sinn und Zweck
> (Gottfried Benn: Wir gerieten in ein Mohnfeld…)

In Krankenhaus und Leichenhalle lösen sich alle Werte und Überzeugungen auf, sie sind Demonstrationsstätten des Nihilismus.

Ophelia

Die schöne Wasserleiche ist eine Figur, der man in der Volkspoesie, in Balladen und Moritaten, aber auch in trivialen Romanen und Filmen nicht eben selten begegnet. Das verführte und verlassene Mädchen sucht den Tod im Wasser – aus Verzweiflung, weil das Leben ohne den Geliebten sinnlos erscheint, oder auch aus Angst vor der Entdeckung einer Schwangerschaft, die gleichbedeutend mit Ehrverlust und gesellschaftlicher Ächtung wäre. Das Motiv vom ertrunkenen Mädchen bezieht seine Wirkung aus der Einsicht, daß der Tod einem jungen, blühenden Leben viel zu früh ein Ende setzt und daß er – so stellt es vor allem die gesellschaftskritische Dichtung des Sturm und Drang dar – durch eine lebensfeindliche und heuchlerische Moral erzwungen wird.
Ophelia in Shakespeares „Hamlet" ist ein melancholisch-weicher, zerfließender Charakter. Sie liebt Hamlet, aber auch ihren Vater Polonius, und als sie von dessen Tod erfährt (er ist von Hamlet ermordet worden), verfällt sie in offenen Wahnsinn. Von

*Die schöne
Wasserleiche*

*Shakespeares
Ophelia*

ihrem Tod erfährt man nur indirekt, aus dem poetischen Bericht, den die Königin Ophelias Bruder Laertes erstattet (Szene IV, 7):

Der sanfte Tod im „weinenden Gewässer"

Es neigt ein Weidenbaum sich übern Bach
Und zeigt im klaren Strom sein graues Laub,
Mit welchem sie phantastisch Kränze wand
Von Hahnfuß, Nesseln, Maßlieb, Kuckucksblumen.
(…)
Dort, als sie aufklomm, um ihr Laubgewinde
An den gesenkten Ästen aufzuhängen,
Zerbrach ein falscher Zweig, und nieder fielen
Die rankenden Trophäen und sie selbst
Ins weinende Gewässer. Ihre Kleider
Verbreiteten sich weit, und trugen sie
Sirenengleich ein Weilchen noch empor,
Indes sie Stellen alter Weisen sang,
Als ob sie nicht die eigne Not begriffe,
Wie ein Geschöpf, geboren und begabt
Für dieses Element. Doch lange währt' es nicht,
Bis ihre Kleider, die sich schwer getrunken,
Das arme Kind von ihren Melodien
Hinunterzogen in den schlamm'gen Tod.

Das ist ein begütigender, wenn nicht lügenhafter Bericht, der Ophelias Selbstmord zu einem tragisch-sanften Unglücksfall stilisiert. Gleichwohl hat die Bildhaftigkeit dieses Berichts als „Wahrheit" auf die Phantasie von Malern und Poeten stark gewirkt.

Arthur Rimbauds Ophélie

Arthur Rimbauds Gedicht „Ophélie" (1870) stützt sich sowohl auf Shakespeares Drama als auch (mit großer Wahrscheinlichkeit) auf das Gemälde des englischen Präraffaeliten Millais. Die deutschen Expressionisten wiederum knüpfen nicht direkt an Shakespeare, sondern an Rimbaud an.

Traurige Schönheit

Von dem „schlamm'gen Tod" (muddy death) ist bei Rimbaud nicht mehr die Rede, er übernimmt allein jene schönen und besänftigenden Aspekte, die schon bei Shakespeare jede allzu konkrete Vorstellung von Wasserleiche verdrängen halfen. In neun vierzeiligen Strophen entfaltet sich das Bild einer unwirklich weißen, traurigen Schönheit, die in sanftem Wahnsinn („sa douce folie") über das Wasser gleitet. Ophélie ist selbst zum

Verschmelzung mit der Natur

Bestandteil der Natur geworden: Sie wird mit einer großen Lilie verglichen, die auf dunklem, stillem Weiher dahinzieht, schon mehr als tausend Jahre lang, den Gesetzen der Zeit enthoben, ewig aufgehoben in der Erinnerung des Dichters. Gestorben sei sie an ihren großen Visionen, an ihrem Traum von Himmel, Liebe und Freiheit, der sich in dieser Welt nicht verwirklichte. Ophélie wird zum Symbol eines traumverlorenen Leidens, eines

Zerbrechens an der Brutalität des Daseins: Jetzt erst, im Tode, eingetaucht in die Geborgenheit der Natur, sei sie ganz bei sich selbst.

Von Georg Trakl ist eine frühe Entwurfsskizze zu seinem großen „Helian"-Gedicht überliefert, deren Bezug auf Rimbauds „Ophélie" offenkundig ist:

Georg Trakl

> Schön ist Opheliens Wahnsinn,
> Der alte Weiher, der durch die Weiden rinnt;
> Die Schwermut ihrer Lider ist ins rote Laub gesunken
> Mit Schnee und Aussatz füllt sich die betrübte Seele
> Die Flöten des Abends im dürren Rohr.

„Schön ist Opheliens Wahnsinn"

Abstrakta (Wahnsinn, Schwermut, Seele) und Konkreta (Weiher, Weiden, Laub, Rohr) verschmelzen harmonisch zu einer seltsam entrückten Naturstimmung. Zwar ist auch von „Schnee und Aussatz" die Rede, doch überwiegt der Eindruck sanfter Ruhe und Abgeschiedenheit, und die „Flöten des Abends" bekräftigen dies mit einem zarten melodischen Akzent.

Georg Heyms Gedicht „Ophelia", 1910 entstanden, besteht aus zwei Teilen, deren erster (4 Strophen) genau halb so lang wie der zweite ist:

Georg Heym

Ophelia

I

> Im Haar ein Nest von jungen Wasserratten,
> Und die beringten Hände auf der Flut
> Wie Flossen, also treibt sie durch den Schatten
> Des großen Urwalds, der im Wasser ruht.

> 5 Die letzte Sonne, die im Dunkel irrt,
> Versenkt sich tief in ihres Hirnes Schrein.
> Warum sie starb? Warum sie so allein
> Im Wasser treibt, das Farn und Kraut verwirrt?

> Im dichten Röhricht steht der Wind. Er scheucht
> 10 Wie eine Hand die Fledermäuse auf.
> Mit dunklem Fittich, von dem Wasser feucht
> Stehn sie wie Rauch im dunklen Wasserlauf,

> Wie Nachtgewölk. Ein langer, weißer Aal
> Schlüpft über ihre Brust. Ein Glühwurm scheint
> 15 Auf ihrer Stirn. Und eine Weide weint
> Das Laub auf sie und ihre stumme Qual.

II

Korn. Saaten. Und des Mittags roter Schweiß.
Der Felder gelbe Winde schlafen still.
Sie kommt, ein Vogel, der entschlafen will.
20   Der Schwäne Fittich überdacht sie weiß.

Die blauen Lider schatten sanft herab.
Und bei der Sensen blanken Melodien
Träumt sie von eines Kusses Karmoisin
Den ewigen Traum in ihrem ewigen Grab.

25   Vorbei, vorbei. Wo an das Ufer dröhnt
Der Schall der Städte. Wo durch Dämme zwingt
Der weiße Strom. Der Widerhall erklingt
Mit weitem Echo. Wo herunter tönt

Hall voller Straßen. Glocken und Geläut.
30   Maschinenkreischen. Kampf. Wo westlich droht
In blinde Scheiben dumpfes Abendrot,
In dem ein Kran mit Riesenarmen dräut,

Mit schwarzer Stirn, ein mächtiger Tyrann,
Ein Moloch, drum die schwarzen Knechte knien.
35   Last schwerer Brücken, die darüber ziehn
Wie Ketten auf dem Strom, und harter Bann.

Unsichtbar schwimmt sie in der Flut Geleit.
Doch wo sie treibt, jagt weit den Menschenschwarm
Mit großem Fittich auf ein dunkler Harm,
40   Der schattet über beide Ufer breit.

Vorbei, vorbei. Da sich dem Dunkel weiht
Der westlich hohe Tag des Sommers spät,
Wo in dem Dunkelgrün der Wiesen steht
Des fernen Abends zarte Müdigkeit.

45   Der Strom trägt weit sie fort, die untertaucht,
Durch manchen Winters trauervollen Port.
Die Zeit hinab. Durch Ewigkeiten fort,
Davon der Horizont wie Feuer raucht.

Erster Teil
(V. 1–16):
Urwaldszenerie

Kraßheit der
Bilder

Schatten, Dunkel, Nachtgewölk bestimmen die Urwaldszenerie, düstern sie ein, und Ophelia fügt sich nicht nur als farbloser Bestandteil mit „stummer Qual" in dieses Naturbild, ihr sind auch alle Attribute erlesen melancholischer Schönheit, die sie in Rimbauds Gedicht hatte, verweigert. Die enge Nachbarschaft zu Ratten, Fledermäusen, Aalen weckt Unbehagen bzw. Ekel, der Vergleich von Ophelias Händen mit Flossen läßt an einen toten Fisch denken, der an der Oberfläche treibt. Kurzum, die Einzelbilder sind äußerst kraß – und dennoch ist der Gesamteindruck

nicht durchweg abstoßend. Über der Szene liegt trotz aller
provozierenden Effekte eine seltsame Ruhe und stille Harmonie.
Die Tote wird von der Natur aufgenommen, und die Frage nach
dem Grund und der Art ihres Todes wird unwichtig, bleibt
jedenfalls ohne Antwort.

Dennoch:
seltsame Ruhe
und Harmonie

Der zweite Teil berichtet von Ophelias Reise durch Zeiten und
Räume, und zwar im gleichen, etwas monotonen Versmaß des
fünfhebigen Jambus und jetzt durchweg in der Strophenform mit
umarmendem Reim, die im ersten Teil noch mit Kreuzreim
(Str. 1 und 3) alternierte.

Zweiter Teil

Die Szenerie des Urwalds weicht der einer Kulturlandschaft.
Alles hellt sich auf, die Lieblichkeit Ophelias wird evoziert, nicht
mehr von „Qual", sondern von „Traum" ist die Rede, Ophelia
wird statt mit einem toten Fisch nun mit einem „Vogel, der
entschlafen will", verglichen. „Der Schwäne Fittich" evoziert ein
holdes Bild, das mit dem der Ratten, Fledermäuse, Aale kontra-
stiert. Während im ersten Teil alles schwarz und düster war,
entfaltet sich in Rot und Karmesinrot, Gelb, Blau, Weiß geradezu
eine Farbenpracht, und auch das Blanke der Sensen sorgt für
Helligkeit. Eine reine Idylle ist das zwar nicht, der „rote
Schweiß" gemahnt an die Mühen der Feldarbeit, aber es sind die
Farben des Lebens, und es scheint einen Augenblick so, als ob
auch die tote Ophelia noch lebe: sie träumt von Liebe und Kuß.
Doch weiter trägt sie der Fluß.

(V. 17–24):
Kulturlandschaft

Farbigkeit des
Lebens

In den folgenden vier Strophen ist die Erweiterung des Shake-
speare-Rimbaudschen Motivs besonders deutlich, Ophelia wird in
die Gegenwart – und das heißt: in die „Landschaft" der modernen
Industriewelt – versetzt. Das ist ein schon akustisch schmerzender
Vorgang (V. 25–30); der natürliche Lauf des Flusses wird durch
Dämme kanalisiert, Drohung und Zwang lasten nicht nur auf der
Natur, auch der Mensch ist „hartem Bann" unterzogen; die allmäch-
tige Präsenz der Großstadt wird in Metaphern der Tyrannei und Un-
terwerfung gefaßt. Das Bild des Krans als Inbegriff einer technifizier-
ten und entfremdenden Umwelt (V. 32–34) weist voraus auf Georg
Heyms dämonisierende Gestaltungen der ‚zweiten Natur' in den
Stadtgedichten (vgl. S. 52 f. u. 92 ff.). Ophelia gerät aus dem Blickfeld, eigentlich ist sie „unsichtbar" (V. 37), und dennoch steht sie in
geheimnisvoller Korrespondenz zum „dunklen Harm" der Menschen – sei es, daß die Menschen sich vor Mitgefühl mit ihr so här-
men, sei es, daß sie in der dahingleitenden Ophelia ihre eigene Einsamkeit und ihr eigenes fremdbestimmtes Getriebenwerden erahnen.

(V. 25–40):
Ophelias Reise
durch die brül-
lenden Städte

Die Totenfahrt Ophelias ist noch immer nicht zu Ende. In der
vorletzten Strophe wird die melancholisch-friedvolle Stimmung
eines späten Sommerabends beschworen, bevor der „Winter"
kommt (mit dem eine Erstarrung gemeint ist, die über die bloße

(V. 41–48): Noch
einmal „zarte
Müdigkeit" des
Sommerabends

Dann Winter, Untergang

Dauer einer Jahreszeit hinausreicht) und Ophelia endgültig „untertaucht". Dieses Verschwinden ist aber dann zugleich – so scheint es der letzte Vers anzudeuten – Teil eines allgemeinen und umfassenden Untergangs. Der individuelle Fall Ophelia verliert damit seine Besonderheit und wird in ein kollektives Schicksal eingeordnet, das durch die Unwirklichkeit und Menschenfeindlichkeit des modernen Großstadtlebens vorbereitet wirkt. Die Aspekte von Wahnsinn und Selbstmord, so wichtig sie auch für die Geschichte des Ophelia-Motivs sein mögen und so häufig sie auch außerhalb dieses Motivs in der expressionistischen Lyrik begegnen (vgl. S. 65 ff.), bleiben hier ausgespart.

Gottfried Benn

In den Zusammenhang der Ophelia-Gedichte gehören auch die folgenden Verse von Gottfried Benn aus dem „Morgue"-Zyklus (1912):

Schöne Jugend

Der Mund eines Mädchens, das lange im Schilf gelegen hatte,
sah so angeknabbert aus.
Als man die Brust aufbrach, war die Speiseröhre so löcherig.
Schließlich in einer Laube unter dem Zwerchfell
fand man ein Nest von jungen Ratten.
Ein kleines Schwesterchen lag tot.
Die andern lebten von Leber und Niere,
tranken das kalte Blut und hatten
hier eine schöne Jugend verlebt.
Und schön und schnell kam auch ihr Tod:
Man warf sie allesamt ins Wasser.
Ach, wie die kleinen Schnauzen quietschten!

Sektion einer Wasserleiche

„Der Mund eines Mädchens", ihre „Brust" – das sind erotische Signalwörter, doch die mit ihnen und dem Titel „Schöne Jugend" verknüpften Erwartungen werden schockierend durchbrochen und von Vers zu Vers gründlicher zerstört. Im Tonfall medizinischer Nüchternheit und scheinbar teilnahmslos wird über die Sektion einer jungen Wasserleiche berichtet, wobei das tote Mädchen als Person gar nicht mehr gegenwärtig ist, sondern nurmehr aus einzelnen Körperteilen zu bestehen scheint; sie kommen in einer Reihenfolge in den Blick, wie sie das Seziermesser freilegt: Brust, Speiseröhre, Zwerchfell, Leber, Niere.

Grauen und Provokation

Der Anfang von Georg Heyms „Ophelia" („Im Haar ein Nest von jungen Wasserratten") war ja bereits makaber. Aber Benns Gedicht, in dem das tote Mädchen lediglich als Menschenhülle fungiert, in der ein Wurf von Ratten Heim und Nahrung findet, steigert Grauen und Provokation noch beträchtlich. Die Worte „Laube" und „Nest", mit denen das heimelige Interieur bezeichnet wird, wirken auf geradezu aufreizende Weise unpassend. Die

Einsicht, daß die im Titel genannte „schöne Jugend" statt auf das
Mädchen auf die jungen Ratten bezogen ist, stellt einen Schock-
effekt dar, der insofern noch intensiviert wird, als sich der Gestus
des Mitgefühls („ein kleines Schwesterchen", das „Ach" des
Schlußverses) allein auf das Schicksal der im Mädchenkörper
hausenden Nagetiere erstreckt.

Der poetische Zauber des Ophelia-Motivs erlischt im kalten *Zerstörung aller*
Licht des Leichenschauhauses, das zynische Rattenrequiem ver- *„Ophelia-Poesie"*
steht sich als schockierendes Schlußwort. Der Mensch, so geben
diese Verse zu verstehen, ist kein besonderes Wesen, sondern wie
andere Kreaturen, auch in den gefühllosen Kreislauf von Werden und Vergehen einbezogen: erst lebender, dann verwesender
Körper, nichts weiter.

Exkurs: Zur Wirkungsgeschichte
des Ophelia-Motivs

Am 15. Januar 1919 wird in Berlin Rosa Luxemburg verhaftet. *Die ermordete*
Man bringt sie zusammen mit Karl Liebknecht ins Eden-Hotel, *Rosa Luxemburg*
wo sie von Soldaten und Offizieren als Hure und Sau beschimpft *im Landwehr-*
und geschlagen wird. Sie wird ermordet und in den Landwehr- *kanal*
kanal geworfen, am 31. Mai wird ihr verwester Körper an einer
Schleuse angeschwemmt und geborgen.

Bertolt Brechts im selben Jahr geschriebene „Ballade von der
roten Rosa" ist verschollen, doch erinnert sich der Augsburger
Jugendfreund Hans Otto Münsterer mehrere Jahrzehnte später
an die folgenden Verse:

> Die roten Fahnen der Revolution   *„Ballade von der*
> sind längst von den Dächtern herabgeweht...   *roten Rosa"*
> Die rote Rosa
> schwamm als einzige Befreite
> (zit. nach Klaus Schuhmann, Der Lyriker Bertolt Brecht. 1913–1933.
> Berlin 1964, S. 55)

Auch die Ballade „Vom ertrunkenen Mädchen" scheint sich
ursprünglich, einer im Brecht-Archiv aufbewahrten Variante zufolge (BBA 451/3), auf die ermordete Rosa Luxemburg bezogen zu
haben (Anfangszeile: „Als sie *erschlagen* war und hinunterschwamm"). Diesen politischen Bezug hat Brecht aber wieder
getilgt, das im Jahre 1919 entstandene Gedicht lautet im Stück
„Baal" (1922) wie in der „Hauspostille" (1927) folgendermaßen:

Bertolt Brecht   *Vom ertrunkenen Mädchen*

1
Als sie ertrunken war und hinunterschwamm
Von den Bächen in die größeren Flüsse
Schien der Opal des Himmels sehr wundersam
Als ob er die Leiche begütigen müsse.

2
Tang und Algen hielten sich an ihr ein
So daß sie langsam viel schwerer ward
Kühl die Fische schwammen an ihrem Bein
Pflanzen und Tiere beschwerten noch ihre letzte Fahrt.

3
Und der Himmel ward abends dunkel wie Rauch
Und hielt nachts mit den Sternen das Licht in Schwebe.
Aber früh war er hell, daß es auch
Noch für sie Morgen und Abend gebe.

4
Als ihr bleicher Leib im Wasser verfaulet war
Geschah es (sehr langsam), daß Gott sie allmählich vergaß
Erst ihr Gesicht, dann die Hände und ganz zuletzt erst ihr
                                     Haar.
Dann ward sie Aas in Flüssen mit vielem Aas.

Langsamkeit des Vergehens	Die Verse dieser Ballade haben etwas gemessen Fließendes, die Worte „langsam", „sehr langsam", „allmählich" lassen sich geradezu auch als musikalische Tempobezeichnungen (adagio oder lento assai) verstehen, und so hat Kurt Weill das Gedicht auch vertont (vgl. Brecht-Liederbuch, hg. und kommentiert von Fritz Hennenberg, Frankfurt/M. 1985, suhrkamp taschenbuch 1216, S. 114 ff.).
„Poetisches" Vokabular	Die ersten drei Strophen sind der ‚poetischen' Todesdarstellung bei Shakespeare und Rimbaud recht nah, man sieht es an Wörtern wie „Opal", „wundersam", „begütigen", „Schwebe", das Bild der Pflanzen und Tiere ist weit weniger abstoßend als bei Georg Heym. Aber es geht Brecht nicht um die Beschwörung eines überzeitlichen Symbols; der Verwesungsprozeß kommt an
Desillusionierender Schluß	ein Ende, das deutlich benannt wird („verfaulet", „Aas"). Der desillusionierende Gestus der Schlußstrophe (der vergessende Gott, der zerfallene Menschenkörper ist kein besonderes Aas), nähert das Gedicht eher dem Gottfried Benns. Im Schlußkapitel der „Hauspostille", in dem programmatischen Gedicht „Gegen Verführung", heißt es:

Laßt euch nicht verführen!   *„Und es kommt*
Es gibt keine Wiederkehr.   *nichts nachher"*
(…)
Ihr sterbt mit allen Tieren
Und es kommt nichts nachher.

Brechts Verse über das ertrunkene Mädchen demonstrieren
insofern eine (antichristliche) Lehre über die Endlichkeit des
Menschen.
Im Jahre 1972, noch vor seiner Übersiedlung aus der DDR in die   *Peter Huchel*
Bundesrepublik Deutschland, veröffentlichte Peter Huchel das
Gedicht

Ophelia

Später, am Morgen,
gegen die weiße Dämmerung hin,
das Waten von Stiefeln
im seichten Gewässer
das Stoßen von Stangen,
ein rauhes Kommando,
sie heben die schlammige Stacheldrahtreuse.

Kein Königreich,
Ophelia,
wo ein Schrei
das Wasser höhlt,
ein Zauber
die Kugel

am Weidenblatt zersplittern läßt.

„Die schlammige Stacheldrahtreuse" ist das in jeder Hinsicht   *„Die schlammige*
zentrale Bild, wobei das Adjektiv auf den „schlamm'gen Tod"   *Stacheldraht-*
(muddy death) in Shakespeares Text zurückweist. Hier ist ein   *reuse"*
Grenzgewässer, wo Schüsse und die Schreie der Getroffenen die
Stille der Natur zerreißen, kein Zauber lenkt die Kugeln ab.
Dieser Flußlandschaft ist alle Friedlichkeit und Geborgenheit
abhanden gekommen. Die Grenze, unüberwindbar für die
Lebenden, läßt auch die Toten nicht dahin treiben, wohin das
Wasser sie lenkt: sie enden und verenden im Menschenfanggerät
aus Stacheldraht.
Der historisch-politische Bezug, den Brecht für seine Ophelia-   *Grenzgewässer in*
Variation zunächst erwogen, dann verworfen hatte, rückt bei   *Deutschland*
Peter Huchel ganz in den Vordergrund. Es ist die Grenze
zwischen beiden deutschen Staaten, wie sie von 1961 bis 1989
bestand: An ihr wird auf die Flüchtenden geschossen, und

Ophelia ist ein Opfer wie so viele andere zu dieser Zeit. Nicht sanfter Wahnsinn entrückt sie der Welt, ihr Tod ist nicht individuell motiviert: Die mörderischen Schüsse gelten jedem, der hier fliehen will.

Verfall und Untergang

Wirklichkeit als Verhängnis- zusammenhang

Den meisten expressionistischen Lyrikern erscheint die moderne Wirklichkeit als ein Verhängniszusammenhang. Das führt zu extrem unterschiedlichen Reaktionen, die allerdings gerade in ihrer polaren Gegensätzlichkeit eng aufeinander bezogen sind: Während die einen in vitalistischen Aufbruchsphantasien ihre Gegenwart gleichsam überspringen wollen und das utopische Bild einer grundlegenden Erneuerung von Mensch und Gesellschaft ausmalen (vgl. S. 147 ff.), halten sich die anderen an die Chiffren von Verfall und Untergang und zeigen das Leben als todesumschattet, ohne daß da Hoffnung auf neuen Anfang wäre.

Verfall und Untergang – Motivschichtung

Der Themenkomplex Verfall und Untergang hängt zusammen mit der Erfahrung großstädtischer Zivilisation (vgl. S. 49 ff.) und wird vom Individuum als „Ich-Zerfall" erlebt (vgl. S. 61 ff.). Verfall und Untergang bezieht sich sowohl auf den psychischen Prozeß, der zu Selbstmord und Wahnsinn führen kann (vgl. S. 65 ff.), als auch auf den körperlichen Verfall im engeren Wortsinn, wie er in Krankenhaus und Leichenhalle sich manifestiert (vgl. S. 75 ff.). Die erahnte Katastrophe erscheint im Bild eines Weltuntergangs (vgl. S. 95 ff.), in der Vision eines bevorstehenden Krieges (vgl. S. 102 ff.) und in der Darstellung einer bedrohlichen Natur (vgl. S. 109 ff.).

Religiöse Perspektive:

Mitunter wird das Thema auch in eine religiöse Perspektive gerückt, wie z. B. in Franz Werfels Gedicht „Fremde sind wir auf der Erde alle":

– Ninive

Mögen Städte aufwärts sich gestalten,
Niniveh, ein Gottestrotz von Steinen!
Ach, es ist ein Fluch in unserm Wallen…
Flüchtig muß vor uns das Feste fallen,
Was wir halten, ist nicht mehr zu halten,
Und am Ende bleibt uns nichts als Weinen.
[…]
Selbst der Schlag des Herzens ist geliehen!
Fremde sind wir auf der Erde Alle,
Und es stirbt, womit wir uns verbinden.

Die Erwähnung von Ninive macht deutlich, daß sich der Dichter *– Gottes*
angesichts der gegenwärtigen Erscheinungsformen des Groß- *Strafgericht*
stadtlebens der Prophezeiungen Jonas und Nahums im Alten
Testament erinnert: Über die Stadt der Sünde wird Gottes
Strafgericht hereinbrechen – ein Untergang, der ebenso vorhersehbar wie verdient ist! Betont wird die Nichtigkeit von Macht
und Reichtum, die Vergänglichkeit aller irdischen Dinge und
Werte, man meint, den Prediger Salomo zu hören, und denkt
vielleicht an die Vanitas-Gedichte von Andreas Gryphius und
anderen Dichtern des Barock-Zeitalters.

Im Ansatz ähnlich (oder zumindest vergleichbar) ist Georg *Georg Trakl*
Trakls Gedicht „Abendland", das die Unwirtlichkeit der Städte
sowie die seelische Heimatlosigkeit des Menschen evoziert,
wenngleich weit dunkler und fremdartiger in der Diktion:

> Ihr großen Städte   *„Ihr großen*
> Steinern aufgebaut   *Städte" –*
> In der Ebene!   *Chiffren des*
> So sprachlos folgt   *Untergangs*
> Der Heimatlose
> Mit dunkler Stirne dem Wind,
> Kahlen Bäumen am Hügel.
> Ihr weithin dämmernden Ströme!
> Gewaltig ängstet
> Schaurige Abendröte
> Im Sturmgewölk.
> Ihr sterbenden Völker!
> Bleiche Woge
> Zerschellend am Strande der Nacht,
> Fallende Sterne.

Die Welt hat sich verdüstert, alle Zeichen weisen auf einen
winterlichen Herbst, auf einen Lebensabend voll Angst und Tod,
in dem der Mensch herumirrt, ohne jede Hoffnung, daß er von
frühlingshafter Morgenröte je neu erweckt werden könnte.
Anders aber als in dem zitierten Gedicht von Werfel, in dem sich
auch die Zeilen finden

> Schuldvoll sind wir, und uns selber schuldig,
> Unser Teil ist: Schuld, sie zu begleichen!

sieht Trakl den Menschen nicht – oder nicht vorrangig – schon *Zivilisations-*
von Geburt an notwendig in eine Schuld verstrickt, von der er *kritik*
nur durch göttliche Gnade erlöst werden könnte. Er betont
vielmehr das innerweltliche, von Menschen sich selbst bereitete
Verhängnis, das auf der gegenwärtigen Zivilisation lastet. Das

„Weltunglück", von dem Trakl mitunter spricht („Trübsinn",
1. Fassung), hat keine ausschließlich metaphysische Qualität:

Kriegsmetaphorik

> Menschheit vor Feuerschlünden aufgestellt,
> Ein Trommelwirbel, dunkler Krieger Stirnen,
> Schritte durch Blutnebel; schwarzes Eisen schellt
> Verzweiflung, Nacht in traurigen Gehirnen:
> (Menschheit)

„Wie scheint
doch alles
Werdende so
krank!"

Furchtbar erscheint nicht die Flüchtigkeit des menschlichen
Daseins an sich, nicht die Sterblichkeit des Menschen, sondern
das Bewußtsein, daß ihm ein vorzeitiger Tod beschieden sein
wird, weil die gesamte Zivilisation von Katastrophe und Untergang gezeichnet sei. Die Kriegsmetaphorik dieser Verse ist um so
bemerkenswerter, als das Gedicht „Menschheit" bereits im Jahre
1912 entstanden ist. Worauf sich der Blick in Trakls Gedichten
auch immer richtet, wahrgenommen wird stets nur das Schwin-
dende, Vergehende alles Lebendigen: „Wie scheint doch alles
Werdende so krank!" (Heiterer Frühling) Bewußtlos treiben die
Menschen dahin wie „blinde Zeiger gen Mitternacht" (Untergang, 5. Fassung). Sie fliehen, huschen, schweben, gleiten,
schwanken, schweben durchs Dasein, ihre Konturen verwi-
schen, wobei die Metaphern der Gestaltlosigkeit auf den Verlust
des „Wesens" hindeuten. Das menschliche Gesicht stimmt mit
seinem Spiegelbild nicht mehr überein:

> O, die bittere Stunde des Untergangs,
> Da wir ein steinernes Antlitz in schwarzen Wassern beschaun.
> (Abendländisches Lied)

Versteinerung,
Abgestorbensein,
Tod

Die Selbstprüfung des Menschen spiegelt ihm das Bild von
Versteinerung, Abgestorbensein, Tod zurück. Aus Trakls
Gedicht „Der Abend" seien die folgenden Verse zitiert:

> So bläulich erstrahlt es
> Gegen die Stadt hin,
> Wo kalt und böse
> Ein verwesend Geschlecht wohnt,
> Der weißen Enkel
> Dunkle Zukunft bereitet.

Die Stadt als Ort
des Untergangs

An dieser Stelle verbinden sich drei Begriffe (Stadt, Verwesung,
Enkel), die auch je für sich allein leitmotivische Bedeutung im
Gesamtwerk Georg Trakls haben. Die Stadt, deren künstliches
Licht weit in die Landschaft reicht, macht „kalt und böse". Sie ist
für Trakl der Ort, von dem Untergang ausgeht und der selbst von

Untergang bedroht ist; hier konzentrieren sich alle negativen Tendenzen.

Die Metapher „verwesend Geschlecht" verweist auf Todesverfallenheit und seelische Fäulnis der Menschen, die sich fälschlich noch voller Lebenskraft wähnen:

Verwesung

> Träumend steigen und sinken im Dunkel
> Verwesende Menschen
> (Vorhölle)

Ihr eigener Verfall wird ihnen nicht bewußt, „träumend" schwanken sie dahin, und so mag ihnen auch entgehen, daß sie den Enkeln eine zerstörte Welt hinterlassen. Der Enkel, der „in sanfter Umnachtung/Einsam dem dunkleren Ende nachsinnt" (Helian), repräsentiert eine Zukunft, dunkel und trostlos, wie sie schon in der Gegenwart sich abzeichnet: „Erschütternd ist der Untergang des Geschlechts." (Helian)

Trostlose Zukunft für die Enkel

Der Mensch lebt ohne Geborgenheit in seiner fremd gewordenen Heimstätte: „Ein bleicher Engel/ Tritt der Sohn ins leere Haus seiner Väter" (Helian), und: „In kühlen Zimmern ohne Sinn/ Modert Gerät" (Vorhölle). Alles erstarrt, wird nutzlos und tot:

Verlust der Geborgenheit daheim

> Verwestes gleitend durch die morsche Stube;
> Schatten an gelben Tapeten; in dunklen Spiegeln wölbt
> Sich unserer Hände elfenbeinerne Traurigkeit.
> (Amen)

Die gleichen Symptome offenbaren sich für Trakl in der Natur. Ein frühes Gedicht, das Sonett mit dem sprechenden Titel „Verfall", sei zitiert:

Trakls Gedicht „Verfall"

> Am Abend, wenn die Glocken Frieden läuten,
> Folg ich der Vögel wundervollen Flügen,
> Die lang geschart, gleich frommen Pilgerzügen,
> Entschwinden in den herbstlich klaren Weiten.
>
> Hinwandelnd durch den dämmervollen Garten
> Träum ich nach ihren helleren Geschicken
> Und fühl der Stunden Weiser kaum mehr rücken.
> So folg ich über Wolken ihren Fahrten.
>
> So macht ein Hauch mich von Verfall erzittern.
> Die Amsel klagt in den entlaubten Zweigen.
> Es schwankt der rote Wein an rostigen Gittern,
>
> Indes wie blasser Kinder Todesreigen
> Um dunkle Brunnenränder, die verwittern,
> Im Wind sich fröstelnd blaue Astern neigen.

Eine scharfe Zäsur trennt die ersten beiden von den folgenden
Strophen, die Quartette sind von den Terzetten wie Traum von
Wirklichkeit geschieden. Zuerst die stille Schönheit und Friedlichkeit eines Herbstabends, vom lyrischen Ich als eine Gegenwärtigkeit erlebt, die scheinbar der Zeit enthoben ist – darauf
dann die jähe und nachhaltige Zerstörung der Illusion in einer
Wortwahl, die den „Verfall" suggestiv spürbar macht: Bilder voll
Melancholie und letztem Abschied, von Untergang und Tod,
jedoch nicht ohne den traurigen Zauber einer seltsamen Schönheit. (Eine ausführliche Interpretation des Sonetts bei
G. Stephan, Klett Lektürehilfen „Naturlyrik", S. 109–124.)

Georg Heym
„Der Städte
Schultern
knacken"

Die Thematik von Verfall und Untergang ist keine Spezialität
Georg Trakls, sie prägt auch das Werk Georg Heyms. Auch bei
ihm ist es die moderne Großstadt, an der die Vorzeichen der
nahenden Katastrophe sichtbar werden. „Der Städte Schultern
knacken" heißt es in einem Gedicht (Die Dämonen der Städte),
ihr endgültiges Zusammenbrechen steht somit unmittelbar
bevor. Die Anfangsverse und zugleich Titelzeilen anderer
Gedichte lauten: „Auf einmal aber kommt ein großes Sterben",
„Die ertrinkenden Städte sind dunkel und voll", „Von toten
Städten ist das Land bedecket".
In der „Herbstlichen Tetralogie" stehen die Verse:

> Alles ist tot und kalt
> Wie ein endloser Traum.

Der Herbst meint hier und in anderen Gedichten Georg Heyms
nicht bloß eine Jahreszeit, sondern bezeichnet den Weltzustand,
wie er dem Dichter erscheint und wie er ihn in zahlreichen
Variationen zu benennen versucht:

Variationen des
„herbstlichen"
Weltzustands

> Alles ist hohl, und eine Totenmaske,
> Die man zerschlägt, und nichts ist dann darinnen.
> Kein Atem, und kein Blut, nur tönern Scherben.
> Und fädenziehend sitzen große Spinnen.
> (Umbra vitae)

> Ewige Stille. Und des Lebens Rest
> Zerwittert und zerfällt in schwarzer Luft.
> (Die Morgue)

> Aber riesig schreitet über dem Untergang
> Blutiger Tage groß wie ein Schatten der Tod.
> (Der Krieg II)

Katastrophen-
bewußtsein

Die zitierten Verse, denen sich viele ähnliche beifügen ließen,
stammen allesamt aus dem Jahre 1911. Sie belegen ein Katastro-

phenbewußtsein, das dem Georg Trakls an Intensität nicht nach-
steht, das aber weit dramatischer, dynamischer akzentuiert ist. Als
Beispiel diene das folgende, im November 1911 entstandene
Gedicht:

Die Nacht

Auf Schlangenhälsen die feurigen Sterne
Hängen herunter auf schwankende Türme,
Die Dächer gegeißelt. Und Feuer springet,
Wie ein Gespenst durch die Gasse der Stürme.

Fenster schlagen mit Macht. Und Mauern, die alten,
Reißen die Tore auf in zahnlosem Munde.
Aber die Brücken fallen über dem Schlunde
Und der Tod stehet draußen, der Alte.

Aber die Menschen rennen, ohne zu wissen
Blind und schreiend, mit Schwertern und Lanzen.
Unten hallet es dumpf, und die Glocken tanzen,
Schlagend laut auf, von den Winden gerissen.

Die Plätze sind rot und tot. Und riesige Monde
Steigen über die Dächer mit steifen Beinen
Den fiebernden Schläfern tief in die Kammer zu scheinen,
Und die Stirne wird fahl wie frierendes Leinen.

Die üblicherweise mit „Nacht" verbundenen Vorstellungen sind   *Tradition des*
Ruhe, Stille, Schlaf, Traum. Der Mensch erholt sich von der   *Motivs „Nacht"*
Geschäftigkeit des Tages, das Leben verlangsamt und beruhigt
sich, es herrscht ein friedliches Dunkel, nur von den Gestirnen
erhellt. Nacht ist die Zeit der Heimlichkeit, Intimität, Liebe;
ihren musikalischen Ausdruck findet sie in Notturnos und träu-
merischen Serenaden. Dieser positive Vorstellungskomplex hat
jedoch sein negatives Komplement: Nacht wird dann gerade
wegen ihrer Stille und ihres Dunkels als bedrohlich empfunden,
sie ist die Zeit von Verbrechen und Mord; was nur schemenhaft
zu erkennen ist, wirkt gespenstisch und unheimlich.
Georg Heyms Gedicht will weder in den positiven noch in den   *Abweichung von*
negativen Assoziationsbereich so recht passen. Die Nacht ist   *den geläufigen*
weder ruhig noch still, es ist keine Nacht wie andere, sie ist nicht *Assoziationen*
einmal dunkel. Die Gestirne haben ihren Platz am Firmament
verlassen, die „feurigen Sterne" und „riesigen Monde" greifen in
die Menschenwelt ein; heftige Winde zerren an den Dingen, und
Feuersturm bringt Zerstörung. Überall ist Bewegung und Lärm,
die Menschen aber liegen entweder in fiebrigem Schlaf oder
„rennen" bewußtlos dahin, „blind und schreiend", und wissen
nicht, gegen wen sie ihre Waffen zur Verteidigung richten sollen.

Dramatik und motorische Gewalt des Untergangs

Es geht um den unmittelbar bevorstehenden Untergang einer Stadt (möglicherweise auch um den der gesamten großstädtischen Zivilisation), ein dramatisches Szenario voll motorischer Gewalt, das durch optische und akustische Wahrnehmungen veranschaulicht wird. Das Gedicht ist eine Art Momentaufnahme, in der die Katastrophe schon eingesetzt hat, aber der Tod noch außerhalb der Mauern steht und den Augen der Menschen entzogen ist. An der Blickführung wird deutlich, daß die Zerstörung unmittelbar auf die Stadt zielt und mittelbar dann auf ihre Bewohner: Ins Bild rücken erst die sich auf „Schlangenhälsen" niederbeugenden Sterne, dann die höchsten Erhebungen (Türme und Dächer), darauf die Mauern und Brücken, danach die Straßen und Plätze, und am Schluß wird der Betrachter ins einzelne Haus hineingeführt, in die Kammer, und sieht auf die fahl werdenden Stirne der Schlafenden. Die Perspektive wechselt somit von der Eröffnungstotale bis hin zum Bilddetail in Nahaufnahme.

Filmische Perspektive

Die vier Strophen halten diese Bewegung von den Sternen des Himmels zur Stirne des Menschen fest, ohne sie zu bewerten. Ein lyrisches Ich fehlt. Hier wird lediglich konstatiert. Der Leser aber wird weder zu mitleidiger Anteilnahme bewegt, noch wird an sein Einverständnis appelliert (etwa dafür, daß die Naturgewalten der Hybris und Sündhaftigkeit eines modernen Ninive ein strafendes Ende bereiten). Das heißt: die Metaphorik des Untergangs mag zwar an die Bilder der Apokalypse erinnern, doch haben die Verse keine religiöse Dimension.

Verfall und Untergang: Unterschied zwischen Trakl und Heym

Während bei Georg Trakl Verfall und Untergang als ein und dieselbe seltsam weiche, gleitend ineinander übergehende Bewegung dargestellt wird und dunkel-melodisch, ohne Crescendo, ertönt, macht Georg Heym hier einen deutlichen Unterschied. Verfall ist ihm die Metapher für Stillstand und Stagnation, und er bemüht dabei oft die Bilder einer erstarrenden Natur, die keinen Wechsel der Jahreszeiten mehr kennt (vgl. S. 116 f.). Der Untergang dagegen wird in die Bildlichkeit der plötzlichen dramatischen, zerstörerischen Gewalt gefaßt, die über die Städte hereinbricht. Gerade diese Heymsche Kombination von Untergangs- und Großstadtthematik übte eine große Wirkung auf die Zeitgenossen aus, ihre vorbildhafte Funktion für viele der Stadtgedichte Johannes R. Bechers z. B. ist offenkundig.

„Weltende"

Die expressionistische Lyrik ist reich an Katastrophenstimmun- *Zwei titelgleiche* gen und Endzeitvisionen, die sich mitunter zum Bildkomplex *Gedichte* des „Weltendes" verdichten. Nun führen zwei Gedichte von Else Lasker-Schüler und Jakob van Hoddis das Wort „Weltende" als Titel, und man findet sie daher in manchen Anthologien neben-einandergerückt, wo sie die populär gewordene These illustrie- *Weniger* ren sollen, daß die Dichter „irgendwie" Propheten gewesen seien *Prophetie als* und die Schrecken des Ersten Weltkriegs vorhergesehen hätten. Bei *Zeitdiagnose* näherer Betrachtung zeigt sich indes, daß beide Gedichte außer der zufälligen Titelgleichheit nichts verbindet und daß die Vorstellung, in einer Endzeit zu leben (besonders häufig bei Heym und Trakl), weit mehr als metaphorische Beschreibung der Gegenwart denn als prophetische Vision des kommenden Krieges zu verstehen ist.

Else Lasker-Schülers Gedicht, das übrigens bereits im Jahre 1905 *Else Lasker-* erschien, hat folgenden Wortlaut: *Schüler*

Weltende

Es ist ein Weinen in der Welt,
Als ob der liebe Gott gestorben wär,
Und der bleierne Schatten, der niederfällt,
Lastet grabesschwer.

Komm wir wollen uns näher verbergen...
Das Leben liegt in aller Herzen
Wie in Särgen.

Du! wir wollen uns tief küssen –
Es pocht eine Sehnsucht an die Welt,
An der wir sterben müssen.

Auch wenn das Nietzschewort „Gott ist tot" nur in konjunktivi- *Gottes Schweigen* scher „Als ob"-Wendung auftaucht, ist das lyrische Resümee nicht weniger düster, sprechen die Verse von metaphysischer Einsamkeit und Trostlosigkeit. Das Leben lebt nicht, „bleierne Schatten" lasten auf ihm, wie denn überhaupt das Wortfeld *Liebe als Utopie* eingedunkelt ist: „grabesschwer", „Särge", „sterben". Zwar ruft *und Illusion* das lyrische Ich das angeredete Du noch zu einem verzweifelten Widerstand durch liebende Gemeinsamkeit auf, doch geschieht dies im Bewußtsein der Vergeblichkeit, der Resignation.

Wer den hemmungslosen Subjektivismus anderer Gedichte von Else Lasker-Schüler kennt und weiß, daß sie „Ich" meint, auch wenn sie „wir" sagt, wird zumindest versucht sein, den Plural der

Schlußverse („Sehnsucht..., an der wir sterben müssen"), der sich grammatisch auf die beiden Liebenden oder möglicherweise auf alle Menschen bezieht, in erster Linie als poetische Verallgemeinerung der eigenen, sehr individuellen, unstillbaren Sehnsucht der Lasker-Schüler nach Liebe und Gottesgeborgenheit zu deuten.

Ein für die Autorin repräsentatives Gedicht

Hier empfiehlt sich ein skizzierender Überblick über die Lyrik Else Lasker-Schülers. „Hinter meinen Augen stehen Wasser,/ Die muß ich alle weinen" – so beginnt eines ihrer Gedichte („Ein Lied"), „Alles ist tot,/ Nur du und ich nicht" – so endet ein anderes („Giselheer dem Heiden", i. e. Gottfried Benn), und diesen relativ wahllos herausgegriffenen Versen ließen sich sehr viele weitere zitierend hinzufügen, die von einem großen Verlassenheitsgefühl künden sowie von einem mit melancholischem Trotz behaupteten Liebesanspruch. Die Utopie von einer Heimkehr in biblische Zeiten, als Gott noch zu den Menschen sprach, und der Traum, ein Gegenüber zu finden, dessen Liebe ebenso unbedingt wie die eigene wäre, werden immer wieder beschworen und zugleich als unmöglich erkannt – das gibt den Gedichten der Lasker-Schüler ihre schmerzliche Intensität (siehe S. 146 f.). „Weltende" ist vor diesem Hintergrund eine Metapher sowohl für das Schweigen Gottes als für die eigene Isoliertheit in einer kalten, trostversagenden Zeit; „Weltende" ist insofern nicht Synonym eines apokalyptischen Ausnahmezustands, sondern bezeichnet für Else Lasker-Schüler eine Konstante des gefühlsmäßigen Erlebens von Welt: Dieser Titel könnte über mehreren ihrer Gedichte stehen!

Jakob van Hoddis

Das meistzitierte Gedicht des Expressionismus

Sehr anders verhält es sich mit dem Gedicht von Jakob van Hoddis. Es erschien am 11. Januar 1911 in der Zeitschrift „Der Demokrat", machte den Autor schlagartig berühmt und darf als das meistzitierte Gedicht des Expressionismus gelten. Sein programmatischer Charakter war schon den Zeitgenossen bewußt, Kurt Pinthus rückte es an die erste Stelle seiner „Menschheitsdämmerung", sein repräsentativer Rang ist unbestritten – die Frage ist nur: wofür programmatisch, wofür repräsentativ?

Weltende

Dem Bürger fliegt vom spitzen Kopf der Hut,
In allen Lüften hallt es wie Geschrei.
Dachdecker stürzen ab und gehn entzwei
Und an den Küsten – liest man – steigt die Flut.

Der Sturm ist da, die wilden Meere hupfen
An Land, um dicke Dämme zu zerdrücken.
Die meisten Menschen haben einen Schnupfen.
Die Eisenbahnen fallen von den Brücken.

Strophenform, Reimschema und Metrum sind alles andere als ungewöhnlich: zwei vierzeilige Strophen, durch umarmenden Reim (I) bzw. Kreuzreim (II) gefügt, im Versmaß des fünfhebigen Jambus, Satz- und Versende stimmen, mit Ausnahme der Verse 5 und 6, überein.

Konventionelle Form

Die Reihung der disparaten Einzelbilder – fast jeder Vers stellt ein neues Subjekt dar, während das lyrische Ich als integrierender Bezugspunkt fehlt – mag auf den ersten Blick verdecken, daß die beiden Strophen eine Vorher-Nachher-Struktur aufweisen: In Strophe I kündigt die Katastrophe sich an, die Abwehrmaßnahmen der Dachdecker, die die (bürgerlichen?) Häuser gegen das von oben hereindräuende Unheil bewahren wollen, kommen zu spät und lassen sich nicht mehr durchführen; in Strophe II ist die Katastrophe mit Sturm und Meeresgewalt dann eingetreten.

Vorher-Nachher-Struktur

Der Gestus der Darstellung ist gar nicht so einfach zu bestimmen: distanzierte Unbekümmertheit, kabarettistische Frechheit, Zynismus, Freude an der grotesken Verzerrung, Parodie einer unberechtigten Katastrophenangst? Auffällig ist jedenfalls die Unangemessenheit der Bilder und Worte; die bagatellisierende Darstellung ernster und folgenschwerer Unglücksfälle bewirkt einen komischen Effekt (das „Entzweigehn" der Dachdecker, das „Hupfen" der wilden Meere, die irgendwie unpassende Erwähnung des „Schnupfens" der meisten Menschen). All dies – und natürlich auch die komische Intensität der Alliterationen – („um *d*icke *D*ämme *z*u *z*er*d*rücken") – machen den Titel als ironischen kenntlich. Um ein „Weltende" handelt es sich also nicht, wohl aber um Katastrophe und Tod (in den von den Brücken fallenden Eisenbahnen sitzen ja Menschen), und die werden mit seltsamer Unbeteiligtheit konstatiert. Diese Teilnahmslosigkeit bzw. dieser Mangel an emotionaler Betroffenheit ist allerdings nicht mit heiterer Souveränität zu verwechseln, sondern wird sozusagen als Grimasse ausgestellt.

Komik und Ironie

Fehlende emotionale Beteiligung

Die Parenthese „liest man" hat die Qualität eines Schlüsselworts, das ganze Gedicht erscheint durch den Charakter des „crossreading" (Riha) geprägt, d. h. durch die Montage relativ zufällig aufgelesener Nachrichten und Meldungen. So furchtbar die einzelne (Zeitungs-)Information auch sein mag, so sehr wird sie doch durch andere Informationen überlagert und relativiert, der Leser wird abgestumpft, und genau diesen Prozeß führt das Gedicht sinnfällig vor. Damit erreicht van Hoddis' Gedicht, z. B. im Vergleich zu den zitierten Versen Else Lasker-Schülers, eine ganz andere Art von Modernität: Während das Gedicht der Lasker-Schüler auf einer seit der Romantik bekannten lyrischen Haltung beruht, die sich als Leiden an der Welt beschreiben läßt

„Cross reading" und Montage

Vergleich v. Hoddis/Lasker-Schüler

Jakob van Hoddis (1907)

Jakob van Hoddis (1913). Zeichnung von Ludwig Meidner

(von „Weinen" und „Sehnsucht" ist denn auch wörtlich die Rede), verschwindet bei van Hoddis das emotionale Erlebnissubjekt ganz im Gestus des Registrierens und Konstatierens, ja, es scheint zu dieser Haltung durch die Reizüberflutung des modernen Großstadtlebens gezwungen.

Die vermuteten Entstehungsbedingungen

Man hat in letzter Zeit öfter die Behauptung lesen können, van Hoddis' „Weltende" sei als höhnisch-ironischer Kommentar zu der Panikstimmung bei Herannahen des Halleyschen Kometen im Mai 1910 gemeint gewesen, und noch in der 1987 erschienenen Ausgabe der „Dichtungen und Briefe" wird ein merkwürdig großes Gewicht auf Zeitungsmeldungen über Unwetter und Katastrophen im Dezember 1909 gelegt (vgl. die Faksimiles in Hoddis, 248 f.). Abgesehen davon, daß diese Behauptungen schon insofern reine Spekulation sind, als wir die genaue Entstehungzeit des Gedichts nicht kennen, wären sie – selbst wenn sie zuträfen – nur von begrenzter Bedeutung. Nie läßt sich ein gelungenes Gedicht auf seine Entstehungsbedingungen reduzieren, es bietet stets mehr und anderes als ein nicht-fiktionaler Gelegenheitskommentar zur historischen oder politischen Lage! Die überragende Wirkung des „Weltende"-Gedichts, wie sie durch zeitgenössische Dokumente und erinnernde Rückblicke mehrfach bezeugt ist, läßt sich mit Sicherheit nicht durch den Bezug auf den (vermuteten) Entstehungsmoment erklären und wird der noch heute andauernden Lebendigkeit und Faszinationskraft der Verse erst recht nicht gerecht.

Joh. R. Bechers Erinnerung

1957, ein Jahr vor seinem Tod, hat der damalige Kulturminister der DDR, Johannes R. Becher, sich ausführlich und geradezu hymnisch an Hoddis' Gedicht erinnert (vgl. Hoddis, 407–411). Seine „poetische Kraft", meint er, reiche nicht aus, die „Zauberkraft" dieser Verse zu beschreiben, die „uns emporgehoben zu haben (schienen) aus einer Welt stumpfer Bürgerlichkeit, die wir verachteten und von der wir nicht wußten, wie wir sie verlassen sollten". Ob es nun aber wirklich der antibürgerliche Impetus des Gedichts war, der solch befreiende Wirkung auslöste, darf bezweifelt werden, denn antibürgerlich war die Literatur schon seit langem, da bedurfte es kaum der vorbildhaften Anregung durch Jakob van Hoddis.

Paradigma des expressionistischen „Reihungsstils"

Wichtiger scheint Bechers Hinweis auf die Stilgebärde bzw. das Kompositionsprinzip des Gedichts, das ein „Gefühl von der Gleichzeitigkeit des Geschehens" vermittelt habe. Dieser sog. Reihungsstil ist die eigentliche Innovation des Gedichts. Er wurde von Autoren wie Blass, Boldt und vor allem Lichtenstein aufgegriffen und erstarrte dabei – wie Becher kritisch anmerkt – bald zur „Schablone". Aber er prägte noch die Simultangedichte der Dadaisten und blieb auch in späterer Lyrik ein wiederkehrendes Stilelement.

Jakob van Hoddis ist der Autor des „Weltende"-Gedichts; der Dichter des Weltendes, der katastrophischen Erstarrung von Zeit und Natur ist er nicht – das ist Georg Heym! In einem manifest-artigen Prosatext von 1911 hat Georg Heym als Zeit- und Gesell-schaftsdiagnose formuliert:

Das Endzeit-Motiv bei Georg Heym

> Unsere Krankheit ist, in dem Ende eines Welttages zu leben, in einem Abend, der so stickig ward, daß man den Dunst seiner Fäulnis kaum noch ertragen kann.
> („Eine Fratze", Heym, Bd. 2, 173)

Der „Abend des Welttages" ist also bereits hereingebrochen, das Verhängnis ist schon nah und liegt nicht in bedrohlicher Zukunft! Daher findet sich das Weltende-Thema auch nicht nur in den Kriegsgedichten, sondern ebenfalls in „Der Gott der Stadt" und „Die Dämonen der Städte" (vgl. S. 52 f.) sowie in den Natur- und Landschaftsgedichten (vgl. S. 109 ff.). Als weitere Endzeit-Gedichte seien genannt: „Die Menschen stehen vor-wärts in den Straßen" (vgl. S. 204 ff.), „Die Nacht" (vgl. S. 93), „Auf einmal kommt ein großes Sterben", „Frühjahr" (vgl. S. 117). Anders als es das bisweilen biblischer Metaphern sich bedie-nende Vokabular („Pech und Feuer träufet unten auf Gomorrh" etc.) vermuten ließe, ist das Weltende-Thema bei Georg Heym kaum religiös-eschatologisch akzentuiert. Die Menschen werden nicht von Gott gestraft, sondern bereiten sich ihren Untergang selbst: Das Weltende bezieht sich auf das entseelte Leben in der Großstadt, auf Selbstentfremdung und Ich-Zerfall, auf Tenden-zen der Zerstörung und Selbstdestruktion, auf Wahnsinn und Selbstmord, d. h. es ist die Steigerung und Zuspitzung verschie-dener für den Expressionismus „typischer" Themen. Eine solch entmythologisierte Vorstellung von Weltende findet sich auch bei Paul Boldt („Die Sintflut") und Alfred Lichtenstein („Nebel", „Die Welt. Einem Clown zugeeignet"; „Prophezeiung").

Kein spezifisch religiöses Motiv

Der Bildkomplex Weltende sollte also keineswegs allein unter der spekulativen Rubrik „Vorahnung des Weltkrieges" betrachtet werden. Andererseits ist es natürlich naheliegend, daß die Erfah-rung des Krieges die Vorstellung vom Ende der Welt intensiviert: „Alle Straßen münden in schwarze Verwesung" (Georg Trakl: „Grodek").

Krieg

Der Dichter als Prophet und Warner?

Der Erste Weltkrieg beginnt im Spätsommer 1914, in der expressionistischen Lyrik ist jedoch schon lange vorher von Krieg die Rede. Der Dichter als Prophet, als einer, der seismographisch die kommenden Erschütterungen wahrnimmt – diese Vorstellung ist vielleicht nicht völlig falsch, trägt indes zugleich legendenhafte Züge. Ist z. B. Georg Heym mit seinen Gedichten über den Krieg aus dem Jahre 1911 ein „Seher"? Wie immer man das beurteilen mag, der Gedanke an Krieg war gerade in diesem Jahr (Stichworte: Kanonenbootdiplomatie, Zweite Marokko-Krise) atmosphärisch gegenwärtig und also wohlbegründet. Die erste Strophe von Heyms Gedicht „Der Krieg I" sei zitiert:

Das Jahr 1911

Georg Heym

> Aufgestanden ist er, welcher lange schlief,
> Aufgestanden unten aus Gewölben tief.
> In der Dämmerung steht er, groß und unerkannt,
> Und den Mond zerdrückt er in der schwarzen Hand.

Der Kriegs-dämon: ein Bruder des Großstadtgottes

Das grandiose Bild von dem erwachenden, sich erhebenden Ungeheuer, das „lange schlief", also immer da war, wird durch die insistierende Anapher „Aufgestanden" mit dem schweren betonten Anfangsvokal eindrucksvoll veranschaulicht. Die allegorische Personifikation des Krieges erinnert stark an den „Gott der Stadt" bzw. an die „Dämonen der Städte" (vgl. S. 52 f.), und auch der Schlußvers – „Pech und Feuer träufet unten auf Gomorrh" – hält sich im vertrauten Rahmen der Heymschen Großstadtmetaphorik. Die moderne Zivilisation, wie sie sich in den großen Städten konzentriert zur Erscheinung bringt, bereitet sich selbst ihren Untergang, der ihr scheinbar fremd („groß und unerkannt"), wie eine übermenschliche Macht, entgegentritt. Verfall, Weltende, Tod, Untergang, Krieg scheinen nur verschiedene Namen derselben Sache, einer – verdienten – Katastrophe, bei deren Anblick sich Grauen und Faszination und masochistisches Einverständnis mischen. Die Schlußstrophe aus Heyms Gedicht „Der Krieg II" (ebenfalls 1911) lautet:

„Lobgesang" der Sterbenden

> Aber riesig schreitet über dem Untergang
> Blutiger Tage groß wie ein Schatten der Tod,
> Und feurig tönet aus fernen Ebenen rot
> Noch der Sterbenden Schreien und Lobgesang.

„Lobgesang" ist das letzte Wort des Gedichts! Noch die Sterbenden huldigen also dem Kriegsdämon, preisen den Tod: er kommt als Bedrohung und Erlösung zugleich! Das nachgestellte Adjek-

tiv (übrigens ein besonders bei Trakl häufiges Stilmittel) gibt
diesem Bild besonderen Nachdruck: nicht aus – von Feuer und
Blut – „roten Ebenen" tönen die Laute der Sterbenden, sondern
das Adjektiv „rot" bezieht sich in kühner Synästhesie auf die
folgenden Substantive und ist also adverbial zu verstehen:
„Schreien und Lobgesang... tönet... rot."

Erwähnt sei hier auch Ernst Stadlers Gedicht „Der Aufbruch",   *Ernst Stadler*
das der gleichnamigen Gedichtsammlung den Titel gab. Es
handelt sich um eine primär existentielle und künstlerische
Aufbruchstimmung, die sich aber in höchst seltsamer Weise der
Kriegs- und Untergangsmetaphorik bedient, um einer Steigerung des Lebensgefühls Ausdruck zu geben. Die Schlußverse
lauten:

> Ich war in Reihen eingeschient,   *„Der Aufbruch"*
>   die in den Morgen stießen, Feuer über Helm
> und Bügel,
> Vorwärts, in Blick und Blut die Schlacht,
>   mit vorgehaltnem Zügel.
> Vielleicht würden uns
>   am Abend Siegesmärsche umstreichen,
> Vielleicht lägen wir irgendwo ausgestreckt
>   unter Leichen.
> Aber vor dem Erraffen
>   und vor dem Versinken
> Würden unsre Augen sich an Welt und Sonne satt
>   und glühend trinken.

Wie gesagt: es handelt sich um keine visionäre Vorwegnahme   *Aggressive und*
des Weltkrieges (bzw. ist diese vom Autor nicht „gemeint"), aber   *selbstzerstöreri-*
die Art der Darstellung gerät ungewollt zu einem höchst bezeich-   *sche Gefühlslage*
nenden Dokument der aggressiven und selbstzerstörerischen
Gefühlslage der Jahre vor dem Ersten Weltkrieg.

Noch charakteristischer kommt diese Gefühlslage in den Tage-   *Heyms*
büchern Georg Heyms zum Ausdruck. Das Ich wünscht sich mit   *Tagebücher*
seinem „brachliegenden Enthousiasmus" aus der „banalen Zeit"
der Gegenwart hinweg in eine heroische Zeit, wobei es ihm
relativ gleichgültig ist, ob nun Revolution oder Krieg den gesellschaftlichen Ruhezustand beenden. Die blutige Aktion als solche
soll vitale Energien freisetzen:

> ich wäre mit einem Male gesund, ein Gott, erlöst, wenn ich   *Gewalt und*
> irgendwo eine Sturmglocke hörte, wenn ich die Menschen her-   *Krieg: Erlösung*
> umrennen sähe mit angstzerfetzten Gesichtern, wenn das Volk   *aus „banaler*
> aufgestanden wäre, und eine Straße hell wäre von Pieken,   *Zeit"*
> Säbeln, begeisterten Gesichtern, und aufgerissenen Hemden.
> (15. 9. 1911, in: Heym, Bd. 3,164)

Wunsch nach heroisch-ekstatischer Selbstverwirklichung

Nicht patriotisch-chauvinistische Gefühle drängen demnach zur Entladung, sondern ein jugendlich-kämpferisches und irgendwie auch pubertäres Aufbruchs- und Ausbruchsverlangen möchte die ganze Welt in Trümmern sehen, nur damit das Ich sich rauschhaft erleben kann. Diese Art Vorstellung vom Krieg gehört zu den – nicht sehr sympathischen – Regressionsphantasien der Zeit (vgl. S. 74 f.) und hat absolut nichts mit kassandrahaften Voraussagen oder gar Warnungen vor dem Krieg zu tun.

Lichtenstein

Ob nicht überhaupt die Sehergabe der Dichter überschätzt wird? Man lese z. B. Alfred Lichtensteins Gedicht mit dem programmatischen Titel „Prophezeiung", dessen erste Strophe lautet:

Vorahnung des Krieges?

Einmal kommt – ich habe Zeichen –
Sterbesturm aus fernem Norden.
Überall stinkt es nach Leichen.
Es beginnt das große Morden.

Spielerischer Unernst

Der heutige Leser dieser Verse von Januar 1913 ist vermutlich geneigt, sie als Vorahnung des Weltkrieges gelten zu lassen, auch wenn die angegebene Himmelsrichtung, aus der der „Sterbesturm" kommen sollte, sich in der Realität der folgenden Kriegsjahre dann nicht bestätigte. Allerdings wird man es mit den „Prophezeiungen" (z. B. „Mimen bersten. Mädchen platzen.") auch nicht allzu genau nehmen dürfen; vor allem die dritte der insgesamt vier Strophen beweist, daß hier wohl doch nicht der Weltkrieg erspürt wurde:

Polternd fallen Pferdeställe.
Keine Fliege kann sich retten.
Schöne homosexuelle
Männer kullern aus den Betten.

Keine bedrängende Vision

Der expressionistische Reihungsstil (vgl. S. 179 f.) wird hier zu einem grotesk-komischen Untergangsszenario ausgeführt, bei dem die spielerischen Züge (man sehe den Reim „Pferdeställe"/ „homosexuelle") überwiegen. „Alles nimmt sein ekles Ende./ Krächzend kippen Omnibusse." Das ist ein Gestus, wie er aus vielen anderen expressionistischen Gedichten vertraut ist. Festzustellen ist die Lust an grotesker Überzeichnung, man mag auch einen fatalistischen Unterton registrieren – doch keineswegs handelt es sich hier um eine bedrängende Vision.

Pazifistische „Verse vom Schlachtfeld"

Die Lyrik der Kriegsjahre ist durchweg pazifistisch; Gedichte, die den Krieg verherrlichen, gibt es von den Expressionisten nicht. Die in Zeitschriften wie etwa Franz Pfemferts „Aktion" veröffentlichten „Verse vom Schlachtfeld" (eine ständige Rubrik) sind Antikriegsgedichte. Sie sind in der politischen Intention

richtig und wichtig, auch wenn sie in künstlerischer Hinsicht nur
selten zu den gelungensten Schöpfungen der expressionistischen
Lyrik gehören. Man sehe z. B. die zweite (und letzte) Strophe von
Wilhelm Klemms Gedicht „Schlacht an der Marne" (1914):

> Mein Herz ist so groß wie Deutschland und Frankreich
> zusammen,
> Durchbohrt von allen Geschossen der Welt.
> Die Batterie erhebt ihre Löwenstimme
> Sechsmal hinaus in das Land. Die Granaten heulen.
> Stille. In der Ferne brodelt das Feuer der Infanterie,
> Tagelang, wochenlang.

*„Schlacht an der
Marne"*

Das Kriegsgeschehen wird in subjektiver Erlebnisperspektive als
eine Folge von Impressionen wiedergegeben; die idealistische
Geste der beiden Eingangsverse wirkt unangemessen, die einzelnen Bilder sind konventionell, zu einer expressionistischen Ver-
dichtung kommt es nicht. Oder man sehe etwa den Anfang von
Albert Ehrensteins Gedicht „Der Kriegsgott" (1917):

*Subjektive
Erlebnis-
perspektive*

> Heiter rieselt ein Wasser,
> Abendlich blutet das Feld,
> Aber aufreckend
> Das wildbewachsene Tierhaupt,
> Den Menschen feind, zerschmetter ich, Ares,
> Zerkrachend schwaches Kinn und Nase,
> Türme abdrehend vor Wut, eure Erde.

„Ich, Ares"

Der Bezug auf die griechische Mythologie („Ares" spricht) wirkt
unpassend und wird der Kriegsrealität schwerlich gerecht, der
Ausdruck ist hilflos, schwächlich – ja, die Verse (z. B. „Zerkra-
chend schwaches Kinn und Nase") sind angesichts der Wirklichkeit von Stellungskrieg, Giftgas etc. geradezu ärgerlich, so „gut"
das Ganze auch immer „gemeint" sei.

*Hilflose, konven-
tionelle Bilder*

Auf zwei berühmte Kriegsgedichte sei hier etwas näher eingegangen. Das erste stammt von Georg Trakl:

*Georg Trakl:
„Grodek"*

> *Grodek*
>
> Am Abend tönen die herbstlichen Wälder
> Von tödlichen Waffen, die goldnen Ebenen
> Und blauen Seen, darüber die Sonne
> Düstrer hinrollt; umfängt die Nacht
> 5   Sterbende Krieger, die wilde Klage
> Ihrer zerbrochenen Münder.
> Doch stille sammelt im Weidengrund
> Rotes Gewölk, darin ein zürnender Gott wohnt
> Das vergoßne Blut sich, mondne Kühle;

10 Alle Straßen münden in schwarze Verwesung.
Unter goldnem Gezweig der Nacht und Sternen
Es schwankt der Schwester Schatten durch den schweigenden
Hain,
Zu grüßen die Geister der Helden, die blutenden Häupter;
Und leise tönen im Rohr die dunklen Flöten des Herbstes.
15 O stolzere Trauer! Ihr ehernen Altäre
Die heiße Flamme des Geistes nährt heute ein gewaltiger
Schmerz,
Die ungebornen Enkel.

Historisch-
biographischer
Hintergrund

Das Titelwort ist der Name einer Ortschaft im ehemaligen Ost-Galizien (heute Ukraine), wo das österreichisch-ungarische Heer im August 1914 von der russischen Armee vernichtend geschlagen wurde.

Georg Trakl diente in einer Sanitätskompanie und mußte in einer Scheune neben dem Marktplatz von Grodek an die hundert Schwerverletzte betreuen, in den Bäumen vor der Scheune hingen die Leichen hingerichteter Russen. Trakl war dem erlebten Schrecken nicht gewachsen, konnte – nahezu auf sich allein gestellt – den schreienden Verwundeten und Sterbenden auch nicht richtig helfen. Nach einem vereitelten Selbstmordversuch

„Ich fühle mich
fast schon jenseits
der Welt"

kam er nach Krakau, in die Psychiatrieabteilung eines Garnisonskrankenhauses. Hier schrieb er seine letzten drei Gedichte: „Im Osten", „Klage" und „Grodek". Am 27. Oktober 1914 legte er einem Brief, in dem der Satz steht „Ich fühle mich fast schon jenseits der Welt", die endgültige Fassung von „Grodek" bei. (Merkwürdigerweise sind die ersten sechs Verse in lateinischer, die übrigen Verse in deutscher Schrift geschrieben.) Am 3. November 1914 starb er an einer Überdosis Kokain.

Die skizzierten Entstehungsumstände sind vielleicht atmosphärisch interessant, sie mögen den Hintergrund des Gedichts beleuchten, doch die Dunkelheit einzelner Wendungen und Verse wird durch sie nicht wesentlich erhellt.

Verse 1–6

Unmittelbar verständlich scheinen die ersten sechs Verse. Sie entwerfen das Bild einer Abendlandschaft, deren ruhige und stille Schönheit (herbstliche Wälder, goldne Ebenen, blaue Seen) den Lärm der „tödlichen Waffen" als Mißklang in sich aufnimmt. Die untergehende Sonne rollt „düstrer" darüber hin, sei es, daß der Komparativ eine Art von Reaktion oder Kommentar von Natur und Kosmos zum Kriegsgeschehen evozieren soll, sei es, daß er (wie dann auch in V. 15: „stolzere Trauer") weniger als grammatische denn als poetische Steigerung der Grundform aufzufassen ist.

Die Menschheit in ihrem gegenwärtigen Zustand (tödliche Waffen, sterbende Krieger, wilde Klage) wird von der Nacht umfangen, wobei dieser tröstliche Aspekt insoweit relativiert werden muß, als das Menschliche ja nur noch in versteinerter, lebloser, zerstörter Form („zerbrochene Münder") existiert.

Der nächste Abschnitt der Verse 7–10 setzt die Reihe der Natur- und Landschaftsbilder („Weidengrund", „rotes Gewölk") scheinbar fort, doch weist die isolierte Chiffre „mondne Kühle" auf einen Vorgang oder Zustand, der wohl jenseits einer naturhaft-natürlichen Umgebung liegt. Was für ein Gott ist es, der in dem „roten Gewölk" bzw. dem „vergoßnen Blut" gegenwärtig ist („wohnt")? Vermutlich ist hier an Pluto bzw. Aeides gedacht, an den Unsichtbaren, den Gott der Unterwelt, eine schattenhafte Gestalt, die weder zu den olympischen Göttern gehört noch in die Menschenwelt handelnd eingreift. Zu dieser Vermutung paßt jedenfalls die Aussage „Alle Straßen münden in schwarze Verwesung". Der zentrale Vers des Gedichts faßt eine räumliche und eine zeitliche Vorstellung zusammen: Hier und jetzt mündet alles in Auflösung und Tod.

Verse 7–10

„Alle Straßen münden in schwarze Verwesung"

Die Verse 11–14 scheinen dann zu bestätigen, daß die Welt zu einer Hadeslandschaft geworden ist: Durch den „schweigenden Hain" schreitet nicht die Schwester, sondern da schwankt nurmehr ihr „Schatten", und sie grüßt nicht mehr die Helden, sondern nur noch deren „Geister". Aber diese Hadeslandschaft, die Welt der Abgeschiedenen, ist nicht allein ein Schreckensort, sie hat vielmehr einen fremden, melancholischen Zauber: „Und leise tönen im Rohr die dunkeln Flöten des Herbstes."

Verse 11–14

Hadeslandschaft

Am rätselhaftesten sind die drei Schlußverse, mit denen das Gedicht weniger endet als abbricht. Manche Interpreten setzen sich über die Zeichensetzung der Handschrift hinweg und lesen, daß der „Schmerz" als Nährer des Geistes zugleich auch die Ungeborenen nähre und daß Trauer und Stolz des untergehenden Geschlechts den noch nicht geborenen, aber schon genährten „Enkeln" gelte.

Verse 15–17

Wer aber das Komma nach dem vorletzten Vers als von Trakl gewolltes respektiert und ernst nimmt (und warum sollte man das eigentlich nicht tun?), wird dieser Deutung nicht folgen können. „Die ungebornen Enkel" ist eine Chiffre, die mit den vorhergehenden Versen nicht verbunden ist, und sie ist mehrdeutig. „Enkel" meint vermutlich nicht nur die Angehörigen der übernächsten Generation, sondern steht als Sammelbegriff für Nachfahren überhaupt. „Ungeboren" kann heißen, daß sie noch nicht geboren sind oder daß sie nicht mehr geboren werden, denn die potentiellen Erzeuger sind tot. „Ungeboren" kann bei Trakl aber auch bedeuten, daß man sich nicht zu dem entfalten kann, was man gern sein oder werden möchte. (Im Schlußvers

„Die ungebornen Enkel"

des „Kaspar Hauser Liedes" wird über den Ermordeten gesagt:
„Silbern sank des Ungebornen Haupt hin.") Wichtig ist vor
allem, daß sich am Schluß von „Grodek" der Blick in die Zukunft
richtet, wobei diese nicht einfach nur ungewiß ist, was schließlich für jede Zukunft gilt, sondern daß im dunkeln bleibt, ob es
überhaupt noch menschliches Leben geben wird.

August Stramm

Wie Georg Trakl wurde auch August Stramm ein Opfer des
Krieges, er wurde am 1. 9. 1915 bei Horodec in Rußland getötet.
Das folgende Gedicht ist eines seiner bekanntesten, in viele
Anthologien und Lesebücher wird es als besonders epochen-
typisch aufgenommen:

*Patrouille durch
feindliches Gebiet*

Patrouille

Die Steine feinden
Fenster grinst Verrat
Äste würgen
berge Sträucher blättern raschlig
gellen
Tod.

*Personifizierung
der Dinge*

Unter einer Patrouille versteht man einen von einem oder
mehreren Soldaten durchgeführten Erkundungs- oder Kontroll-
gang durch besetztes oder sonstwie feindliches Gelände. Diese
gefährliche Situation wird in Stramms Gedicht zunächst dadurch
veranschaulicht, daß Steine, Fenster, Äste, Sträucher eben nicht
mehr bloß Dinge sind, sondern personifiziert werden: In ihnen
und hinter ihnen lauern Tod und Verderben. Darüber hinaus
wird diese metaphorische Verfremdung durch ein Durchbrechen syntaktischer und grammatikalischer Konventionen eindringlich gesteigert. Das Erlebnissubjekt wird zum Zielobjekt
feindlicher Hinterhaltsschützen verdinglicht, und die Dinge
(Steine, Sträucher etc.) werden in dem Maße selbst zu Feinden,

Neologismen

wie sie den unsichtbaren Feind verbergen. Dabei verwendet der
Autor aber statt des Adjektivs oder Substantivs ein neugeschöpftes Verb („feinden"), um die Intensität und Unmittelbarkeit der Gefahr zum Ausdruck zu bringen. Das adjektivische
„berge" in Vers 4 wiederum steht für das grammatisch oder

*Syntaktische
Verfremdungen*

semantisch normale Partizip (verbergende), und das syntaktische
Gefüge der letzten drei Verse faßt mehrere Verständnismöglich-
keiten zusammen: erst das Rascheln der Blätter, dann (Verb oder
Substantiv?) ein „Gellen" von Schüssen, darauf der Tod. Oder
aber: Die raschelnden Blätter kündigen einen „gellenden" bzw.
einen schnellen jähen Tod an („gellen" wäre als neugeschöpftes
Adjektiv zu verstehen, und die drei Verse wären ein durchgehen-

der Satz). Ob das Gedicht aber nun mit der Aufgipfelung der tödlichen Gefahr endet oder gar mit dem Tod selbst, ist eine Ungewißheit, die in der evozierten Situation selbst liegt. Die sprachlichen Kühnheiten sind hier alles andere als Wortspielerei oder ästhetisches Experiment, sie dienen dazu, einen bestimmten Wirklichkeitsaugenblick adäquat wiederzugeben.

In den Gedichten der Expressionisten erscheint der Weltkrieg *Wilhelm Klemm* weniger als Einbruch zerstörerischer Kräfte in eine friedvoll-harmonische Welt denn als Bestätigung der Zeit- und Gesellschaftsdiagnose zuvor. Man lese nur einmal nacheinander die Verse von Gottfried Benns „Nachtcafé" aus dem Jahre 1912 mit ihrer synekdochischen Reduktion des Menschen auf seine körperlichen Gebrechen (vgl. S. 59) und die seines Arzt- und Dichterkollegen Wilhelm Klemm aus dem Jahre 1914, „Lazarett" überschrieben, aus denen der folgende Auszug zitiert sei:

> Der schonende Gang der Arm- und Schulterbrüche. *Katalog der*
> Das Hupfen der Fuß- und Wadenschüsse, das steife Stelzen *Kriegsver-*
> der ins Gesäß geschossenen. Das Kriechen auf allen Vieren. *letzungen*
>
> Ein Darm hängt heraus. Aus einem zerrissenen Rücken
> quoll die Milz und der Magen. Ein Kreuzbein klafft um ein
> Astloch.
> Am Amputationsstumpf brandet das Fleisch in die Höhe.

Klemms Gedicht beruht wie das von Benn auf dem aufzählenden Benennen der je besonderen Versehrtheit und Verkrüppelung, die den Kriegsverletzten sowohl als Individuum charakterisieren wie zugleich in eine ganze Reihe von Geschlagenen, Verunstalteten und Verstümmelten einordnen. Nur eben hat sich im Krieg jetzt massenhaft verwirklicht, was in Benns Gedicht als bloße Tendenz aufschien: daß der Mensch auf seine körperliche Deformiertheit reduziert wird.

Natur, Landschaft, Jahres- und Tageszeiten

Der Lebensraum der expressionistischen Lyriker ist die Großstadt. *Allgegenwärtige* Sie ist daher in vielen Gedichten als gesellschaftliches, künstleri- *Großstadt* sches, psychisches Ambiente auch dann gegenwärtig, wenn sie nicht ausdrücklich zum Thema gemacht wird. Da nun aber die Großstadt als ein Ort erfahren wird, an dem sich die negativen Tendenzen der modernen Zivilisation häufen und konzentrieren (vgl. S. 49 ff.), wäre es denkbar, daß sich die Sehnsucht der Autoren auf die Natur als eine Art „heiler" Gegenwirklichkeit richtete.

Alfred
Lichtenstein

In einem Gedicht von Alfred Lichtenstein wird genau diese
Möglichkeit reflektiert:

„Ausflug" in die
Natur

               Der Ausflug
               (Kurt Lubasch gewidmet zum 15. 7. 1912)

               Du, ich halte diese festen
               Stuben und die dürren Straßen
               Und die rote Häusersonne,
               Die verruchte Unlust aller
     5   Längst schon abgeblickten Bücher
               Nicht mehr aus.

               Komm, wir müssen von der Stadt
               Weit hinweg.
               Wollen uns in eine sanfte
    10   Wiese legen.
               Werden drohend und so hilflos
               Gegen den unsinnig großen,
               Tödlich blauen, blanken Himmel
               Die entfleischten, dumpfen Augen,
    15   Die verwunschnen,
               Und verheulte Hände heben.

Verse 1–6

Das Gedicht ist an Lichtensteins Jugendfreund zu dessen
21. Geburtstag gerichtet; aber dieser biographischen Kenntnis
bedarf es nicht, um die stilisierte Unmittelbarkeit dieses
Gedichts zu verstehen, das wie ein Gesprächsnotat wirken will.
Die Aussage des ersten Satzes mag den Empfindungen vieler
junger Intellektueller entsprechen, die sich in ihrer weiteren und
näheren Umgebung (die Straßen der Stadt, die mit Büchern
vollgestopfte Stube) eingeschnürt und unlebendig fühlen.

Verse 7–10

Der zweite Sinnabschnitt formuliert in zwei knappen Sätzen
einen Entschluß, der Wunsch und Absichtserklärung zugleich
ist: weg von der Stadt, hinein in die Natur, die sich als Vorstellung einer „sanften Wiese" konkretisiert.

Verse 11–16

Der dritte Teil des Gedichts, der – in Analogie zur ersten Strophe
– wiederum von einem über sechs Verse reichenden Satz gebil-
det wird, nimmt in desillusionierender Weise das voraussehbare

Desillusionierung

Ergebnis des „Ausflugs" vorweg: Die Natur wird sich nicht als
das „ganz andere" offenbaren, denn über der Landschaft hängt
derselbe „unsinnig große, tödlich blaue, blanke Himmel", und
das Ich wird sich aus seiner einmal erworbenen Befindlichkeit
nicht befreien können.

Der Mensch kann seiner Wirklichkeit nicht (mehr) entrinnen.
Der Wunsch, die städtische Gegenwart zu fliehen, ist zwar
verständlich, mündet aber nicht in die große Utopie eines freien

und unentfremdeten Lebens in der Natur, sondern ist von vornherein zeitlich begrenzt: es handelt sich um einen „Ausflug". Und der wird in einer Weise gedanklich durchgespielt, daß er eigentlich auch unterbleiben könnte.

Kurt Pinthus hatte 1919 im Vorwort seiner „Menschheitsdämmerung" u. a. geschrieben (S. 29): *Kurt Pinthus*

> Weil der Mensch so ganz und gar Ausgangspunkt, Mittelpunkt, Zielpunkt dieser Dichtung ist, deshalb hat die Landschaft wenig Platz in ihr. Die Landschaft wird niemals hingemalt, geschildert, besungen; sondern sie ist ganz vermenscht: sie ist Grauen, Melancholie, Verwirrung des Chaos, (...) und Wald und Baum sind entweder Orte der Toten, oder Hände, die zu Gott, zur Unendlichkeit hinsuchen.

Keine Landschaftsgedichte in der „Menschheitsdämmerung"

Die These ist im wesentlichen zutreffend, aber auch ein wenig irreführend. Richtig ist, daß das expressionistische Jahrzehnt keine Landschaftsgedichte oder Naturlyrik im engeren Wortsinn hervorgebracht hat (wie sie dann etwa bei Autoren der zwanziger und dreißiger Jahre wie Wilhelm Lehmann, Elisabeth Langgässer, Peter Huchel u. a. zu finden sein wird). Andererseits wird Pinthus' These der Tatsache nicht gerecht, daß die Naturmotive bei den expressionistischen Lyrikern in eindrucksvoller Häufigkeit auftauchen. Man blättere nur einmal die Titelregister irgendeiner Anthologie oder Gesamtausgabe (nicht nur von Heym oder Trakl!) durch und wird auf eine ungeahnte Fülle von Gedichten stoßen, die von Jahres- und Tageszeiten, von Gestirnen und Wolken, von Wäldern und Bäumen und insofern durchaus auch von Landschaften zu handeln versprechen. Die Naturphänomene scheinen dabei oft verfremdet oder zu metaphorischen Chiffren stilisiert, doch geht ihre reale Gegenstandsbedeutung selten ganz verloren.

Aber Häufigkeit der Naturmotive

Der Anteil unmittelbarer Anschauung bei der Wiedergabe der Naturbilder sollte nicht unterschätzt werden. Wichtiger noch als direkte Wahrnehmung oder gar „Naturerlebnis" ist aber die Auseinandersetzung mit der lyrischen Tradition. Gerade an den Naturmotiven wird deutlich, wie die expressionistischen Lyriker ihr Selbstverständnis bzw. ihr Lebensgefühl durch Variation und Gegenentwurf zum Ausdruck bringen. Dies sei an einem Beispiel erläutert:

Auseinandersetzung mit der Tradition der Naturlyrik

In August Stramms Gedicht „Abendgang" findet sich ein Vers, der den Augenblick der Weltharmonie in ein erotisches Bild faßt:

August Stramm und Eichendorff

Die schlafe Erde armt den nackten Himmel.

Ein solcher Satz durchbricht nicht nur die Konventionen der Umgangssprache, seine eigenwillige Kühnheit mißt sich zugleich an poetischen Mustern, wie etwa den berühmten Eingangsversen von Eichendorffs „Mondnacht":

> Es war, als hätt der Himmel
> Die Erde still geküßt.

Lichtenstein

Ob der Bezug auf Eichendorff nun bewußt hergestellt worden ist oder sich zufällig ergeben hat, ist nicht entscheidend. Wichtig ist, daß der expressionistische Lyriker sich seiner Eigenart vergewissert, indem er sich gegen die Tradition lyrischen Sprechens abgrenzt. Das gilt nicht nur für August Stramm. Die folgenden Beispiele stammen von Alfred Lichtenstein:

Ironisierung der Natur- und Stimmungslyrik

> Der Himmel ist ein graues Packpapier,
> Auf dem die Sonne klebt – ein Butterfleck.
> (Landschaft)

> Die Erde ist ein fetter Sonntagsbraten,
> Hübsch eingetunkt in süße Sonnensauce.
> (Sommerfrische)

> Zerlumpte Bäume strolchen in die Ferne.
> Betrunkne Wiesen drehen sich im Kreise.
> (In den Abend)

Paul Boldt

Die Erwartungen an Natur- und Stimmungslyrik, wie sie die Gedichttitel nahelegen, werden durch solche Verse ironisch zerstört. Aus Paul Boldts Sonett „Herbstgefühl" sei hier die erste Strophe zitiert:

> Der große, abendrote Sonnenball
> Rutscht in den Sumpf, des Stromes schwarzen Eiter,
> Den Nebel leckt. Schon fließt die Schwäre breiter,
> Und trübe Wasser schwimmen in das Tal.

„Der ... Sonnenball rutscht in den Sumpf"

Das „Herbstgefühl" wird durch drastische Krankheits- und Aussatzmetaphern bestimmt, und die Bildlichkeit der folgenden Strophen („finstres Laub der Eichen", „Aasvögel", „schwarze Föhren", „Schrei des kranken Sees") bestätigen nur allzu deutlich, daß es hier wie so oft in der expressionistischen Lyrik um die Thematik von Verfall, Untergang, Tod geht (vgl. S. 88 ff.). Diese Thematik war im Jahre 1914, als Boldts erster und einziger Gedichtband erschien, wohlvertraut. Der zeitgenössische Rezensent Hermann Plagge erwähnt sie daher mit keinem Wort. Was er bewundert, ist das Verb des ersten Satzes; er hebt hervor, „daß hier nicht steht ‚sinkt',

‚taucht', ‚gleitet' oder sonst eine bleichsüchtige Hilflosigkeit" und
meint, daß „ein solcher Vers (…) wie eine Axt alte und junge
Generation (spalte)". (In: Boldt, 193) Diese Rezension läßt erkennen, was man damals von der expressionistischen Lyrik erwartete
und was man an ihr schätzte: ein neues Sprechen, einen neuen Ton,
ein unverbrauchtes Vokabular.

In den besten Gedichten Paul Boldts tauchen Naturbilder auf, in de-   *Vitalität und*
nen sich Vitalität, Frechheit und schnoddrige Sensibilität auf eine   *Frechheit der*
Weise mischen, die bis heute frisch geblieben ist. Man lese z. B.   *Naturbilder*
„Nordwind im Sommer", in dem sich Verse wie der folgende finden:

> Der Weißklee schmeißt den Junitag zur Seite.

Der Vers faßt einen Vorgang, der logisch unmöglich ist, in ein
poetisches Bild, das nicht nur auf Anhieb verständlich ist, sondern in seiner unverschämt-fröhlichen Dynamik und Jugendlichkeit etwas Mitreißendes hat (vgl. S. 166 f.).

Er evoziert die Aufschwung- und Aufbruchsstimmung, die für die   *Jahreszeiten-*
expressionistische Lyrik ebenso repräsentativ ist wie die Unter-   *und Tageslaufs-*
gangsatmosphäre in der zuvor zitierten Strophe Paul Boldts. Beide   *symbolik*
polare Möglichkeiten prägen, wenn auch nicht in gleicher Quanti-
tät, die Natur- und Landschaftsbilder dieser Lyrik. Dabei bedienen
sich die Autoren zumeist der jahreszeitlichen Symbolik von
Frühling, Sommer, Herbst und Winter, der diejenige von Morgen,
Mittag, Abend und Nacht korrespondiert. Allerdings tauchen diese
Zeitangaben keineswegs in jenem proportionalen Verhältnis zuein-
ander auf, das ihrer tatsächlichen Bedeutung im Kreislauf der Natur
entspräche – schon ein flüchtiger Überblick lehrt, daß in der   *Dominanz der*
expressionistischen Lyrik die Motive des späten Herbstes sowie des   *Motive Herbst*
Übergangs von Abend zu Nacht entschieden dominieren, extrem   *und Abend*
deutlich wird dies im Werk Georg Trakls oder Georg Heyms.

Eine charakteristische Ausnahme macht hier Ernst Stadler. Aus   *Ausnahme:*
seinem Gedicht „Vorfrühling" seien die mittlere der drei Stro-   *Ernst Stadler*
phen und der Schlußvers zitiert:

> In jedem Lufthauch
>   war ein junges Werden ausgespannt.
> Ich lauschte,
>   wie die starken Wirbel mir im Blute rollten.
> Schon dehnte sich bereitet Acker.
>   In den Horizonten eingebrannt
> War schon die Bläue hoher Morgenstunden,
>   die ins Weite führen sollten.
> (…)
> In meinem Herzen lag ein Stürmen
>   wie von aufgerollten Fahnen.

Aufbruchs-
dynamik

Das Naturbild hat einerseits einen konkreten Anschauungsge-
halt und ist andererseits Metapher für seelische Exaltation. Die
Dynamik des außerindividuellen Vorgangs (in der 1. Strophe
heißt es u. a.: „Die Straßen waren aufgewühlt von Lenzgeruch
und grünem Saatregen./ Winde schlugen an.") und die Auf-
bruchsgestimmtheit des lyrischen Ich werden zu einer einzigen
Bewegung. Die Metapher des Schlußverses allerdings mag im
Erscheinungsjahr des Gedichts, 1914, einige Leser zu dem
Schluß verleitet haben, daß die „aufgerollten Fahnen" auf eine
Begeisterung hinweisen, in der die ekstatische Kriegsbereitschaft
desselben Jahres schon irgendwie ‚mitbedeutet' sei. (Es wäre
jedenfalls nicht das einzige Gedicht aus Stadlers Band „Der
Aufbruch", das in diesem Sinne mißverständlich ist; vgl. S. 157.)
Stadler, wie gesagt, ist ein Sonderfall – nicht wegen der Auf-
bruchsthematik, wohl aber wegen deren Kombination mit
Natur- und Jahreszeitmotiven.

Georg Trakl

Bei Georg Trakl fehlt nun alles, was irgend mit Erwachen und
Vitalität, mit Morgen und Frühling zu tun haben könnte. Die
Raben ziehen „wie ein Leichenzug" über den Himmel (Die
Raben), „Abends schweben blutige Linnen,/ Wolken über stum-

Die Natur liegt
im Sterben

men Wäldern" (Die junge Magd), „Blütenkrallen drohn aus
Bäumen" (Die schöne Stadt), „Schatten drehen sich am Hügel/
Von Verwesung schwarz umsäumt." (In den Nachmittag geflü-
stert), „Verfall, der weich das Laub umdüstert,/ Es wohnt im
Wald sein weites Schweigen." (Seele des Lebens) – die Natur
liegt im Sterben:

> Verfaulte Früchte fallen von den Zweigen;
> Unsäglich ist der Vögel Flug, Begegnung
> Mit Sterbenden; dem folgen dunkle Jahre.
> (Afra)

Kälte,
Erstarrung,
Schweigen, Tod

Unter „schwarzen Himmeln von Metall" (Winterdämmerung)
liegt ein lastendes Schweigen, alles ist öde und leer, die Landschaft zeigt sich in isolierten Bestandteilen:

> Es ist ein Stoppelfeld, in das ein schwarzer Regen fällt.
> Es ist ein brauner Baum, der einsam dasteht.
> Es ist ein Zischelwind, der leere Hütten umkreist –
> Wie traurig dieser Abend.
> (De profundis)

Alle diese Beispiele, die sich beliebig vermehren ließen, sprechen von Kälte, Erstarrung, Schweigen und Tod, von Entfremdung und Hoffnungslosigkeit; Verfall und Untergang haben
etwas Drohendes und Beängstigendes.

Allerdings sind bei Trakl auch jene Stellen häufig, in denen das absterbende Leben in ein mildes, versöhnliches Licht getaucht scheint: Die Kälte wird zur wohligen Kühle, die Schwärze zu erlösendem Dunkel, der Tod zu einem weichen, ruhigen Dahinsinken.

Aber auch: traumhafte Entrückung

Aus dem Gedicht „Elis" (3. Fassung) seien die folgenden Verse zitiert:

> Ein sanftes Glockenspiel tönt in Elis' Brust
> Am Abend,
> Da sein Haupt ins schwarze Kissen sinkt.
>
> Ein blaues Wild
> Blutet leise im Dornengestrüpp.
>
> Ein brauner Baum steht abgeschieden da;
> Seine blauen Früchte fielen von ihm.
>
> Zeichen und Sterne
> Versinken leise im Abendweiher.
>
> Hinter dem Hügel ist es Winter geworden.
>
> Blaue Tauben
> Trinken nachts den eisigen Schweiß,
> Der von Elis' kristallener Stirne rinnt.
>
> Immer tönt
> An schwarzen Mauern Gottes einsamer Wind.

Es ist die Bildlichkeit der Natur – aber die Bilder sind weder unmittelbar aus sich selbst verständlich, noch ist ihre metaphorische oder symbolische „Bedeutung" evident. Es handelt sich um Chiffren, d. h. um sprachliche Figuren, deren Sinn nur innerhalb des Traklschen Sprach- und Zeichensystems (falls überhaupt) erschlossen werden kann.

Keine Bilder, sondern Chiffren

Der Lyriker Trakl ist eine singuläre Erscheinung; seine hermetische Bildwelt ist von besonderer Art und kaum unter einen Begriff von Expressionismus, wie immer er definiert werden mag, zu fassen. Gleichwohl offenbart sein Werk, gerade in bezug auf die Behandlung naturhafter Phänomene, gewisse Züge, die auch insgesamt für die expressionistische Lyrik Gültigkeit haben:

- Natur und Landschaft sind kein Residuum unentfremdeten Lebens, kein Bereich, in dem ein großstädtisch-zerrissenes Bewußtsein wieder zu sich selbst käme bzw. wieder „natürlich" würde.

„Typische" Züge der Traklschen Naturdarstellung

– Die abendlich-herbstliche Weltstunde ist die von Untergang, Verfall, Verwesung.

– Dabei werden die Vorgänge und Erscheinungsformen in einer Weise chiffriert, daß von „Naturlyrik" eigentlich kaum etwas übrigbleibt.

Georg Heym

Was für Georg Trakl gilt, hat weitgehend auch für Georg Heym Gültigkeit. Auch bei ihm begegnet – vordergründig – eine größere Fülle von Naturmotiven als bei anderen expressionistischen Lyrikern, auch bei ihm überwiegen dabei die Motive des Abends und Herbstes, in denen Erstarrung, Verfall, Untergang sichtbar werden. „Trostloser Herbst. Verlorne weite Öde" – der Eingangsvers des gleichnamigen Gedichts ist für das Gesamtwerk durchaus repräsentativ.

„Trostloser Herbst. Verlorne weite Öde."

Auffallend ist, wie bei Heym Naturgegenstände und Jahreszeiten zunehmend ihre konkrete Besonderheit verlieren und zu reinen Chiffren werden. In „Mitte des Winters" etwa werden gar nicht mehr spezifische Erscheinungsformen wie Schnee, Frost, kahle Äste etc. ins Bild gerückt, sondern es wird über jahreszeitliche Vorgänge schlechthin reflektiert:

> Sommerzeit. Herbstzeit, alles geht vorüber
> Und brauner Tod hat jede Frucht ergriffen.

Winter als Weltzustand

„Mitte des Winters" bezeichnet einen Weltzustand, dem die Signatur völligen Kommunikationsverlusts, Orientierungslosigkeit, trostlosen Endes eingeschrieben ist:

> Weglos ist jedes Leben. Und verworren
> Ein jeder Pfad. Und keiner weiß das Ende,
> Und wer da suchet, daß er Einen fände,
> Der sieht ihn stumm, und schüttelnd leere Hände.

Diese Verse haben mit Natur direkt nicht mehr zu tun, aber ihr Aussagegehalt ist immerhin noch deutlich mit den geläufigen Assoziationen, die der Begriff Winter eröffnet, vermittelt.

„Frühling" – nur noch dem Namen nach

Anders verhält es sich mit Heyms Frühlingsgedichten (vgl. z. B. „Printemps"), die auf provozierende und geradezu spektakuläre Weise allen Vorstellungen widersprechen, die sich mit dieser Jahreszeit üblicherweise verbinden:

Frühjahr

Die Winde bringen einen schwarzen Abend.
Die Wege zittern mit den kalten Bäumen
Und in der leeren Flächen später Öde
Die Wolken rollen auf die Horizonte.

Der Wind und Sturm ist ewig in der Weite,
Nur spärlich, daß ein Sämann schon beschreitet
Das ferne Land, und schwer den Samen streuet,
Den keine Frucht in toten Sommern freuet.

Die Wälder aber müssen sich zerbrechen
Mit grauen Wipfeln in den Wind gehoben,
Die quellenlosen, in der langen Schwäche
Und nicht mehr steigt das Blut in ihren Ästen.

Der März ist traurig. Und die Tage schwanken
Voll Licht und Dunkel auf der stummen Erde.
Die Ströme aber und die Berge decket
Der Regenschild. Und alles ist verhangen.

Die Vögel aber werden nicht mehr kommen.
Leer wird das Schilf und seine Ufer bleiben,
Und große Kähne in der Sommerstille
In grüner Hügel toten Schatten treiben.

Die Bilder dieses Gedichts geben weder den Naturcharakter der genannten Jahreszeit getreu wieder, noch handelt es sich um eine Stimmungslyrik in dem Sinne, daß dem Betrachter aus einer besonderen Gemütslage heraus die Dinge nur ‚anders vorkämen‘, als sie sich zeigen, daß er also dem Ankündigungs- und Verheißungsgestus des Frühlings mißtraute. Aber dieser Frühling ist ja gar kein Frühling mehr! Da ist kein Werden sichtbar oder zu erahnen, sondern da offenbart sich nur trostloses Sein, aus dem Leben und Sinn so endgültig geschwunden scheinen, daß Zukunft („Die Vögel aber werden nicht mehr kommen") nurmehr als Ausbleiben von Entwicklung gedacht werden kann. Die Zeit steht still in einer Art ewigen Winters – Heyms Naturbilder haben somit die gleiche Funktion wie die seiner Großstadtlandschaften: sie künden vom „Abend des Welttages" (vgl. S. 101).

Aus den Naturbildern ist die Natur selbst entwichen und hat allein Chiffren übriggelassen, die auf die Stagnation der *zivilisatorischen* und *gesellschaftlichen* Realität verweisen. Heyms „Frühjahr" will damit zugleich auch als Ende und Negation einer literarischen Tradition verstanden werden. „Frühjahr", man erinnere sich, das hieß ja auch einmal „Maifest" („Wie herrlich

„Die Vögel aber werden nicht mehr kommen"

Chiffren der Stagnation

leuchtet/ Mir die Natur!/ Wie glänzt die Sonne!/ Wie lacht die Flur!") und war „Frühlingsglaube" („Die linden Lüfte sind erwacht", „Nun muß sich alles, alles wenden"), es wurde einst mit emphatischem Ausruf („Er ist's") begrüßt: „Frühling läßt sein blaues Band/ Wieder flattern durch die Lüfte", schon der „Vorfrühling" meldete sich in unverwechselbarer, rhythmischer Bewegung: „Es läuft der Frühlingswind/ Durch kahle Alleen,/ Seltsame Dinge sind/ In seinem Wehn." Heyms Gedichttitel ordnet sich in einen Erwartungshorizont ein, wie er durch die hier stellvertretend zitierten Verse von Goethe, Uhland, Mörike, Hofmannsthal bestimmt wurde, doch nur, um ihn durch das Gedicht selbst zu durchbrechen und zu zerstören.

Sonne, Mond und Sterne

Es gibt in der Lyrik des Expressionismus nur wenige Bildmotive, in denen epochenspezifische Tendenzen so deutlich hervortreten wie bei den Himmelsgestirnen. Sonne, Mond und Sterne werden von ansonsten höchst unterschiedlichen Lyrikern sehr ähnlich dargestellt, und zwar in einer Weise, die sich als Entidealisierung und Desillusionierung bestimmen ließe. Mit den Vorstellungen von heiter strahlender Sonne, silbern glänzendem Mond und prächtigem Sternengefunkel hat es ein geradezu brutales Ende.

Aus der Fülle der Belege seien hier nur einige charakteristische Beispiele aufgeführt, so etwa in Georg Heyms Gedicht „Kata" die folgende Stelle:

> Und die Sonne tost,
> Ein Purpurdrachen. Sein gezackter Schwanz
> Peitscht hoch her auf der weiten Himmel Glanz,
> Der Eichen Horizont, drin Flamme glost.

In Johannes R. Bechers Gedicht „Abend" heißt es:

> so will ich gern den mächtigen Herren loben,
> der mit der Sonne rot im Westen zieht.
>
> Er treibet heim das blutgeschwollne Tier,
> das schlang die Städte über Tag und fraß
> sich satt an Hirnen und mit böser Gier
> riß es den Boden auf.

In beiden Gedichten also erscheint die Sonne als ein dem
Menschen und seiner Welt bedrohliches Tier, ein dämonisches
Tagesungeheuer. Andere Gedichte wiederum betonen das Häß-
liche und Verächtliche: „Die Sonne glüht als fette Feuerglatze"
(v. Hoddis: Italien), sie ist „die dicke Sonne: die blöde Null"
(Ehrenstein: Ursprung). Manchmal wird ihre fast groteske
Macht- und Hilflosigkeit behauptet:

*Negative
Stilisierungen*

> Die Sonne sinkt auf dunkelroter Bahn,
> In einer Wetterwolke klemmt sie fest.
> (Heym: Die Irren. Variation)

> Wer über die Höhen geht, spiegelt sich ferne,
> In der winzigen Sonne, lichtlos und tot
> (Heym: November)

In der Perspektive des Großstädters wird die Sonne als relativ
beliebiger Bestandteil der industriellen Umwelt wahrgenommen, als ein seltsames Naturding, das aus der modernen Stadtlandschaft herauszuwachsen scheint:

> Die Sonne, eine Butterblume, wiegt sich
> Auf einem Schornstein, ihrem schlanken Stiele.
> (Lichtenstein: Nachmittag, Felder und Fabrik)

In allen diesen Beispielen ist der Gedanke an eine lebenspen-
dende, Wärme und Licht schenkende positive Kraft ausgelöscht.
Bei Trakl kommt die Sonne nur als untergehende vor. Ihr
Untergang erinnert an Sterben und Begräbnis:

Georg Trakl

> Die Sonne ist in schwarze Linnen gesunken.
> (Unterwegs)

> Vom Hügel, wo sterbend die Sonne rollt,
> Stürzt das lachende Blut –
> (Die Schwermut)

> (...) und in schwarzen Laugen
> Des Sonnenjünglings feuchte Locken gleiten.
> (Melancholie)

Die Bilder des Sonnenuntergangs scheinen an vertraute symbolische Konventionen anzuknüpfen, doch stimmt dies nur bedingt.
Traditionelle Symbolik hat neben dem Bild der untergehenden
Sonne ja stets auch jenes der aufgehenden parat (Auferstehung,
wiedererwecktes Leben), das bei Trakl aber gänzlich fehlt. Das

*Sonnenuntergang
– Chiffre der
Endzeit*

Bild des Sonnenuntergangs verweist eben nicht mehr auf den
ewigen Kreislauf der Natur, in dem aus dem vergehenden Leben
das neue erwächst, sondern Sonnenuntergang wird zur Chiffre
für Endzeit schlechthin:

> Hirten begruben die Sonne im kahlen Wald.
> Ein Fischer zog
> In härenem Netz den Mond aus frierendem Weiher.
> (Ruh und Schweigen)

Öde und Kälte evozieren den Zustand einer Welt, über die
Abend und Nacht scheinbar endgültig heraufgezogen sind. „Am
Abend weht von unseren Sternen ein eisiger Wind." (Untergang,
5. Fassung)

Die Sterne

Was nun die Sterne betrifft, so werden sie einerseits dämonisiert
wie in Heyms Gedicht „Die Nacht", wo ihnen eine bedrohliche
Aktivität eignet („Auf Schlangenhälsen die feurigen Sterne/
Hängen herunter auf schwankende Türme"). Andererseits wird

*„Aussatz des
Himmels"*

ihnen in scheinbar aufdringlicher Metaphorik die Funktion zugewiesen, bestimmte Gemütsregungen auszulösen: „Die Sterne
weiße Traurigkeit verbreiten." (Trakl: Dämmerung) Oder aber ihr
Erscheinungsbild wird ins Häßliche und Groteske verzerrt: Albert
Ehrenstein nennt die Sterne „Aussatz des Himmels" (Aber Hagel
wird unter dem Himmel) und formuliert an anderer Stelle: „Lyrisch
piepst die Sternenbrut,/ Flimmerndes Geziefer." (Betty) Zumeist
aber tauchen die Sterne nur als ‚Beigabe' zum Mond auf, so z. B. in
Ernst Blass' Gedicht „Der Nervenschwache":

> Der Mond liegt wie ein Schleim
> Auf ungeheuer nachtendem Velours.
> Die Sterne zucken zart wie Embryos
> An einer unsichtbaren Nabelschnur.

*Mondpoesie des
Expressionismus*

In dem Maße, wie in der expressionistischen Lyrik die Thematik
von Verfall und Untergang (vgl. S. 88 ff.) besonderes Gewicht
erlangt und überdies die Vorliebe für Abend und Nacht (vgl.
S. 113) erkennbar wird, wird auch die Tatsache verständlich, daß
das Mondmotiv derart häufig verwendet wird. Man kann geradezu von einer typischen ‚Mondpoesie des Expressionismus'
sprechen. Diese ist als Kontrafaktur zur lyrischen Tradition
angelegt. Das heißt, daß die metaphorische Ausgestaltung des
Mondmotivs ihre Intensität und Eigenständigkeit dadurch
beweist, daß sie den Vergleich mit der Bildsprache früherer
Lyrik stillschweigend voraussetzt.
An einige markante Beispiele deutscher Mondgedichte sei hier
kurz erinnert:

Willkommen, o silberner Mond,
schöner, stiller Gefährt' der Nacht!
Du entfliehst? Eile nicht, bleib, Gedankenfreund!
(Klopstock, Die frühen Gräber)

*Tradition
deutscher
Mondgedichte*

Der Mond ist aufgegangen,
die goldnen Sternlein prangen
am Himmel hell und klar;
der Wald steht schwarz und schweiget
und aus den Wiesen steiget
der weiße Nebel wunderbar.
(Matthias Claudius, Abendlied)

Füllest wieder Busch und Tal
still mit Nebelglanz,
lösest endlich auch einmal
meine Seele ganz.
(Goethe, An den Mond)

Mondbeglänzte Zaubernacht,
Die den Sinn gefangen hält,
Wundervolle Märchenwelt,
Steig' auf in der alten Pracht.
(Tieck, Mondbeglänzte Zaubernacht)

O, Mond, du bist mir wie ein später Freund.
(...)
ein fremdes, aber o! ein mildes Licht.
(Droste-Hülshoff, Mondesaufgang)

Demgegenüber sei nun die mittlere der drei Strophen aus
Lichtensteins Gedicht „Nebel" zitiert:

Lichtenstein

Gefangne Fliegen sind die Gaslaternen.
Und jede flackert, daß sie noch entrinne.
Doch seitlich lauert glimmend hoch in Fernen
Der giftge Mond, die fette Nebelspinne.

*„Der giftge
Mond, die fette
Nebelspinne"*

Die Konnotation Natur ist durch die Assoziation Großstadt („Gaslaternen") ersetzt, und die Kombination von Mond und Nebel, die in
den Gedichten von Claudius und Goethe so stimmungsvoll wirkte,
wird durch die Metapher „fette Nebelspinne" sowohl zitiert als
zerstört. Aus dem nächtlichen Gefährten und Freund ist ein
ekelhaftes feindliches Ungeziefer geworden.
Der Mond ist die Inkarnation alles Bedrohlichen, Todbringen-
den, Teuflisch-Dämonischen, er ist der Menschenfeind schlechthin – die folgenden Zitate stammen von Georg Heym:

Georg Heym

Der Mond –
Todfeind der
Menschen

Den blutrot dort der Horizont gebiert,
Der aus der Hölle großen Schlünden steigt,
Sein Purpurhaupt mit Wolken schwarz verziert
(Luna I)

Der kalte Mond, der seine Gifte träuft
Wie ein erfahrner Arzt tief in ihr Blut.
(Die Schläfer)

Schon hungert ihn nach Blut. In roter Tracht
Steht er, ein Henker, vor der Wolken Block
Und einer Pfauenfeder blaue Pracht
Trägt er am Dreispitz auf dem Nachtgelock.
(Luna II)

Vom Mond zu sprechen heißt negative Beschwörungsformeln finden. Das zeigt sich in Trakls Gedicht „Abendland" („Mond, als träte ein Totes/ Aus blauer Höhle") ebenso wie in Franz Werfels „Mondlied eines Mädchens" („das unselige Licht", „die tödliche Helle"), und wenn es in René Schickeles „Mondaufgang" demgegenüber heißt: „Gefäß der Zuversicht, du Mond im Klaren", so scheint diese Formulierung fast wie eine untypische, epigonenhafte Schrulle, deren Aufnahme in die „Menschheitsdämmerung" verwundert.

Verfremdung und
Desillusionierung

Wie bei Sonne und Sternen gibt es auch beim Mond neben der Stilisierung ins Dämonisch-Übermächtige auch eine, die ihn ins Grotesk-Hilflose verzeichnet. In Georg Heyms Gedicht „Halber Schlaf" heißt es:

Und der Mond wie ein Greis
Watschelt oben herum
Mit dem höckrigen Rücken.

Verfremdung und Desillusionierung auch hier! Die Darstellung der Himmelskörper in der expressionistischen Lyrik belegt ein Zeit- und Lebensgefühl, dem die festen Orientierungspunkte abhanden gekommen sind und das seinen Ausdruck im radikalen Bruch mit der literarischen Tradition findet.

Liebe, Eros, Sexus

Gibt es eine Liebeslyrik des Expressionismus? Die Frage muß *Keine eigenstän-*
wohl verneint werden. Dabei mag auch eine Rolle spielen, daß *dige Liebeslyrik*
die Kultur der Jahre von 1910 bis 1920 kein erotisches Leitbild *des Expressio-*
der Frau entwickelt hat, wie es vorher die Dekadenzdichtung der *nismus*
Jahrhundertwende in der „femme fatale", der Jugendstil in der
Kindfrau und nachher die Literatur der zwanziger Jahre im
Vamp oder im Girl besaßen.
Natürlich ist Liebe ein traditionelles Motiv von Lyrik überhaupt,
und insofern fehlt es auch nicht in der Dichtung des expressionistischen Jahrzehnts. Es kommt also vor, steht aber selten im
Vordergrund und fällt quantitativ kaum ins Gewicht – zumal
dann nicht, wenn man Liebeslyrik als Darstellung einer gefühl-
vollen, privaten, seelisch-geistigen Ich-Du-Beziehung definiert.
Liebeslyrik in einem derart begrenzten Sinn findet sich entweder
gar nicht (über Ausnahmen wird kurz zu reden sein), oder aber
sie ist nicht spezifisch expressionistisch.

Im Werk Georg Trakls ist manchmal von den „Liebenden" die   *Georg Trakl*
Rede:

> Die Liebenden blühn ihren Sternen zu
> Und süßer fließt ihr Odem durch die Nacht.
> (Heiterer Frühling 3)

Traurige
Sympathie für
die Liebenden

> Mit dunklen Blicken sehen sich die Liebenden an,
> Die Blonden, Strahlenden. In starrender Finsternis
> Umschlingen schmächtig sich die sehnenden Arme.
> (Stundenlied)

> Und Engel treten leise aus den blauen
> Augen der Liebenden, die sanfter leiden.
> (Der Herbst des Einsamen)

Ein Liebesgedicht im üblichen Sinne findet sich jedoch bei Trakl
nicht. Liebe erscheint als ein leise-melancholischer Ausnahme-
zustand, der kurz nur dauert und nicht besonders lebenskräftig
ist. Vor allem aber sind die Liebenden stets die anderen, auf die
der Blick des Einsamen fällt. Das lyrische Ich registriert mit
trauriger Sympathie, daß Liebe ein Versuch ist, die Welt zu
bestehen, jedoch mit wenig Chancen auf Erfolg und Dauer.
Auch von Georg Heym gibt es kaum Liebesgedichte, was um so   *Georg Heym:*
auffallender ist, als in seinen Tagebüchern überaus häufig von   *„Untypische"*
Mädchen und Frauen und den Selbstreflexionen des Verliebten   *Liebesgedichte*

die Rede ist. Die wenigen Liebesgedichte, die dennoch von Heym existieren (und darunter sind wunderbare Texte wie „Deine Wimpern, die langen" und „Letzte Wache"), ließen – fände man sie in einer Anthologie ohne Angabe des Verfassers – weder den Autor erraten, noch würde ein unbefangener Leser sie als expressionistisch auffassen.

Auch Johannes R. Bechers „Gedichte um Lotte" (1919) sind schlichter und insofern untypischer, als man nach Kenntnis des Autors vermuten dürfte, die bedeutenden Liebesgedichte Yvan Golls oder Gottfried Benns entstanden in nach-expressionistischer Zeit, und die Liebeslyrik Max Herrmann-Neißes etwa läßt sich mit wenigen Ausnahmen nicht für den Expressionismus reklamieren. So blieben eigentlich nur zwei Autoren übrig, deren Werk eine größere Anzahl von Liebesgedichten aufweist: August Stramm und Else Lasker-Schüler.

August Stramm

In August Stramms postum erschienenem Band „Du. Liebesgedichte" (1915) kommen zwei Worte immer wieder vor: „Ich" und „Du". Doch das Ich ist nicht das eigene, und das Du ist kein personales; es handelt sich um eine abstrakte Konstellation, in deren Rahmen verschiedene Motive (Geschlechtstrieb, Sehnsucht, Erfüllung, Untreue, Schmerz etc.) exemplarisch behandelt werden. Ein Beispiel:

Trieb

Schrecken Sträuben
Wehren Ringen
Ächzen Schluchzen
Stürzen
Du!
Grellen Gehren
Winden Klammern
Hitzen Schwächen
Ich und Du!
Lösen Gleiten
Stöhnen Wellen
Schwinden Finden
Ich
Dich
Du!

Überlagerung der Liebesthematik durch sprachliche Experimente

Dies ist keine Erlebnislyrik, in der es um die Gestaltung eines einmaligen, besonderen Augenblicks ginge. Das Gedicht versucht gewissermaßen, die Essenz einer Situation (Geschlechtsakt bzw. Vergewaltigung) wiederzugeben, in der ein Ich sich selbst in bezug auf ein Du erfährt. Syntaktische Regeln sind außer Kraft gesetzt, eine rhythmisierte Folge von substantivierten Verben soll der Dynamik des Vorgangs gerecht werden. Dabei kommt es zu einem paradoxen Ergebnis: Die Sprache ist erregt, aufs äußerste bewegt – und erstarrt doch zugleich in der Substantivierung. Ob die Ich-Du-Beziehung wie hier an einem sexuellen Faktum erläutert wird oder in anderen Gedichten (z. B. „Abendgang") ins Kosmische erweitert wird, so wird doch die Thematik durch die besondere Art der Sprachbehandlung überlagert. Daher wirken die Gedichte in erster Linie als lyrische Experimente und nicht so sehr als Liebesgedichte.

Die Lyrik Else Lasker-Schülers besteht fast ausschließlich aus Liebesgedichten. Ein repräsentatives Beispiel sei zitiert:

Else Lasker-Schüler

Gedichte an Gottfried Benn

> *Giselheer dem Heiden*
>
> Ich weine –
> Meine Träume fallen in die Welt.
>
> In meine Dunkelheit
> Wagt sich kein Hirte.
>
> Meine Augen zeigen nicht den Weg
> Wie die Sterne.
>
> Immer bettle ich vor deiner Seele;
> Weißt du das?
>
> Wär ich doch blind –
> Dächte dann, ich läg in deinem Leib.
>
> Alle Blüten täte ich
> Zu deinem Blut.
>
> Ich bin vielreich,
> Niemandwer kann mich pflücken;
>
> Oder meine Gaben tragen
> Heim.
>
> Ich will dich ganz zart mich lehren;
> Schon weißt du mich zu nennen.
>
> Sieh meine Farben,
> Schwarz und stern.
>
> Und mag den kühlen Tag nicht,
> Der hat ein Glasauge.
>
> Alles ist tot,
> Nur du und ich nicht.

Exhibitionismus	Dieses Gedicht aus dem Jahre 1913 (seit 1920 auch unter dem Titel „Doktor Benn" veröffentlicht) ist Teil eines ganzen Zyklus von Gedichten, die an Gottfried Benn gerichtet sind. Das Ich ist durchaus als autobiographisches zu verstehen, Exhibitionismus ist dieser Autorin nicht fremd, doch läßt die künstlerische Stilisierung nie den Eindruck peinlicher Selbstentblößung entstehen.
Egozentrik	Das lyrische Ich spricht von seinen Träumen, seiner Einsamkeit und Sehnsucht und entwirft damit eine wirklich-unwirkliche Gefühls- und Bilderwelt, in die das angeredete Du suggestiv hineingezogen wird. Sinnlich-Konkretes mischt sich mit Abstraktem, Wirkliches verschmilzt mit Irrealem, Gedanke und Bild gehen ineinander über; kühne Wortschöpfungen („Niemandwer", „stern" als Farbe) wechseln mit rührend-schlichtem Sprachgestus („Und mag den kühlen Tag nicht"). Dabei betont die Selbstcharakteristik derart das schmerzlich Singuläre und Isolierte der eigenen Existenz (vgl. die 2., 3., 7./8. Versgruppe), daß die Utopie einer liebenden Gemeinsamkeit von Anfang an bedroht scheinen muß. „Alles ist tot" – das ist eine Behauptung, die gerade durch ihre Einschränkung („Nur du und ich nicht") dem angeredeten Du eine Verantwortung
Die ersehnte Zweisamkeit: eine Illusion	aufbürdet, der es kaum gewachsen sein kann. Das lyrische Ich beschwört die ersehnte Zweisamkeit als einzige Möglichkeit, selbst „leben" zu können, und ahnt doch zugleich schon das Illusionäre dieses Wunsches oder Traumes.
Variante des Reihungsstils	Der Sprechduktus ist sprunghaft und assoziativ, die einzelnen Teile ergeben keine logische Folge, ein Hauptsatz rückt an den anderen, und sein jeweiliger Platz im Gedicht wirkt zufällig. Die für Else Lasker-Schüler charakteristischen Zweiergruppen sind eine Variante des expressionistischen Reihungsstils, bei der auch die strophische Ordnung zugunsten eines freien Fließens des Gefühls- und Bewußtseinsstroms aufgelöst wird. Was so entsteht, ist ein ganz und gar egozentrischer Gedichttypus, von dem ein fremdartiger Zauber ausgeht. Die Liebesgedichte August Stramms und Else Lasker-Schülers werden in einem Maße von individuellen Stileigentümlichkeiten ihrer Autoren geprägt, daß sie wohl kaum als repräsentativ für den Expressionismus gelten können.
Sexualität	Eine expressionistische Liebeslyrik gibt es nicht, wohl aber gibt es eine Fülle erotischer Motive, Sexualität ist ein geradezu beherrschendes Thema. Der Verstoß gegen die wilhelminische Moral wird lustvoll oder auch zynisch inszeniert und setzt Männerphantasien frei, die mitunter als Anschauung, Erfahrung, Erlebnis ausgegeben werden. Vor allem ist es hier die Freizügig-
Freizügigkeit des Großstadtlebens	keit des Großstadtlebens und insbesondere die Reichshauptstadt Berlin mit ihren Varietés, Bars, Kneipen, Bordellen, die als atmosphärischer Hintergrund mitgedacht werden muß.
	Da wird in lässigem Parlando z. B. festgestellt:

Auf Bänken übertastet man die Leiber
Zum Teil gar nicht unsympathscher Weiber.
(Ernst Blass: Kreuzberg II)

Das Leben erscheint sozusagen durchsexualisiert, wie z. B. in
Max Herrmann-Neißes „Nacht im Stadtpark":

Ein schmales Mädchen ist sehr liebevoll   *Vulgärer Reigen*
Zu einem Leutnant, der verloren stöhnt,   *der Geschlechts-*
Ein Korpsstudent mokiert sich, frech, verwöhnt,   *partner*
Und eine schiefe Schneppe kreischt wie toll.

Ein Refrendar bemüht sich ohne Glück
Um eine Kellnerin, die Geld begehrt,
Ein Abgeblitzter macht im Dunkel kehrt,
Und eine Nutte schwebt zerzaust zurück.

So könnte das endlos weitergehen (und es geht in dem zitierten
Gedicht auch noch einige Strophen so weiter): eine hektische,
vulgäre Bildfolge des menschlichen Sexualtriebs. In den Straßen
fließt „der rote Schein von einer Pufflaterne (…) wie ein Tep-
pichstreifen übers Pflaster" (M. Herrmann-Neiße: Das Wunder),
und dazu kommt die Musik:

Und hör sie trällern nur die dummen, platten
Kupletchen, die da schwärmen vom Begatten
Und daß das das allein Reelle wär.
(Ernst Blass: Sommernacht)

Manchmal wird die erotische Szenerie in die Intimität eines
„dämmernden Gemachs" verlegt, wo „der Wollust Fackeln brennen" und „das Bett, der Hafen ihrer Gier" lockt:

Wie wird es sein? Sie friert in seinem Arm,   *Georg Heym*
Der ihren nackten Leib hinüberträgt.
Es zittert auf in ihrem Schoße warm,
Um den er wild die beiden Arme legt.

Ihr blondes Haar brennt durch die Nacht, darein
Die tiefe Hand des feuchten Dunkels wühlt.
Der Sturm der Wollust läßt sie leise schrein,
Da seinen Biß sie in den Brüsten spürt.
(Georg Heym: Abends)

Sicher, das ist ein erotisches Gedicht – aber hat es, psychologisch   *Pubertäres*
gesehen, nicht auch etwas von pubertärem Bescheidwissen, und   *„Bescheidwissen"*
bleibt es, literaturhistorisch betrachtet, nicht in verdächtiger Nähe

der schwülen Jugendstilgedichte eines Richard Dehmel oder Stefan Zweig? Merkwürdig ist auch die voyeurhaft imaginierte Situation in Ernst Wilhelm Lotz' Gedicht „Und schöne Raubtierflecken...":

Der Blick des
Voyeurs

> Oder ein junger Liebling
> Zieht fühlsam mit zeichnendem Finger
> Die festen Runden deiner Brüste nach.
> Ihr seid sehr heiß.
> Und schöne Raubtierflecken zieren euren Rücken.

Der Verzicht auf Eifersucht soll diesen Versen ein Moment von demonstrativer Liberalität verleihen, das aber nicht vorschnell mit „befreiter Sinnlichkeit" oder dergleichen verwechselt werden sollte.

Paul Boldt:

Eine Ausnahmegestalt in dieser Hinsicht ist allein Paul Boldt. Kein anderer zeitgenössischer Lyriker hat sich so entschieden wie er zu einer anarchisch-vitalen Lebens- und Liebesgier bekannt, die ihn durch die Straßen Berlins treibt:

– Anarchisch-
vitale
Liebesgier

> Geh in die Leipzigerstraße! Geh ins Freie!
> Schön ist die Wollust! Gott ein guter Junge.
> Die Dirnen sommern brünstiger als Haie!
> (Mein Februarherz)

Da ist nichts von Sublimation, direkt und ohne Umschweife ergreift Paul Boldt sein Thema:

– „die Körper
knacken"

> Du hast ein weißes Fleischkleid angezogen.
> Mich hungert so – ich küsse deine Lippen.
> Ich reiße dir die Brüste von den Rippen,
> Wenn du nicht geil bist!
>
> – Küsse sind Funken, elektrisches Lechzen
> Kupferner Lippen, und die Körper knacken!
> Mit einem Sprunge sitzt mein Kuß im Nacken
> Und frißt dein Bäumen und dein erstes Ächzen.
> (Mädchennacht)

– „Du nackend
Weib, du weiße
Therapie!"

Die freche, unbekümmerte Deutlichkeit der Gedichte Paul Boldts hat etwas Erfrischendes, ihre fröhliche Schamlosigkeit (vgl. etwa die Gedichte „Die Dirne", „Die Liebesfrau", „Erwachsene Mädchen", „Die schlafende Erna", „Sinnlichkeit", „Meine Jüdin", „Liebesmorgen") markiert einen derart großen Abstand zur verquält-morbiden Erotik der Fin-de siècle-Poesie, wie ihn nur wenige andere Expressionisten erreichen. Paul Boldt sucht nicht nach einer Rechtfertigung seiner Wünsche und Triebe, er sucht das Liebesobjekt Frau: „Du nackend Weib, du weiße Therapie!" (Guten Tag – helle Eva!)

Boldts Verherrlichung des sexuellen Verlangens steht in der *Zynismus*
expressionistischen Lyrik aber relativ isoliert da. Wesentlich *(Gottfried Benn)*
häufiger kommt es zu einer Art zynischem Stenogramm, wie z. B.
in Gottfried Benns Definition des Mannes als eines Jemand, „der
den Weibern manchmal was reinstößt" (Alaska), oder bei
Johannes R. Becher: „Mann taucht in Weib. Hah wie die Fleische
klirren!" (Mann Weib). Wer von der physischen Hinfälligkeit
und Nichtigkeit des Menschen überzeugt ist, sieht auch in der
sexuellen Vereinigung nur Abstoßendes und Ekelerregendes:

> Mit Pickeln in der Haut und faulen Zähnen
> Paart sich das in ein Bett und drängt zusammen
> Und säet Samen in des Fleisches Furchen
> Und fühlt sich Gott bei Göttin.
> (Gottfried Benn: Der Arzt III)

Die zitierten Verse wirken wie eine indirekte Replik auf die *Ernst Stadler*
erotischen Höhenschwünge der Lyrik Ernst Stadlers. Stadler
verklärt Sexualität oft zu einer Steigerung des Lebens, indem er
den erotischen mit einem metaphysischen, ja religiösen Vorstel-
lungsbereich verbindet:

>   Ich will *Metaphysische*
> Dich zu mir in die Kissen tragen *Überhöhung des*
>   so wie Garben jungen Klees *Sexus*
> In aufgelockert Land.
>   Ich bin der Gärtner,
> Der weich dich niederbettet.
>   Wolke, die
> Dich übersprengt,
>   und Luft, die dich umschließt.
> In deine Erde
>   will ich meine irre Glut vergraben und
> Sehnsüchtig blühend
>   über deinem Leibe auferstehn.
> (In diesen Nächten)

Das männliche Ich sucht etwas unbestimmt „Höheres", Trans-
zendentes, wie es letztlich natürlich kein „Weib" geben kann, so
daß die Enttäuschung vorhersehbar ist:

> Seele blieb verlassen, *Vorhersehbare*
>   Sehnsucht kam mit leeren Armen heim, *Liebesent-*
>   so oft ich sie hinausgeschickt, *täuschung*
> Wenn ich im Dunkel nach Erfüllung rang,
>   in Hauch und Haar geliebter Frau'n verstrickt.
> Denn immer griffen meine Hände
>   nach dem fernen bunten Ding,
> Das einmal über meinem Knabenhimmel hieng.
> (Stadler: Metamorphosen)

Noch deutlicher formuliert Stadler in dem Gedicht „Was waren
Frauen", daß die Sehnsucht des Mannes ewig unbefriedigt
bleibe:

Unstillbare
Sehnsucht

Was waren Frauen anders dir als Spiel,
Der du dich bettetest in soviel Liebesstunden:
Du hast nie andres als ein Stück von dir gefunden,
Und niemals fand dein Suchen sich das Ziel.

Der Mann deutet die eigene Liebesunfähigkeit als Versagen der
Frau, und an diesem Punkt gerät Stadler – ungewollt – in die
Nähe Gottfried Benns:

Eine Frau ist etwas für eine Nacht.
Und wenn es schön war, noch für die nächste!
Oh! und dann wieder dies Bei-sich-selbst-Sein!
(Gottfried Benn: D-Zug)

Männlicher
Narzißmus

Es ist der männliche Narzißmus, der jeden Gedanken an Liebes-
erfüllung höhnisch zurückweist: „Auch was sich noch der Frau
gewährt,/ Ist dunkle süße Onanie." (Gottfried Benn: Synthese)
Die expressionistische Lyrik wird zum Psychogramm einer ganzen Männergeneration, die sich – wie in Albert Ehrensteins
Gedicht „Entwandlung" – „geschirrt in Beischlafs Joch" empfin-
det:

Psychogramm
einer Männer-
generation

Fischtriefend im Geruch der Regel,
Von Haaren bewachsen,
Zum Himmel stinkt die Scham.
Liebe, Lust
Klingt nur so,
Loch ist Loch –
Wer weiß wo?!

Von Sexualität wird geredet, die körperlichen Details werden
mit drastischer Offenheit benannt, aber nicht im Sinne hedoni-
stischer Lust und Sinnenfreude (die Ausnahme Paul Boldt wurde
erwähnt)! Das Tabu, das auf der Sexualität liegt, wird mit krasser,
eindeutiger Wortwahl zwar durchbrochen, aber Sexualität bleibt
gleichwohl das Schleimige, Schmierige, Unheimliche:

Angst vor der
Frau

Schlamme den grauenvollen Unterleib,
Die fratzenhafte Spalte, die Behaarung,
Den Rumpf, das Leibgesicht, das Afternahe,
Das sich im Dunkel vorfühlt, über meinen
(Gottfried Benn: Notturno)

Das ist eine Schreckensvision! Die Verse verraten Angst, Angst vor dem Sexuellen und Angst vor der Frau, wie immer sich diese (männliche) Angst auch durch Verhäßlichung und Ekelgebärde zu tarnen versucht.

Exkurs: Kurt Schwitters: „An Anna Blume"

Daß Kurt Schwitters' Gedicht aus dem Jahre 1919 nicht mehr als expressionistisches zu verstehen ist, bedarf keiner ausführlichen Begründung. Andererseits ist es noch kein „reines Dada-Gedicht", und Richard Huelsenbeck formulierte in seiner „Einleitung zum Dada-Almanach" (1920) sogar: „Dada lehnt Arbeiten wie die berühmte ‚Anna Blume' des Herrn Kurt Schwitters grundsätzlich und energisch ab." (Pörtner, II, 522) Diese Ablehnung wird nicht begründet. Sie richtet sich aber vermutlich dagegen, daß dieses Gedicht – indem es konventionelle Formen der Liebeslyrik aufgreift und parodistisch-spielerisch variiert – selbst noch manifesten „Sinn" aufweist. „An Anna Blume" gehört insofern in die Tradition deutscher Liebeslyrik hinein, bleibt ihr noch in der Negation verhaftet, statt jenseits von ihr neu einzusetzen.

Zwischen Dada und der lyrischen Tradition

An Anna Blume

Oh Du, Geliebte meiner 27 Sinne, ich liebe Dir!
Du, Deiner, Dich Dir, ich Dir, Du mir, – – – – wir?
Das gehört beiläufig nicht hierher!
Wer bist Du, ungezähltes Frauenzimmer, Du bist, bist Du?
5   Die Leute sagen, Du wärest.
Laß sie sagen, sie wissen nicht, wie der Kirchturm steht.
Du trägst den Hut auf Deinen Füßen und wanderst auf die
    Hände,
Auf den Händen wanderst Du.
Halloh, Deine roten Kleider, in weiße Falten zersägt,
10 Rot liebe ich Anna Blume, rot liebe ich Dir.
Du, Deiner, Dich Dir, ich Dir, Du mir, – – – – – wir?
Das gehört beiläufig in die kalte Glut!
Anna Blume, rote Anna Blume, wie sagen die Leute?
    Preisfrage:
15   1.) Anna Blume hat ein Vogel,
     2.) Anna Blume ist rot.
     3.) Welche Farbe hat der Vogel.

Blau ist die Farbe Deines gelben Haares,
Rot ist die Farbe Deines grünen Vogels.
20   Du schlichtes Mädchen im Alltagskleid,
Du liebes grünes Tier, ich liebe Dir!
Du Deiner Dich Dir, ich Dir, Du mir, – – – – wir!
Das gehört beiläufig in die – – – Glutenkiste.
Anna Blume, Anna, A – – – – N – – – – N – – – – A!
25   Ich träufle Deinen Namen.
Dein Name tropft wie weiches Rindertalg.
Weißt Du es Anna, weißt Du es schon,
Man kann Dich auch von hinten lesen.
Und Du, Du Herrlichste von allen,
30   Du bist von hinten, wie von vorne:
A – – – – – – N – – – – – – N – – – – – – A.
Rindertalg träufelt STREICHELN über meinen Rücken.
Anna Blume,
Du tropfes Tier,
35   Ich – – – – – – – liebe – – – – – – Dir!

Ein komisches *Liebesgedicht*	„An Anna Blume" ist – und darin liegt seine Singularität – ein komisches Liebesgedicht. Die Komik wird durch Verzerrungen, Übertreibungen, Momente des Spiels bzw. des Nonsens, überraschendes Durchbrechen der thematischen (und sprachlichen) Erwartungen erreicht, ein Liebesgedicht ist es trotzdem – und zwar nicht nur durch die parodistische Imitation eines „richtigen" Liebesgedichts, sondern dadurch, daß es die Klischees traditioneller Liebespoesie zerstört, um so in vorsichtig-relativierender Weise überhaupt noch von Liebe sprechen zu können. Das lyrische Ich offenbart sich und sein Geständnis, indem es sich hinter Komik und Parodie zu verstecken sucht.
Motivkanon *traditioneller* *Liebespoesie*	Die Gedichtstruktur beruht wie gesagt auf einem bestimmten Motivkanon, wie er aus vielen Liebesgedichten bekannt und überliefert ist:

– die Liebeserklärung in Form mehrmaliger Anrufung (V. 1, 10,
   21, 35)
– die nähere Beschreibung von Wesen und Erscheinung der
   Geliebten (V. 7 f., 9 f., 18 f., 21)
– die Beschwörung der Ich-Du-Gemeinsamkeit (V. 2, 11, 22)
– die Abgrenzung von dem, was „die Leute" meinen und sagen
   (V. 5 f., 13 ff.)
– die Bedeutung des Namens der Geliebten (V. 24 ff.)
– die Wirkung, die von ihr auf den Liebenden ausgeht (V. 32)

Spielerischer *Unernst*	Alle diese Motive treten jedoch in stark veränderter (übertreibender, parodistischer, banalisierter, grotesk-unsinniger) Form auf. Mit der Farbe Rot (der sogenannten Farbe der Liebe) wird ebenso gespielt wie mit dem Begriff der ‚Liebesglut', die einer-

seits zum Ausdruck kommen soll und zugleich doch schon – und
dies auch noch „beiläufig"! – wie „kalte Glut", also Asche,
behandelt wird, die in die „Glutenkiste" gehöre. Der spielerisch-
unernste Umgang mit den Motiven selbst wird durch den mit der
Sprache (vgl. die Grammatikverstöße) ergänzt.

Die Liebeserklärung stellt den sinnlichen Aspekt der Liebe in *Groteske*
stark übertreibender Weise („27 Sinne") heraus, und dazu paßt *Übertreibungen*
auch die Bezeichnung der Geliebten als „Tier" (21, 34). Ihr
Wesen ist geheimnisvoll, unergründlich, doch auch dieser (traditionelle) Zug wird sogleich verzerrt und übertrieben: die Wendung „ungezähltes Frauenzimmer" (4) macht aus der qualitativen
Unermeßlichkeit der geliebten Person in komischer Verschie- *Singularität der*
bung etwas quantitativ Unmeßbares, und die Frage, *wer* sie sei, *Geliebten*
leitet in die weit radikalere Frage über, *ob* sie überhaupt sei.
Daran dürfte eigentlich kein Zweifel möglich sein, zu besonders
und unverwechselbar sind doch ihre Aufmachung und die Art,
wie sie sich bewegt. Die Extravaganz der Geliebten wird mehr
und mehr ins Surreale gesteigert, um dann – und das ist genauso
komisch – wieder zurückgenommen zu werden (V. 20: „Du
schlichtes Mädchen im Alltagskleid").

Der Meinung der „Leute" mißt das lyrische Ich keine Bedeutung *Eigenwillige*
bei; es hält sie für inkompetent (V. 6) und macht sich über die *Logik und*
Logik ihres Räsonnements (13 ff.) lustig. Aber immerhin bestäti- *Grammatik*
gen sie, mit falschem Konjunktiv, Anna Blumes Existenz (5), und
sie charakterisieren sie auch ganz plausibel als jemanden, der
„ein Vogel" habe – wobei sie sich durch die Grammatikverstöße
auf die gleiche Sprachebene stellen wie das lyrische Ich.

Die Frage nach der Gemeinsamkeit, nach dem Wir, wird scheinbar rein spielerisch, mit Freude an Assonanz und Binnenreim,
anhand des Flexionsschemas entwickelt (2, 11, 22) – doch scheint
sie dann auch zuversichtlich entschieden zu sein, die Fragezeichen machen dem Ausrufezeichen Platz. (Dennoch: in diesem
Punkt gibt es keine Emphase, es bleibt bei der „Beiläufigkeit"
und der „Glutenkiste"!).

Zum Spiel mit den Pronomina (denen übrigens in der ernstge- *Der Name Anna*
meinten Poesie eines August Stramm eine große Rolle zu-
kommt), mit der Logik und den Attributen der Geliebten kommt
das Spiel mit dem Namen hinzu. Die Eigenschaft des Namens
wird nun, „nomen est omen", auf die Geliebte selbst übertragen:
„Du bist von hinten wie von vorne" und eben darum – das ist
eine überraschende Pointe" – die „Herrlichste von allen".

Anna Blume ist ein „tropfes Tier", einerseits schlicht bzw. einfäl-
tig, andererseits sinnlich, sie ist zugleich Frau, Blume, Tier und
bloßer Name, und von dieser Kombination geht eine wohltuend
sinnliche Wirkung (V. 32) aus.

*Trotz aller
Parodie: ein
wirkliches
Liebesgedicht*

„An Anna Blume" führt auf komisch-parodistische Weise vor,
wie schwierig und prekär es in der modernen Zeit geworden ist,
ein Liebesgedicht zu schreiben. Die traditionellen Motive und
Darbietungsformen scheinen verbraucht, beseelte Ausrufe wie
„Oh du, Geliebte" oder „Du Herrlichste von allen" sind obsolet
geworden, sie bloß zu zitieren wirkt schon parodistisch.

Die expressionistischen Dichter haben vor der Aufgabe, eine
eigenständige Liebeslyrik zu entwickeln, kapituliert. Kurt
Schwitters dagegen gelingt ein seltenes Kunststück: ein Gedicht,
das selbstironisch abgefedert und mit parodistisch-zitierenden
sowie komisch-unangemessenen Mitteln dennoch von Liebe
spricht, indem es Wirkliches und Irreales, Gefühl und Albern-
heit komplex in sich vereinigt.

Vater und Sohn

Am 3. November 1911 notiert Georg Heym in seinem Tagebuch
die folgenden Sätze:

*Der Vater als
Schuft und
Tyrann*

Ich wäre einer der größten Dichter geworden, wenn ich nicht
einen solchen schweinernen Vater gehabt hätte.
In einer Zeit, wo mir verständige Pflege nötig war, mußte ich alle
Kraft aufwenden, um diesen Schuft von mir fern zu halten.
(Heym, Bd. 3, 171)

Das ist eine so wütende wie larmoyante Notiz. Der Vater
erscheint hier als autoritäre Instanz, die nicht nur die künstlerische Entwicklung des Sohnes, sondern dessen Selbstwerdung
und Selbstfindung überhaupt zu behindern trachtet.

Natürlich kann der zitierten Tagebucheintragung keine repräsentative Geltung zukommen. Andererseits steht dieses Zeugnis nicht
isoliert, es gibt viele ähnliche Dokumente. Das spricht dafür, daß
wir es hier nicht mit einer zufälligen Häufung rein privater
Konflikte zu tun haben, sondern mit einem sozialpsychologischen
Phänomen. Sicher ist es auch kein Zufall, daß bestimmte Thesen
der Psychoanalyse (Stichwort „Ödipuskomplex") eben in diesem
Zeitraum entwickelt wurden, in dem sowohl die Autorität des
Staates als auch die Autorität des Vaters in der Familie noch derart
ungebrochen waren bzw. unbrechbar schienen.

*Das ödipale
Dreiecks-
verhältnis*

Einige Gedichte dieser Jahre beschränken sich darauf, das von
Freud postulierte ödipale Dreiecksverhältnis von Mutter–Vater–
Sohn zu veranschaulichen, so z. B. das 1913 geschriebene

Gedicht „Meines Vaters Schatten hinkt vor mir her…" von Max
Herrmann-Neiße, aus dem die folgenden Verse zitiert seien:

> Der Mutter Atem lockt mich schwer –
> Meines Vaters Schatten hinkt vor mir her…
> (…)
> Mein Vater legt lauernd eine Last
> Auf meine Seele, die ihn haßt.

Die Revolte gegen den Vater ist – bewußt oder unbewußt –
immer auch zugleich eine Revolte gegen den autoritären Staat,
die Rebellion gegen Staat und Gesellschaft beginnt als Auflehnung gegen den Vater und die von ihm vertretenen moralisch-politischen Überzeugungen oder religiösen Werte. In der Literatur dieser Jahre wird der Vater-Sohn-Konflikt stets aus der
Perspektive der Söhne dargestellt, wobei Tötungsphantasien
latent oder manifest zum Ausdruck kommen. Erwähnt seien hier
u. a. Kafkas Erzählung „Das Urteil" (1913), aber auch dessen nie
abgeschickter und zu Lebzeiten nicht veröffentlichter „Brief an
den Vater", Werfels Novelle „Nicht der Mörder, der Ermordete
ist schuldig" (1920), Hasenclevers Drama „Der Sohn" (1914),
Arnolt Bronnens Schauspiel „Vatermord" (1920).
Johannes R. Bechers Gedicht „An den Vater" mündet in die
folgenden Schlußverse:

Der Traum vom Vatermord in Epik und Dramatik

> Bei dem Löffel in die Teller Klirren –:
> Hund am Tisch du! Klaffender Tyrann
> Wo dein Sohn, Indianer, dir auflauert –
> Zwischen Zähnen Beil er fiebernd kauert
> Vor dem Schlafgemach – bis schwirrend
> Saust das Beil! Das Beil –: es fällt dich an!

Mit dem Beil gegen den Tyrannen

Hier ist kein Platz mehr für Versöhnung oder Kompromiß: Der
Vater erscheint als Tyrann („Den Kniefällen seiner Kinder
taub"), und der Tyrann muß weg. Der unnachsichtige Haß des
Sohnes sieht den Mord am Vater als gerechtfertigt an, versteht
sich als Rache für das, was der Vater der Mutter („Arme Braut
des Bösen") angetan habe. Nie wieder soll er zu ihr ins „Schlafgemach" – der Bezug auf die Freudsche Deutung des Vater-Sohn-Konflikts ist deutlich.
Die biblische Gestalt von Abraham, der seinen Gottesgehorsam
über die Liebe zu seinem Sohn stellt und bereit ist, Isaak zu
opfern (1. Mose 22), wird zum Modell eines unmenschlichen
Vaters, einer unmenschlichen Weltordnung, die von bestimmten
Werten auch dann nicht abläßt, wenn diese den Tod des Sohnes
bedeuten. Doch nun revoltieren die Söhne:

Isaak erhebt sich gegen Abraham

> Verfluchter alter Abraham,
> zwölf schwere Plagen Isaake
> haun dir mit einer Nudelhacke
> den alten Zeugeschwengel lahm.
> (Gottfried Benn: Pastorensohn)

Das Verhältnis von Vater und Sohn ist heillos zerstört. Utopisch
ist die Vorstellung, es gebe

Utopische
Umarmung

> Nicht Söhne mehr, die ihre Väter rammen.
> Umarmte ziehen, Sonnen, sie nach Haus.
> (Johannes R. Becher: Klänge aus Utopia)

Die Ungelenkheit in Wortwahl („rammen"?) und Metaphorik
(inwiefern sind die sich umarmenden Väter und Söhne „Son-
nen"?) erscheint als unfreiwilliger Beleg für das Mißlingen des
Erhofften.

Franz Werfel: Gleichwohl erzwingt die psychische Realität der Entzweiung
Erträumte Vater- auch immer wieder den träumerisch-utopischen Gedanken einer
Sohn-Harmonie harmonischen Gemeinsamkeit wie z. B. in dem folgenden
Gedicht von Franz Werfel:

Vater und Sohn

> Wie wir einst in grenzenlosem Lieben
> Späße der Unendlichkeit getrieben
> Zu der Seligen Lust –
> Uranos erschloß des Busens Bläue,
> Und vereint in lustiger Kindertreue
> Schaukelten wir da durch seine Brust.

> Aber weh! Der Äther ging verloren,
> Welt erbraust und Körper ward geboren,
> Nun sind wir entzweit.
> Düster von erbosten Mittagsmählern
> Treffen sich die Blicke stählern,
> Feindlich und bereit.

> Und in seinem schwarzen Mantelschwunge
> Trägt der Alte wie der Junge
> Eisen hassenswert.
> Die sie reden, Worte, sind von kalter
> Feindschaft der geschiedenen Lebensalter,
> Fahl und aufgezehrt.

> Und der Sohn harrt, daß der Alte sterbe
> Und der Greis verhöhnt mich jauchzend: Erbe!
> Daß der Orkus widerhallt.

Und schon klirrt in unseren wilden Händen
Jener Waffen – kaum noch abzuwenden –
Höllische Gewalt.

Doch auch uns sind Abende beschieden
An des Tisches hauserhabenem Frieden,
Wo das Wirre schweigt,
Wo wir's nicht verwehren trauten Mutes,
Daß, gedrängt von Wallung gleichen Blutes,
Träne auf- und niedersteigt.

Wie wir einst in grenzenlosem Lieben
Späße der Unendlichkeit getrieben,
Ahnen wir im Traum.
Und die leichte Hand zuckt nach der greisen
Und in einer wunderbaren, leisen
Rührung stürzt der Raum.

Das Gedicht beruht auf einer seltsamen Mischung von Elementen *Realität und* alltäglicher Realität und mythischer Überhöhung: Einerseits ist die *Mythos* Rede von der feindlichen Verkrampfung, in der sich Väter und Söhne bei „erbosten Mittagsmählern" gegenübersitzen, anderer-seits verweist die Nennung des Namens „Uranos" in eine sagen-hafte Ferne jenseits von Raum und Zeit. Während in den Rahmen-strophen die Erinnerung an die in mythischem Einst gegebene Harmonie beschworen wird, heben die Binnenstrophen mit schar-fer Deutlichkeit Feindschaft, Haß, Verhöhnung, Gewalt im gegen-wärtigen Verhältnis zwischen Vätern und Söhnen hervor.
Bei genauerem Hinsehen erweist sich überdies die mythische Erinnerung selbst als zwiespältig. Was genau wird da eigentlich in dem durchgehenden Satz der 1. Strophe (der bereits syntak-tisch verdächtig ist!) beschworen? Gerade die „Grenzenlosig-keit" der Liebe und die „Unendlichkeit" markieren doch einen Zustand *vor* Erschaffung der Welt, als Himmel (gr. uranos) und Erde noch nicht geschieden waren, so daß das Bild von den durch Uranos' Brust schaukelnden *Kindern* keinen rechten Sinn ergibt: Wo sollen die denn hergekommen sein? Doch ist die zweite Strophe wieder nahe beim hethitisch-griechischen Mythos: Erst durch die Verbindung von Uranos und Gaia, d. h. von Himmel und Erde, ist „Welt erbraust und Körper ward geboren". Dies ist der Anfang von Welt, von Zeit und Geschichte, von Verhängnis: „Nun sind wir entzweit."

Hier wird nun auch die Funktion der Mythisierung deutlich: Die *Vater-Sohn-* gegenwärtige Entzweiung zwischen Vater und Sohn wird zum *Konflikt als* Weltgesetz verallgemeinert, zu einem Fluch stilisiert, der seit *zeitlos gültiges* Vorzeiten gültig ist und Himmel, Erde, Unterwelt („Orkus") *Weltgesetz* gleichermaßen durchhallt. Die Sukzessionsmythen Uranos-Kronos-Zeus haben es unter dem Aspekt der Vater-Sohn-Beziehung ja auch wirklich in sich! Uranos, der Vater der Titanen, der seine Kinder haßte, wurde bekanntlich von seinem Sohn Kronos mit der Sichel entmannt. Daraufhin fluchte er diesem, daß auch er von einem seiner Söhne überwältigt werden würde, worauf Kronos seine Kinder einfach auffraß. Zeus, der diesem Schicksal durch List entkam, besiegte nun seinerseits den Vater bzw. alle feindlichen Titanen, die er in den Tartaros einsperrte, und wurde selbst zum Vatergott, der es wiederum mit dem Ungehorsam seiner Kinder zu tun bekam, usw.

Der Sprung in die Utopie

Die Erwähnung von Uranos evoziert also keineswegs die Vorstellung eines heilen Zustands *vor* der Entzweiung, sondern markiert im Gegenteil nur den Anfang einer unheilvollen Entwicklung, die bis heute nicht aufgehört hat. Dennoch gibt es die trotzige Hoffnung, es müsse doch einmal anders gewesen sein bzw. doch einmal anders werden. Das aber „ahnen wir im Traum". Die Kraft zu erlösendem Neubeginn erwachse also im Inneren des Menschen, in Ahnung und Traum, in der „Rührung", in der Selbstentäußerung und Selbstüberwindung im Weinen, wenn „Träne auf- und niedersteigt". Dies ist nun aber eine Utopie, um deren Realisierbarkeit es nicht besonders gut bestellt ist („stürzt der Raum"!?): Der Mensch müßte im Grunde aus aller zeitlichen und räumlichen Gebundenheit heraustreten können!

Das Weinen als Ausdruck innerer Wandlung

Solch metaphysische Hoffnung ist für den sogenannten messianischen Expressionismus charakteristisch (vgl. dazu S. 148 ff.). In Werfels Gedicht „Revolutions-Aufruf" z. B. wird nicht etwa der gewaltsame Umsturz propagiert, sondern die „Sintflut der Seele" angerufen: „Ach nur das Weinen reißt uns zum Reinen hin." Weder von einem neuen Staat noch von einer neuen Gesellschaft wird demnach die Erlösung erwartet, der Mensch als solcher soll sich irgendwie erneuern und dem Dasein Sinn geben.

Politisch gedacht ist das nicht. Gesellschaftliche Konflikte, die auf einen – angeblich – ewig gültigen Vater-Sohn-Gegensatz reduziert werden (der als psychisch erlebte Realität aber gleichwohl ernstgenommen werden muß!), werden in idealistischer Vision nur scheinhaft überwunden. Die Vagheit und Sentimentalität des Gemeinschaftspathos ist oft schwer erträglich – doch vergesse man darüber nicht, daß der menschliche Glückstrieb selbst, der da aus der schlechten Gegenwart einen Ausweg sucht, durchaus gerechtfertigt ist.

Gott

> Und über allem hängt ein alter Lappen –
> Der Himmel... heidenhaft und ohne Sinn.

Diese Verse, mit denen ein Gedicht Alfred Lichtensteins schließt ("Die Fahrt nach der Irrenanstalt I"), haben repräsentativen Charakter. Für die Mehrzahl der expressionistischen Autoren hat Nietzsches Wort „Gott ist tot" Gültigkeit; der Verlust aller transzendenten Werte ist kein Problem, das sie unmittelbar bedrängt, denn Nihilismus gehört ohnehin zu den Grundvoraussetzungen der Epoche.

„Gott ist tot"

Die Thematik von Gottesferne, Glaubensunfähigkeit etc. wird daher selten direkt oder gar im Sinne einer religiösen Auseinandersetzung aufgegriffen, wohl aber ist sie indirekt gegenwärtig. Die Motive Ichzerfall, Krankenhaus und Leichenhalle, Wahnsinn und Selbstmord, Weltende u. a. werden in einer Weise behandelt, die auf den ausdrücklichen Hinweis verzichten kann, daß damit religiöse Überzeugungen negiert werden. Das heißt nicht, daß solche Hinweise gänzlich fehlten (vgl. S. 78 f.). Man sehe z. B. Gottfried Benns Gedicht „Requiem", dessen drei Strophen mit brutaler Offenheit beschreiben, was von den Menschen letztlich übrigbleibt. Die mittlere Strophe lautet:

Gottfried Benn

> Jeder drei Näpfe voll: von Hirn bis Hoden.
> Und Gottes Tempel und des Teufels Stall
> nun Brust an Brust auf eines Kübels Boden
> begrinsen Golgatha und Sündenfall.

Ewige Ruhe im Leichensaal

Der Anatomiesaal liefert das Szenario, es geht um Leichenschau und Sektion – der Titel aber verweist auf die christliche Tradition: „Requiem aeternam dona eis, Domine" (Herr, gib ihnen ewige Ruhe), so beginnt der Introitus der katholischen Totenmesse. Der provokatorische Effekt des Gedichts entsteht aus der Konfrontation christlich-religiöser Begrifflichkeit mit medizinisch-trockener Benennung. Einerseits der menschliche Körper als „Gottes Tempel" und „des Teufels Stall", andererseits die krude Faktizität von „Hirn" und „Hoden". Und während die Worte „Sündenfall" und „Golgatha" den Tod der Menschen in eine von Heilsgewißheit bestimmte Perspektive rücken, erstirbt in Worten wie „Kübel" und „begrinsen" jeder Gedanke an Hoffnung und metaphysischen Trost. Gottfried Benns Gedicht ist ein Gegenentwurf zu einem ‚richtigen' Requiem, eine höhnisch-traurige Kontrafraktur.

Anti-Requiem

Kaum geistliche
Gedichte

Im allgemeinen kann man sagen, daß die expressionistische Lyrik kaum geistliche Gedichte kennt, die von Glaubenszuversicht geprägt wären und das Weltende z. B. als Verwirklichung biblischer Prophezeiungen beschreiben. Die Autoren erblicken in den Symptomen von Verfall und Untergang keinen ‚höheren

Aber: Übernahme
biblischer Motive

Sinn‘. Das hindert sie indes nicht daran, bestimmte bildkräftige Motive der Bibel immer wieder zu zitieren: die Sintflut, die Bilder der Apokalypse, und in den Großstadtgedichten wird häufig an Namen wie Sodom und Gomorrha, Ninive, Babel erinnert. Überhaupt ist es charakteristisch, daß die zitierende Erinnerung nicht etwa dem Neuen Testament mit seiner ‚Frohen Botschaft‘, sondern überwiegend dem Alten Testament gilt. Anknüpfungspunkt ist hier vor allem die Dichtung der Psalmen.

Die Psalmen als
Modell

Dafür gibt es sowohl inhaltliche als auch formale Gründe. Die Psalmen beruhen auf einer von Gefühlsextremen geprägten Erlebnisintensität. Sie kennen nur abgründigstes Leid oder höchste Freude, Verzweiflung oder Zuversicht, Verlassenheit oder Geborgenheit. Die dramatische Gestimmtheit äußert sich im Gestus der Anrede und des Ausrufs, die beherrschende Stilfigur ist die Hyperbel. Insofern liefern die Psalmen ein Modell, an dem sich expressionistische Lyrik orientiert – sei es, daß sie mehr inhaltlich an die Metaphorik der Bedrohtheit, Isolation, Hoffnungslosigkeit etc. anknüpft, um eine existentielle Zustandsbeschreibung des Menschen in der Gegenwart zu geben, sei es, daß der sogenannte messianische Expressionismus hier bestimmte Ausdrucksgebärden entleiht.

Der 130. Psalm:
De profundis

Aus den zahlreichen Paraphrasen auf den 130. Psalm („De profundis“: Aus der Tiefe rufe ich, Herr, zu dir) seien hier wenigstens zwei Beispiele kurz erwähnt. Die Schlußverse von Franz Werfels Gedicht „Aus meiner Tiefe“ lauten:

Franz Werfel

Unsere Ruhe ist Tod,
Unsere Erregung Fäulnis!
Wir sind gebeizt, gesalzen, geräuchert von böser Entwöhnung!
Verlernt der ruhende Blick,
Verlernt das Daliegen in den Himmel!
Aus meiner Tiefe rief ich dich an,
Denn hier rettet kein Wille mehr, hier rettet nur Wunder.
Tu’ Wunder!

Rhetorik des
Glauben-Wollens

Die Verse haben etwas Rhetorisch-Plakatives, Überdeutliches, und wer das ganze Gedicht nachliest, wird die angestrengte Bemühtheit vieler Formulierungen nicht übersehen können. Was sich hier mitteilt, ist weniger Gläubigkeit als die Behauptung oder der Wunsch, noch glauben zu können, ist weniger die Erwartung von Wundern als die blasse Beschwörung ihrer Möglichkeit. Der Schlußvers wirkt, ungeachtet des Ausrufezeichens, seltsam kraftlos – man meint ihm anhören zu können, daß er nicht Hilferuf *ist*, sondern einen solchen darstellen soll.

Trakls Gedicht „De profundis" hingegen evoziert äußerste Gott- *Georg Trakl* ferne und Hoffnungslosigkeit, es ist an niemanden gerichtet. Statt der Rhetorik des Anrufs nur ein still-monotones Sprechen in parallel gebauten Parataxen, in denen die Öde und Leere alles Bestehenden zum Ausdruck kommt. Die Anfangsverse wurden bereits in anderem Zusammenhang (vgl. S. 114) zitiert, etwas weiter heißt es dann:

> Ein Schatten bin ich ferne finsteren Dörfern. *„Gottes*
> Gottes Schweigen *Schweigen"*
> Trank ich aus dem Brunnen des Hains.
>
> Auf meine Stirne tritt kaltes Metall,
> Spinnen suchen mein Herz.
> Es ist ein Licht, das in meinem Mund erlösch.

Wo der Psalmist auf Gnade und Erlösung durch den Herrn hoffte *Verlassenheit des* (Ps. 130,7), chiffriert Trakls Gedicht die Befindlichkeit des lyri- *Menschen* schen Ich als bedrohte, angstvolle, schattenhafte Existenz. Ret- tende Wunder sind nicht mehr zu erwarten, der Mensch ist absolut verlassen in einer Welt, die zum Abgrund geworden ist. Kälte, Finsternis, ekles Getier gehören zum festen Motivreper- toire auch anderer Lyriker des Expressionismus. Sie belegen ebenso wie die Metaphern des körperlichen Zerfalls, der erstar- renden Natur, des ziellosen Herumirrens usw. eine Zeit- und Gesellschaftsdiagnose, die als Ausdruck einer metaphysischen Obdachlosigkeit interpretiert werden kann.

Es gibt einzelne Autoren, die besonders häufig auf religiöse *Ernst Stadler* Sprachmuster zurückgreifen. Zu ihnen gehört Ernst Stadler. Aus seinem Gedicht „Anrede" sei hier die erste Strophe zitiert:

> Ich bin nur Flamme, Durst und Schrei und Brand.
> Durch meiner Seele enge Mulden schießt die Zeit
> Wie dunkles Wasser, heftig, rasch und unerkannt.
> Auf meinem Leibe brennt das Mal: Vergänglichkeit.

Das ist unverkennbar die Sprechform der Psalmen mit ihrem *Klage- und* Klage- und Sehnsuchtston. „Ich bin nur" – „Du aber bist": in *Sehnsuchtston* dieser Konstellation von Ich und angeredetem Du scheint sich *der Psalmen* eine alttestamentarische Grundform religiösen Erlebnisses neu zu manifestieren.

Stadlers Gedicht „Zwiegespräch" setzt ähnlich ein:

> Mein Gott, ich suche dich.
> Sieh mich vor deiner Schwelle knien
> Und Einlaß betteln.
> Sieh, ich bin verwirrt, mich reißen tausend Wege
> fort ins Blinde,
> Und keiner trägt mich heim.
> Laß mich in deiner Gärten Obdach fliehn,
> Daß sich in ihrer Mittagsstille
> mein versprengtes Leben wiederfinde.

Das suchende, irrende Ich sehnt sich nach Ruhe und Heimat –
und die ist, so entspräche es einem jahrhundertalten Topos
christlichen Denkens, in dieser Welt eben nicht zu finden.
Stadlers Gedicht setzt aber anders als erwartet fort:

> Still, Seele! Kennst du deine eigne Heimat nicht?
> Sieh doch: du bist in dir. (…)

Nicht Gott,
sondern „das
Leben" als
oberster Wert

Die menschliche Seele habe doch bereits in sich „selber alles:
Fegefeuer, Himmelfahrt und ewige Wiederkehr", sie brauche
daher auf kein Jenseits zu warten:

> Und nichts, was jemals war und wird,
> das nicht schon immer dein.

Bei Stadler ist Religiosität in einem Ausmaß und mit einer
Ausschließlichkeit auf das irdische Leben bezogen, daß sie nicht
mehr christlich genannt werden kann. Nicht der transzendente
Gott, „das Leben" ist der oberste Wert.
Stadlers Gedicht „Der Spruch" zitiert zwar den deutschen Mystiker Angelus Silesius mit dem Wort „Mensch, werde wesentlich!",
doch wäre immerhin zu erwägen, ob er ihn nicht geradezu
umdeutet, ins Gegenteil verkehrt. Im „Cherubinischen Wanders-
mann" hieß es nämlich so:

> Zufall und Wesen.
> Mensch werde wesentlich: denn wann die Welt vergeht
> So fällt der Zufall weg, das wesen das besteht.

Stadlers
Umdeutungen

Für den Mystiker sind die vergänglichen Dinge des Lebens nur
„Zufall", das Wesentlichwerden des Menschen setzt voraus, daß
er sich von ihnen trennt, um die mystische Vereinigung mit Gott
zu erreichen.
Für Stadler dagegen wird das Leben denjenigen, der sich „in
grenzenlosem Michverschenken" dem *Diesseits* anheimgibt, „mit
Erfüllung tränken" (Form ist Wollust). So deutet er auch die

Figuren Parzival und Simplicissimus um. Er läßt Parzival eine
Stimme mit der folgenden Botschaft hören:

> Wirf deine Sehnsucht in die Welt!
>   Dein warten Städte, Menschen, Meere (...)
> Auf! Fort! Hinaus! Ins Weite!
> (...)
> Dich glüht dein Irrtum rein,
>   und erst den Schmerzgekrönten grüßt der heilige Gral.
> (Parzival vor der Gralsburg)

Das Wesentlichwerden, wie Stadler es versteht, wird in der Welt
und durch die Welt in ihren mannigfachen Erscheinungsformen
erfahren. Und während Simplicissimus am Schluß von
Grimmelshausens Roman mit Reue und Scham seines Lebens
gedenkt und als Einsiedler der Welt abschwört („Adieu Welt! und
„Behüt dich Gott, Welt!" beginnen stets die Absätze des letzten
Kapitels), läßt Stadler ihn noch im Rückblick ein lebensbeja-
hendes Bekenntnis ablegen:

*„Wesentlich-
werden" des
Menschen im
Diesseits*

> Aber immer mußte Leben überschäumen,
>   um sich zu fühlen,
> (...)
> Nicht Reue und nicht Sehnsucht sollen mir schmälern,
>   was einst war und nun vorbei ist und verflossen.
> (Simplicius wird Einsiedler...)

Stadlers Gedichte sind von einer lebenstrunkenen Aufbruchstimmung erfüllt, die sich das biblisch-religiöse Vokabular borgt,
um einen ekstatisch-irdischen Hymnus anzustimmen. Man sehe
etwa, wie in den Gedichten „Reinigung" und „Resurrectio" das
Bild der reinigenden Sintflut einem rein innerweltlichen und
innerseelischen Erneuerungserlebnis dienen soll:

> Fühlst du: schon schwemmt die starke Flut
>   dich neu und rein,
> Schon bist du selig in dir selbst allein
>   Und wie mit Auferstehungslicht umhangen –
> (Reinigung)

*Das Bild der
Sintflut*

> Flut, die in Nebeln steigt.
>   Flut, die versinkt.
> O Glück: das große Wasser,
>   das mein Leben überschwemmte, sinkt, ertrinkt.
> (...)
> Nun wird die Erde neu.
> (...)

Im Mund der
Taube: „das
Ölblatt der
Verheißung"

Schon tanzt im Feuerbogen,
    den der Morgen übern Himmel schlägt,
Die Taube,
    die im Mund das Ölblatt der Verheißung trägt.
(Resurrectio)

Es bleibe dahingestellt, inwieweit Stadlers expressive Daseinsfrömmigkeit von einem wirklich gläubigen Menschen, z. B. einem Christen, nachvollzogen werden kann. Gleichwohl ist festzuhalten, daß Stadler der religiösen Tradition in unpolemischer ganz anderer Weise verhaftet ist als etwa der Pfarrerssohn

Gottfried Benn:

Gottfried Benn, bei dem sich u. a. die Verse finden:

„leer kommt die
Taube Noahs
zurück"

Fratze der Glaube,
Fratze das Glück,
leer kommt die Taube
Noahs zurück.
(Schädelstätten)

Else Lasker-
Schüler

Eine singuläre Erscheinung ist Else Lasker-Schüler. Bei keinem anderen Lyriker der Epoche taucht das Wort Gott auch nur annähernd so häufig auf wie in ihrem Werk. In ihren „Hebräischen Balladen" (1913) wendet sie sich den Figuren und Ge-

Figuren und
Geschichten des
Alten Testaments

schichten des Alten Testaments zu. (Der Gattungsbegriff Ballade mag dabei etwas irritieren: Es handelt sich um lyrische Anverwandlungen der biblischen Stoffe an das eigene Lebensgefühl, mitunter gar in Ich-Perspektive gesprochen.)
Ein berühmtes Gedicht der Lasker-Schüler sei hier vollständig zitiert:

Mein Volk

    Der Fels wird morsch,
    Dem ich entspringe
    Und meine Gotteslieder singe …
    Jäh stürz ich vom Weg
    Und riesele ganz in mir
    Fernab, allein über Klagegestein
    Dem Meer zu.

    Hab mich so abgeströmt
    Von meines Blutes
    Mostvergorenheit.
    Und immer, immer noch der Widerhall
    In mir,
    Wenn schauerlich gen Ost
    Das morsche Felsgebein,
    Mein Volk,
    Zu Gott schreit.

Die exzentrische Bohème-Figur und Caféhaus-Literatin Lasker-
Schüler war alles andere als eine strenggläubige, den Riten ihrer
Religion verpflichtete Jüdin. Das Gedicht „Mein Volk" läßt sich
insofern auch als persönliches Dokument lesen: Die so extravagante wie einsame Dichterin entdeckt ihre Zugehörigkeit zum
jüdischen Volk.

Das lyrische Ich definiert sich als ein dem Felsen entspringendes *Dem Judentum*
Rinnsal, das keinem vorgegebenen Flußlauf folgt, sondern ein- *„entsprungen"*
sam dem Meer zurieselt. In dieser Metaphorik bringt die Autorin, wie es scheint, ihre eigene, individuelle Daseinserfahrung als
Dichterin (die ihre „Gotteslieder" singt) zum Ausdruck. Mit
traurigem Stolz betont sie das Isolierte ihrer Existenz: „ganz in
mir fernab, allein über Klagegestein". Von ihrem Ursprung, ihrer
Heimat hat sie sich entfernt. Sie entspringt einem alten Volk (der
morsche Fels verweist auf das Judentum), wobei das Verb „entspringen" doppeldeutig ist: es meint sowohl „seinen Ursprung
haben", „entstammen", „als Quelle hervorkommen" als auch
„entweichen", „sich davonmachen" oder, wie es der vierte Vers
sagt, „jäh vom Weg stürzen".

Das Ich hat sich aus allen Bindungen gelöst. Nun aber, in der
zweiten Strophe, wird sich das Ich der Tatsache bewußt, daß in
der eigenen Einsamkeit, Verzweiflung und Sehnsucht der Klage-
ruf des jüdischen Volkes widerhallt. Gerade in der äußersten
Isolation erfährt sich das Ich als Teil einer schicksalhaften
Gemeinschaft.

Wie sehen nun die „Gotteslieder" aus, die in dem Gedicht „Mein *„Gotteslieder":*
Volk" angesprochen werden? Es sind Klagegesänge über die *Klagegesänge*
Verlassenheit des Menschen in einer unwirtlich gewordenen *über die*
Welt: *Verlassenheit des*
Menschen

> Wo ende ich? – O Gott! Denn in die Sterne,
> Auch in den Mond sah ich, in alle deiner Früchte Tal.
> Der rote Wein wird schon in seiner Beere schal.
> Und überall – die Bitternis – in jedem Kerne.
> (Gott hör...)

„Früher", d. h. in mythischer Ferne, sei die Kluft zwischen Gott
und Mensch weniger spürbar gewesen:

> Früher war eine große Frömmigkeit am Himmel,
> Gaben sich die Sterne die Bibel zu lesen.   ,
> Könnte ich einmal Gottes Hand fassen
> Oder den Mond an seinem Finger sehn.
> O Gott, o Gott, wie weit bin ich von dir!
> (O Gott)

Der schweigende,
verborgene Gott

Gott – das ist der schweigende, verborgene Gott des Alten Testaments (vgl. Jesaja 45,15), der Mensch kann ihn nicht erkennen, doch trotzdem fleht er ihn an:

> Schenk mir ein Lichtchen von dem ewigen Licht! – – –
> Zwei Hände, die mich lieben, sollen es mir halten.
> So dunkel ist es fern von deinem Reich
> O Gott, wie kann ich weiter hier bestehen.
> (Ein Lied an Gott)

Auf diesen Gott, so fern er ist, richtet sich alle Sehnsucht:

> Gott, wo bist du?
> ich möchte nah an deinem Herzen lauschen,
> Mit deiner fernsten Nähe mich vertauschen
> (An Gott)

Else Lasker-
Schülers
spezifische
„Religiosität"

Ist Else Lasker-Schüler eine religiöse Dichterin? Die Frage ist schwer zu beantworten. Oft scheint es so, als sei ihr die Anrufung Gottes nur ein Anlaß, um die eigene Seelensprache zum Klingen zu bringen. Denn immer redet diese Autorin in erster Linie von sich selbst, sie spricht von ihrem Fremdsein, ihrem Leiden an der Welt, ihrer Liebestrauer und ihrer unstillbaren Sehnsucht, sie will in ein Traum- und Märchenreich entfliehen. Fast macht es da keinen Unterschied, ob das angeredete „Du" nun Gott heißt oder den Phantasienamen eines geliebten Mannes (Prinz Tristan, König Giselheer usw.) trägt. So wie der Geliebte vergöttlicht wird, werden auch die „Gotteslieder" zu Liebesgedichten, Erotisches und Religiöses drängen ineinander:

Erotische
Religiosität

Zebaoth

> Gott, ich liebe dich in deinem Rosenkleide,
> Wenn du aus den Gärten trittst, Zebaoth.
> O, du Gottjüngling,
> Du Dichter,
> ich trinke einsam von deinen Düften.
>
> Meine erste Blüte Blut sehnte sich nach dir,
> So komme doch,
> Du süßer Gott,
> Du Gespiele Gott,
> Deines Tores Gold schmilzt an meiner Sehnsucht.

Wie sich in Ernst Stadlers religiösen Gedichten letztlich „das Leben" als oberster Wert offenbart, so ist es für Else Lasker-Schüler „die Liebe":

Wir wollen uns versöhnen die Nacht –   *Religiöse Erotik*
So viel Gott strömt über.

(…)

Und unsere Lippen wollen sich küssen,
Was zagst du?

Grenzt nicht mein Herz an deins –
Immer färbt dein Blut meine Wangen rot.

Wir wollen uns versöhnen die Nacht,
Wenn wir uns herzen, sterben wir nicht.
(Versöhnung)

In der Liebe wäre die (Selbst-) Entfremdung aufgehoben und   *Melancholische*
würde zugleich Gott erfahren – das ist aber, wie die Dichterin   *Liebes- und*
weiß, Utopie. Ihre Traum- und Entrückungsvisionen sind daher   *Gottesutopie*
zumeist melancholisch eingefärbt, die Liebessehnsucht bleibt
ungestillt, Gott schweigt, das Ich ist auf sich selbst zurückgewor-
fen:

O ich möchte aus der Welt!
Aber auch fern von ihr
Irr ich, ein Flackerlicht

Um Gottes Grab.
(O ich möcht aus der Welt)

„O Mensch!"

Während der Kriegsjahre und in der unmittelbar folgenden Zeit   *Dominanz der*
mochte es den Zeitgenossen so scheinen, als sei das   *„messianischen"*
„O-Mensch"-Pathos in Lyrik und Drama ein Synonym für   *Dichter in der*
Expressionismus schlechthin, und dieser Eindruck wurde durch   *„Menschheits-*
die Anthologie „Menschheitsdämmerung" weitgehend verfe-   *dämmerung"*
stigt. Kurt Pinthus rückte die Vertreter des „messianischen"
Expressionismus entscheidend in den Vordergrund. Man sieht es
an der Zahl der Gedichte, mit denen Werfel (27) und Hasenclever (19) vertreten sind, während z. B. von Gottfried Benn nur
8 Gedichte abgedruckt sind und Autoren wie Ernst Blass oder
Paul Boldt ganz fehlen. Für Kurt Pinthus waren jene Dichter
repräsentativ, die „in ausschweifender Weitschweifigkeit, in
unmäßigem Fortissimo psalmodieren, stöhnen, klagen, schreien,

fluchen, rufen, hymnen" (Menschheitsdämmerung, 31) und
denen es um Brüderlichkeit und neue Gemeinschaft ging (S. 28):

> Und so gemeinsam und wild aus diesen Dichtern Klage, Ver-
> zweiflung, Aufruhr aufgedonnert war, so einig und eindringlich
> posaunten sie in ihren Gesängen Menschlichkeit, Güte, Gerech-
> tigkeit, Kameradschaft, Menschenliebe aller zu allen.

Verkündigungs-
und Brüderlich-
keits-Pathos

Nun spielt die so skizzierte Gesinnungslyrik zwar in der Tat eine
große Rolle in der expressionistischen Dichtung (und wer in
alten Zeitschriften wie z. B. der „Aktion" nachblättert, wird
angesichts der großen Zahl unbekannter bzw. heute vergessener
Autoren, die so schrieben, eine Vorstellung von der tatsächlichen Dimension der Verkündigungs- und Brüderlichkeitspoe-
sie gewinnen) – doch bleibt demgegenüber festzuhalten, daß
viele bedeutende Lyriker des Expressionismus (Heym, Trakl,
Benn, Lichtenstein u. a.) von solcher Erneuerungsideologie gänzlich unberührt blieben. Überhaupt weist die Lyrik der Jahre
1910–1914 eher zivilisations- und ideologiekritische Tendenzen
auf und neigt oft zu Ironie, Groteske und anderen intellektuellen
Ausdrucksformen, die kein Gemeinschaftspathos oder sonstige
unmittelbare Gefühlsaussprache vertragen.

Die „O-Mensch"-Dichtungen sind in ihrer Art gewiß „typisch
expressionistisch", d. h. sie sind typisch vor allem für die zweite
Hälfte des sogenannten expressionistischen Jahrzehnts, der Erste
Weltkrieg ist hier die entscheidende Zäsur, aber „typisch expressionistisch" sind eben auch all jene vielen Darstellungen eines
zerrissenen Bewußtseins, das zu keinen utopischen Aufschwün-
gen fähig oder willens ist.

„Messianischer
Expressionismus"

Säkularisierung
religiöser Heils-
erwartung

Was meint nun der Begriff „messianischer Expressionismus"? Es
handelt sich dabei nicht um religiöse Dichtung in dem Sinne,
daß die Ankunft eines die Menschheit erlösenden Messias
beschworen würde oder daß die Hoffnung auf die Wiederkehr
Christi gelenkt würde, sondern die wunderbare, brüderliche
Neugestaltung der Welt soll durch „den Menschen" selbst erfol-
gen. Die religiöse Heilserwartung wird also säkularisiert, bedient
sich aber des alttestamentarischen Vokabulars:

> Tritt mit der Posaune des jüngsten Gerichts
> Hervor, o Mensch, aus tobendem Nichts!
> (Hasenclever, 1917)

Die Gefühle christlicher Zuversicht und Gottesgewißheit werden
durch einen hymnischen Glauben an den Menschen ersetzt:

Zu viele Christen sind gestorben.
Kein Christus stieg von des Kreuzes Not,
ging durch Felder, von Pestluft verdorben,
lebte und siegte über den Tod.

Hymnischer
Glaube an den
Menschen

(...)

Christus am Kreuz ist mit ihnen gefallen.
Sein Reich ist verloren. Sein Name entweiht.
Propheten Zions! Trompeten erschallen.
Sei, Mensch, zur Hilfe des Menschen bereit!
(Hasenclever, Zuviele Christen sind gestorben)

Dieser Appell hat etwas Vages, und nicht nur in diesem Gedicht
bleibt unklar, an wen er sich eigentlich richtet: an den Menschen
als Individuum oder an das Gattungswesen Mensch, an Vernunft
und Entschließungskraft oder an bloße Gefühlsbereitschaft?
Je pathetischer die Anrufe an Mensch, Herz, Seele geraten, desto
mehr schwindet aus ihnen jede rationale Substanz. Die sogenannte Botschaft versinkt in einem sentimentalen Ungefähr:

Vage Appelle

Pathetische
Anrufe

Das Herz wird die gewaltige Einheit innen!
Im Weltall leuchtets als des Menschen Tag.
(Wolfenstein, Das Herz)

In deinem Aufschwung, Mensch, wird alles groß!
In deinem Abschwung alles hoffnungslos!
Und nur die Seele, die sich liebend selbst vergaß,
Ist aller Dinge Maß und Übermaß.
(Werfel, Das Maß der Dinge)

Solche Verse richten sich an die Emotionalität des Lesers und
vertrauen auf dessen Gleichgestimmtheit, die nach dem konkreten Sinn der Worte nicht mehr fragt. Was immer wieder propagiert wird, ist eine jähe Aufbruchsbewegung, die aus der Finsternis ins Licht führt:

In die Liebe, Herz, brich auf.
Mit guten Augen leuchte Mensch zu Mensch.
Händefassen.
Bergentgegen gottesnackt empor.
O mein blühend Volk!
Aus meinen Händen alle Sonne nimm dir zu.
Erhellt die Welt,
die Nacht zerbricht.
Brich auf ins Licht!
O Mensch, ins Licht!
(Kurt Heynicke, Aufbruch)

Aus der
Finsternis
ins Licht

„Händefassen"   Im „Händefassen" will sich das Gefühl mitmenschlicher Solidarität beweisen:

> Eine
> Sehnsucht ist der Kreis unserer Hände!
> (Kurt Heynicke, Gesang)

> Weithin verzweigte Hände
> Schaffen still den Bund.
> (René Schickele, Abschwur)

Aufgespreizte   Die künstlerische Qualität solcher Gedichte und Verse ist mehr
Feierlichkeit   als zweifelhaft; es kommt zu einer Häufung banaler Metaphern,
                      und der rhetorische Gestus mündet in eine aufgespreizte Feierlichkeit.
                      Nicht nur dies! Manche Gedichte wirken bereits peinlich und
                      sind von unfreiwilliger Komik. Man sehe z. B. Franz Werfels
                      Gedicht „Ich habe eine gute Tat getan", in dem sich gleichsam
                      die Ideologie der Pfadfinderbewegung niederschlägt:

Unfreiwillige   Herz frohlocke!
Komik   Eine gute Tat habe ich getan.
                      Nun bin ich nicht mehr einsam.
                      (…)
                      Schönste Befriedigung
                      Wird mir zuteil:
                      Dankbarkeit!
                      Dankbarkeit der Welt.
                      Stille Gegenstände,
                      Werfen sich mir in die Arme.
                      Stille Gegenstände,
                      Die ich in einer erfüllten Stunde
                      Wie brave Tiere streichelte.

                      Mein Schreibtisch knarrt,
                      Ich weiß, er will mich umarmen.

Die Intention ist klar (die „gute Tat" befreit das Ich aus seiner
Isolierung und verändert die Welt, macht das tote Ding lebendig), aber die Realisierung beweist einen erstaunlichen Verlust
ästhetischen Geschmacks: Die Vorstellung eines knarrenden
Schreibtisches, der das Ich umarmen will, ist kaum mehr erträglich.

Tendenz zur   Überhaupt gewinnt das „O-Mensch"-Pathos bei Werfel eine
Rührseligkeit   Tendenz zur Rührseligkeit. Dies zeigt sich vor allem an einem für
(Werfel)   diesen Autor charakteristischen Leitmotiv: dem Weinen. Der

„neue" bzw. „gute" Mensch – das ist für Werfel der weinende Mensch:

> Unüberwindlich sind des Guten Tränen,
> Baustoff der Welt und Wasser der Gebilde.
> Wo seine guten Tränen niedersinken,
> Verzehrt sich jede Form und kommt zu sich.
> (Der gute Mensch)

Im Weinen soll der einsame Mensch seine Verbundenheit mit den Mitmenschen entdecken, Mitmenschlichkeit heißt mitweinen können, und so kann es leicht geschehen, daß alle, alle Tränen vergießen. Werfels Gedicht „Die Träne" beginnt als Caféhausszene („Unter dem vogellosen Himmel wilder Cafés/ Sitzen wir oft, wenn die Stunde der Schwermut schwebt!"), und dann weint eine junge Frau:

Der „gute Mensch" weint

> Plötzlich erklingend
> Weint sich das Fräulein in seine Hände hin.
>
> Was noch Alleinheit war, wirft sich einander zu.
> Und die weinende Stimm' bindend wird zum Gesetz.
> Die Menschen stehen alle und weinen,
> Strömen heilig,
> Selbst das Tablett in der Hand des Kellners bebt.

Heulendes Fräulein, mitweinende Caféhausgäste, bebendes Kellnertablett – das ist sentimentaler Kitsch! Die beschworene Humanität bekommt etwas Aufgeweichtes, vage Verfließendes. Die wehmütig triefende Metaphorik ist so „gut gemeint" wie trivial:

Sentimentaler Kitsch

> Scherben wir alle, werden im Weinen Gefäß.
> Wer die Träne erkennt, weiß der Gemeinschaft Stoff.
> Ozean sind wir, Brüder, und fahren,
> Ewig fahren
> Barken wir auf dem Weltmeer des Herzens hin.
>
> Schmerz des Einsamen, du der Unsterblichkeit Kind!
> Der Gottheit liebliches Blut, unsere Träne rinnt.
> Ach wir begießen mit unseren Tränen
> Edene Beete,
> Fruchtbar, Geschwister, wird uns das Paradies.

„Auf dem Weltmeer des Herzens"

Während die „O-Mensch"-Anrufungen bei Werfel auf seelische Läuterung und moralische Erneuerung zielen, erhält die emphatische Brüderlichkeit bei anderen Autoren, wie z. B. Johannes

Nachrufgedichte
auf
Rosa Luxemburg:

R. Becher, eine zusätzliche Dimension, die sich als gefühlsmäßiger Sozialismus beschreiben ließe. Politische Lyrik entsteht so aber nicht, auch dann nicht, wenn der Anlaß das vermuten ließe. Man sehe z. B. Bechers peinlich-geschmacklose „Hymne auf Rosa Luxemburg". Der Autor besingt die Hand der ermordeten Sozialistin („Zauberisches Gezweig an Gottes Rosen-Öl-Baum")

– Entpolitisie-
rung

und in gleichem Stil dann ihren Mund, ihre Ohren, ihre Stirn, ihre Augen – und bringt es dabei fertig, mit keinem Wort auf die politischen Überzeugungen einzugehen, derentwegen Rosa Luxemburg ermordet wurde. Am Schluß heißt es:

> Den geschundenen Leib
> Abnehmend vom Kreuz,
> In weicheste Linnen ihn hüllend
> Triumph dir durch die Welten blase ich:
> Dir, Einzige!! Dir, Heilige!! O Weib!!!

– Christus-
Parallele

Die Huldigung gilt nicht dem politischen Menschen, sondern einer religiösen Figur, die Christus-Parallele ist deutlich.
Auch Yvan Goll reagiert auf den Tod Rosa Luxemburgs im Stil sentimental-pathetischer Überhöhung:

> Heilige Rosen blühen im Landwehrkanal
> Letzte Rose von Deutschland!
> (Ode an Berlin)

In einem anderen Gedicht Yvan Golls wird Karl Liebknecht als „Christ-Präsident am Kruzifix der Siegessäulen" bezeichnet, und zu Rosa Luxemburg heißt es dann:

– „Die heilige
Madonna der
Idee"

> Die heilige Madonna der Idee,
> Die Menschenschwester weilt in deinem Weh.
> Ave, Rosa.
> (Litanei zu Liebknechts Tod)

– Stilisierung
ins Religiöse

Auffallend auch hier, wie die ermordeten Sozialisten ins Christlich-Wunderbare stilisiert werden. Der messianische Expressionismus stellt das Sterben Rosa Luxemburgs und Karl Liebknechts als menschheitserlösendes Opfer dar, indem er die Ermordeten zu Heiligen und Märtyrern verklärt. Es geht weniger um politische Parteinahme oder revolutionäre Zuversicht als um ein irgendwie religiös gefärbtes Gefühlserlebnis. Seelische Ergriffenheit, nicht politische Überzeugung äußert sich in den Nachrufgedichten, und so künden die Dichter von Wundern und Zeichen am Leichnam. Die Schlußstrophe von Rudolf Leonhards Gedicht „Der tote Liebknecht" lautet:

Und mit einem Schimmer   *Wunderbar*
auf hellen   *lächelnde Leiche*
starren Zähnen
beginnt seine Leiche
zu lächeln.

Die pathetischen „O-Mensch"-Gedichte sind mit Sicherheit   *Das*
jener Teil der expressionistischen Lyrik, zu dem ein heutiger   *„O-Mensch"-*
Leser keinen direkten Zugang mehr finden kann. Um ihnen   *Pathos im histo-*
historisch gerecht werden zu könen, muß man allerdings die   *rischen Kontext*
schwärmerische Botschaft der Menschlichkeitsliebe und Welt-
verbrüderung im Kontext nationalistischer Kriegs- und Völker-
haßparolen („Jeder Schuß ein Russ', jeder Stoß ein Franzos'"
usw.) sehen. Und auch die z. T. peinlichen Huldigungen an die
ermordeten Rosa Luxemburg und Karl Liebknecht werden in
ihrer Intention verständlicher, wenn man sich erinnert, daß im
Deutschland des Jahres 1919 breite Kreise ihre Genugtuung über
den Mord an der „kommunistischen Hure" und „Judensau"
öffentlich äußerten und die Mörder mit skandalös niedriger
Strafe, begünstigter Flucht und frühzeitiger Amnestie belohnt
wurden.

Revolution als „Aufbruch der Jugend"

Von Aufbruch, Aufruhr, Revolution ist in der expressionisti-   *Keine politische*
schen Lyrik häufiger die Rede, doch politische Gedichte im   *Lyrik*
engeren Wortsinn gibt es kaum. Weder die russische Oktoberrevolution von 1917 noch die revolutionären Ereignisse der Jahre
1918 und 1919 in Deutschland wurden zu bestimmenden Themen der zeitgenössischen Lyrik. Dies ist besonders erstaunlich
bei Autoren, die wie z. B. Johannes R. Becher oder Rudolf
Leonhard sich aktiv in die politischen Geschehnisse einmisch-
ten, in ihren Gedichten aber vage-idealistisch und gefühlsmäßig
abstrakt blieben.
In Franz Werfels „Revolutions-Aufruf" (1915) geht es weder   *„Revolution"*
um politische noch soziale Umwälzungen. Die „Sintflut der   *ohne konkreten*
Seele" wird beschworen, „Ach nur das Weinen reißt uns zum   *Inhalt*
Reinen hin", und der Schlußvers lautet: „Renne renne renne
gegen die alte, die elende Zeit!!" Was das Gedicht an konkreten
Themen und Zielen schuldig bleibt, sucht es durch insistierende
Wortwiederholungen und Häufung der Ausrufezeichen wettzu-
machen.

Vage Appelle an den Menschen als solchen

Das ist nun keine Besonderheit dieses Autors oder gar nur dieses Gedichts, so schreibt auch Johannes R. Becher; man lese die Verse, in die der lange Hymnus „Mensch stehe auf" mündet:

> Noch noch ist's Zeit!
> Zur Sammlung! Zum Aufbruch! Zum Marsch!
> Zum Schritt zum Flug zum Sprung aus kanaanitischer Nacht!!!
> Noch ist's Zeit –
> Mensch Mensch Mensch stehe auf stehe auf!!!

Das Gedicht stammt aus dem Jahr 1919, sein Autor ist seit einem Jahr Mitglied der KPD! Adressat ist aber „der Mensch" als solcher, nicht der proletarische Kämpfer, von marxistischen Grundüberzeugungen (z. B. Klassenkampf) fehlt jede Spur.

Die Guten und die Bösen

Im Jahre 1920 veröffentlicht Becher das Gedicht „Ewig im Aufruhr" (als Titelgedicht des gleichnamigen Bandes), und in einzelnen Wendungen scheinen die politischen Sympathien des Autors etwas konkreteren Ausdruck zu finden: „Nicht mehr den Reichen nur/ Schenkt sich die Welt", „Fahnen hissen sich/ Heilig in Rot". Ist der relativ passive Gestus der Reflexivverben schon merkwürdig, so ist die religiös geprägte Wortwahl noch eigenartiger: „Selig ihr Armen", „Die Gerechten/ Ruhen in Gott". Nicht nur unpolitisch, geradezu archaisch-zeitlos mutet der Dualismus von Guten und Bösen an: „Wälder umzwitschern/ Den Mittag der Guten", „Nur der Böse/ Vergräbt sich in Erde", und ein Satz wie „Denn der Unschuldige/ Lebt ohne Besitz" appelliert ungewollt wohl eher an christliche Überzeugungen denn an revolutionäre Kampfbereitschaft. Wer will überdies schon „ewig im Aufruhr" sein? Die Formel weckt den Verdacht, sie sei in erster Linie als poetische Selbststilisierung oder Selbstverpflichtung gemeint.

Noch immer: die Ideale der Französischen Revolution

In Rudolf Leonhards Gedicht „Prolog zu jeder kommenden Revolution" wird die Folge der Verse von unterschiedlicher Länge an vier Stellen unterbrochen, um einem einzigen Wort, einem mit Ausrufezeichen hervorgehobenen Begriff, die Zeile zu überlassen. Es sind die Worte „Freiheit", „Gleichheit", „Brüderlichkeit" (also die Wertetrias der Französischen Revolution), denen sich am Schluß „Gerechtigkeit" hinzugesellt. Es ist offensichtlich, daß sich Rudolf Leonhard, immerhin aktiver Gefolgsmann Karl Liebknechts, nicht auf einen marxistischen Revolutionsbegriff bezieht, wenn er die Idealkategorien der bürgerlichen Revolution unbesehen zum Programm „jeder kommenden" Umwälzung erklärt, ohne z. B. zu erwägen, inwieweit „Freiheit" und „Gleichheit" nicht Postulate sind, die einander ausschließen.

Derlei abstrakte Begriffe lassen sich leicht ergänzen und vermehren *Abstrakte*
(z. B. um Liebe, Menschlichkeit, Erweckung, Herz, Seele etc.) – und *Begrifflichkeit*
genau dies tut der sogenannte messianische Expressionismus (vgl.
S. 148 ff.) –, wobei dann allerdings „Revolution" immer mehr an po-
litischem Gehalt einbüßt und zum Synonym eines ahistorischen Ge-
fühlserlebnisses wird. Nicht um Veränderung der *Gesellschaft* geht
es, sondern um die pathetische Beschwörung einer sich irgendwie *Entpolitisierung*
von selbst konstituierenden *Gemeinschaft* brüderlicher Menschen. *von „Revolution"*
Aufbruch und Erneuerung werden zu generationsspezifischen
Idealvorstellungen wie z. B. in dem folgenden Gedicht von
Wilhelm Lotz:

Aufbruch der Jugend (1913)

Die flammenden Gärten des Sommers, Winde, tief und voll
                           Samen,
Wolken, dunkel gebogen, und Häuser, zerschnitten vom Licht.
Müdigkeiten, die aus verwüsteten Nächten über uns kamen,
Köstlich gepflegte, verwelkten wie Blumen, die man sich
                           bricht.

5   Also zu neuen Tagen erstarkt wir spannen die Arme,
Unbegreifliches Lachens erschüttert, wie Kraft, die sich staut,
Wie Truppenkolonnen, unruhig nach Ruf der Alarme,
Wenn hoch und erwartet der Tag überm Osten blaut.

Grell wehen die Fahnen, wir haben uns heftig entschlossen,
10 Ein Stoß ging durch uns, Not schrie, wir rollen geschwellt,
Wie Sturmflut haben wir uns in die Straßen der Städte
                         ergossen
Und spülen vorüber die Trümmer zerborstener Welt.

Wir fegen die Macht und stürzen die Throne der Alten,
Vermoderte Kronen bieten wir lachend zu Kauf,
15 Wir haben die Türen zu wimmernden Kasematten zerspalten
Und stoßen die Tore verruchter Gefängnisse auf.

Nun kommen die Scharen Verbannter, sie strammen die
                         Rücken,
Wir pflanzen Waffen in ihre Hand, die sich fürchterlich
                         krampft,
Von roten Tribünen lodert erzürntes Entzücken,
20 Und türmt Barrikaden, von glühenden Rufen umdampft.

Beglänzt von Morgen, wir sind die verheißnen Erhellten,
Von jungen Messiaskronen das Haupthaar umzackt,
Aus unsern Stirnen springen leuchtende, neue Welten,
Erfüllung und Künftiges, Tage, sturmüberflaggt!

Ein für die „Menschheits-dämmerung" repräsentatives Gedicht

Untergang und Neubeginn sind das Thema des Gedichts oder – um aus Kurt Pinthus' Vorwort zur „Menschheitsdämmerung" zu zitieren (S. 25) –: „der Mensch (wendet sich) aus der Dämmerung der ihm aufgedrängten, ihn umschlingenden, verschlingenden Vergangenheit und Gegenwart in die erlösende Dämmerung einer Zukunft, die er sich selbst schafft."

Aufbau und Perspektive von „Aufbruch der Jugend" sind klar erkennbar:

Aufbau der sechs Strophen

Die erste Strophe nimmt die Metapher „Ruhe vor dem Sturm" ganz wörtlich, indem sie eine Spätsommerlandschaft unter dem aufziehenden Gewitter zeigt (V. 1–4), die zweite faßt die Aufbruchstimmung der jungen Generation als einen Kraft- und Energiestau, der sich entladen will (V. 5–8), die Strophen 3–5 entfalten die losbrechende Aktion im Bild einer „Sturmflut", die durch die Städte braust und alles Alte bzw. Veraltete gewaltsam hinwegreißt (V. 9–20), und die letzte Strophe dient der Apotheose einer Jugend, der die Zukunft gehört (V. 21–24).

Wir-Perspektive

Gesprochen ist das aus der Rolle eines gleichgestimmten Kollektivs, dem es an Selbstwertgefühl und Sendungsbewußtsein nun wahrlich nicht mangelt. Diese Jugend erhebt den Anspruch, all das erfüllen zu können, was die Generationen vor ihr nur erhofft hatten, es geht um nichts Geringeres als um die Erlösung der Menschheit: „wir sind die verheißnen Erhellten,/ Von jungen Messiaskronen das Haupthaar umzackt".

Dynamik der Verben

Die Dynamik des Geschehens in den Strophen 3–5 kommt vor allem in der Wahl der Verben zum Ausdruck: rollen, ergießen, vorüberspülen, fegen, stürzen, zerspalten, aufstoßen, strammen (ein Neologismus), lodern, türmen, umdampfen. Das Bemühen um einen intensiven, mitreißenden Ausdruck zeigt sich auch

„Sprechende" Adjektive

darin, daß den meisten Substantiven ein besonders ‚sprechendes' Adjektiv vorangestellt wird: flammende Gärten, verwüstete Nächte, zerborstene Welt, vermoderte Kronen, wimmernde Kasematten, verruchte Gefängnisse, rote Tribünen, erzürntes Entzücken, glühende Rufe, leuchtende Welten. Auch die Adverbien und Partizipien haben emotionalen Ausdruckswert, so daß

Rhetorik und Theatralik

das Gedicht insgesamt sehr rhetorisch, sehr pathetisch wirkt. Ja, mehr noch: Es ist theatralisch, die Massenszenen erinnern an große Oper, die Leidenschaft wird gleichsam an der Rampe präsentiert!

Begeisterung und Eigenlob

Das Gedicht ist nicht nur von Begeisterung, auch von Selbstlob derart erfüllt, daß es allenfalls indirekt noch als Appell an die Generationsgenossen gelten mag, sich dieser Gemeinschaft von Menschheitserlösern anzuschließen. Das führt noch einmal zu der Frage, wer mit „wir" eigentlich gemeint ist. Der vorletzte Vers gibt einen Hinweis: „Aus unsern *Stirnen* springen leuchtende, neue Welten." Hinter wessen Stirnen lagern aber jene Gedanken und Phantasien, aus denen „neue Welten" entspringen, „Erfüllung und Künftiges, Tage, sturmüberflaggt" antizipiert werden? Das wären doch wohl die Dichter, und der „Aufbruch der Jugend" bezöge sich vorab auf den Entschluß der jungen Poetengeneration, mit der Tradition zu brechen, wie sie z. B. in der ersten Strophe metaphorisch veranschaulicht ist in den „verwüsteten Nächten" und den „köstlich gepflegten Müdigkeiten". Das heißt: Absage an alle Fin-de-siècle-Gestimmtheit, Lösung von allem Nur-Ästhetischen, Hinwendung zu einem moralischen Aktivismus, der kämpferisch ins Leben eingreift. Die skizzierte Lesart fände jedenfalls eine deutliche Parallele in Ernst Stadlers vor 1913 entstandenem Gedicht „Der Aufbruch". Das lyrische Ich schildert, wie der eigene Sturm und Drang unter dem Einfluß von Impressionismus und Neuromantik zum Erliegen kam:

„Aufbruch der Jugend" – eine Poetenrevolte?

Ernst Stadler

> Dann, plötzlich, stand Leben stille.
>   Wege führten zwischen alten Bäumen.
> Gemächer lockten.
>   Er war süß, zu weilen und sich versäumen,
> Von Wirklichkeit den Leib
>   so wie von staubiger Rüstung zu entketten,
> Wollüstig sich in Daunen
>   weicher Traumstunden einzubetten.

Gegen die Erschlaffung des Lebens und der Kunst

So erschien den jungen Expressionisten die alte Welt (bzw. die alte Kunst), von der sie sich befreien wollten: nicht ohne Reiz, verlockend gar, aber selbstgenügsam, kraftlos, unbefriedigend. Dann aber kommt die Erweckung, der Aufbruch:

> Aber eines Morgens
>   rollte durch Nebelluft das Echo von Signalen,
> Hart, scharf, wie Schwerthieb pfeifend. Es war
>   wie wenn im Dunkel plötzlich Lichter aufstrahlen.

Wie an anderer Stelle erwähnt (vgl. S. 103), irritiert Stadlers Gedicht durch die Bildlichkeit *kriegerischen* Kampfes, wogegen Ernst Wilhelm Lotz' Revolutionsmetaphorik die Aufbruchsstimmung passender (bzw. weniger mißverständlich) zum Ausdruck bringt, doch ist die Intention beider Autoren die gleiche. „Revolution" in der expressionistischen Lyrik – das meint „revolutionäre Gesinnung", künstlerisches Selbstverständnis und poetische Absichtserklärung, nicht jedoch politische Kampfgedichte für die Räterepublik oder für eine erhoffte sozialistische Revolution.

Revolutionäre Gesinnung – nicht politische Parteinahme

Programm- und Bekenntnisgedichte

Im Mai und im Juni des Jahres 1912 erschien Ludwig Rubiners zweiteiliger Essay „Der Dichter greift in die Politik". Der programmatische Titel mußte den Beifall Franz Pfemferts finden, der den Text in der „Aktion" abdruckte. Absichtserklärung oder Wunschtraum – das bleibe dahingestellt; sicher ist, daß dieser Text nur geringe Verbindlichkeit für „den" Expressionismus besitzt und nicht einmal im engeren Sinne für die Autoren der „Aktion" repräsentativ ist.

Die gleiche Einschränkung gilt für die poetischen Programmtexte der Zeit. Das heißt: Es gibt zwar verschiedene Gedichte mit richtungweisendem oder zielsetzendem Tenor, ihre programmatische Bedeutung beschränkt sich jedoch auf die Intentionen des jeweiligen Autors oder betrifft allenfalls eine bestimmte Richtung innerhalb des Expressionismus. Solche Gedichte dürfen nicht isoliert betrachtet und dann verallgemeinert werden, sondern sie geben erst in ihrer Summierung ein – widersprüchliches – Bild der Epoche.

„Der Dichter meidet strahlende Akkorde"

Häufig zitiert wird Johannes R. Bechers Gedicht „Der Dichter meidet strahlende Akkorde" (in der „Menschheitsdämmerung" unter dem Titel „Vorbereitung" abgedruckt), dessen Eingangsverse lauten:

> Der Dichter meidet strahlende Akkorde.
> Er stößt durch Tuben, peitscht die Trommel, schrill.
> Er reißt das Volk auf mit gehackten Sätzen.

Die Selbstverpflichtung bzw. die Forderung dessen, was der Dichter tun solle, wird rhetorisch als Tatsachenbeschreibung vermeldet. Es gelte, die „Akkorde" zu vermeiden, wobei der musikalische Begriff für Einigkeit und Harmonie schlechthin steht, um „das Volk" geradezu gewaltsam aufzureißen, d. h. zu einer Entscheidung zu zwingen, mitzureißen, zur Revolte zu führen.

Der Dichter als Prophet und Führer

Die Verse sind in zweifachem Sinne programmatisch: zum einen postulieren sie eine politisch-revolutionäre Führerrolle des Dichters, zum anderen ziehen sie eine aus diesem Anspruch abgeleitete Konsequenz: Das Gedicht kann und soll nicht länger nach dem Maßstab seiner ästhetischen Vollendung, sondern nach dem seiner operativen Nützlichkeit gewürdigt werden. „O Trinität des Werks: Erlebnis, Formulierung, Tat." Das Gedicht ist erst dann gelungen, „Tat" geworden, wenn es zu Taten inspiriert:

Der neue, der Heilige Staat
Sei gepredigt, dem Blut der Völker, Blut von ihrem Blut,
                                        eingeimpft.
Restlos sei er gestaltet.
Paradies setzt ein.
– Laßt uns die Schlagwetter-Atmosphäre verbreiten! –
Lernt! Vorbereitet! Übt euch!

„Der Dichter" weiß den Weg, und „das Volk" soll ihm folgen –   *Das Vorbild*
das ist eine nahezu alttestamentarische Vision! Der Dichter als   *Moses*
Prophet, Prediger, Führer ins „Paradies" bzw. in den „Heiligen
Staat", er erinnert mehr an Moses als an irgendeine denkbare
politische Vorbildfigur des 20. Jahrhunderts! Die geradezu groteske Überschätzung des Dichters ist ebenso offenkundig, wie
das verheißene Ziel („Menschheit! Freiheit! Liebe!") vage bleibt.

Gleichermaßen utopisch ist Walter Hasenclevers Gedicht „Der
politische Dichter", aus dem hier eine der insgesamt 30 Strophen
zitiert sei:

Er wird ihr Führer sein. Er wird verkünden.   *Die „Flamme"*
Die Flamme seines Wortes wird Musik.   *des Dichterworts*
Er wird den großen Bund der Staaten gründen.
Das Recht des Menschentums. Die Republik.

Auch hier wird dem Dichter die Rolle des „Führers" zugewiesen,   *Idealismus*
und wie bei Johannes R. Becher wird das politische Ziel im Stil
religiöser Verheißung und Erweckung verkündet. Dabei besteht
die Gefahr, daß auch aus ganz konkreten Begriffen (wie z. B.
„Republik") die inhaltliche Bedeutung schwindet bzw. hinter
dem diffusen Eindruck einer alle und alles ergreifenden Bewegtheit zurücktritt. Das idealistische Programm solcher Verse wirkt
wie eine Variation auf Schillers Ode „An die Freude"; wenn die
Flamme des Dichterworts zu Musik werden soll, mag man sich
durchaus an den Schlußchor aus Beethovens 9. Sinfonie erinnert
fühlen: „Alle Menschen werden Brüder."

Franz Werfels programmatisches Gedicht „An den Leser" wird
ebenfalls durch den Verbrüderungsgestus geprägt. Der Eingangsvers lautet: „Mein einziger Wunsch ist, dir, o Mensch
verwandt zu sein!"
Die weiteren Verse zählen mehrere Menschen- und Berufstypen   *Verbrüderung*
auf, um die Behauptung belegen zu können, daß das lyrische Ich   *mit dem Leser*
„alle Schicksale durchgemacht" habe, da es sich proteushaft in   *(Werfel)*
die verschiedensten Gestalten verwandelte. Die menschliche
Gemeinsamkeit wird in Gefühl, Rührung und – ein für Werfel

typisches Motiv! – Weinen empfunden („und löse dich mit mir in
Tränen auf!"), und am Schluß heißt es:

> So gehöre ich dir und Allen!
> Wolle mir, bitte, nicht widerstehn!
> O, könnte es einmal geschehn,
> Daß wir uns, Bruder, in die Arme fallen!

Aus diesen Versen spricht die Sehnsucht nach einem utopischen
Zustand, in dem die Menschen von allen gesellschaftlichen
Zwängen erlöst wären, zu sich selbst kämen und in brüderlicher
Harmonie miteinander lebten.

Suggestiv-pathe-   Anders als in den zitierten Gedichten von Becher und Hasencle-
tischer Appell   ver ist „der Dichter" hier nicht die große stilisierte Führerfigur,
sondern meint die empirische Person Werfel selbst, und dement-
sprechend bescheidener und vorsichtiger wird der gefühlvolle
Aufschwung der Humanitätsutopie formuliert. Gleichwohl mündet auch dieses Gedicht in eine Vision, in einen suggestiv-
pathetischen Appell, die Ausrufezeichen häufen sich am Schluß.
Die angesprochenen Leser sollen den Gefühlsüberschwang des
Dichters teilen und als eigenen Wunsch nach Verbrüderung
empfinden, und dieses erhoffte Ergebnis ist zugleich das poetische Programm: Aufgabe des Gedichts ist es, solidarische
Gefühle zu wecken und zu ermutigen.

Ernst Stadler: Ein Gedicht muß noch erwähnt werden, mit dem es eine beson-
„Form ist   dere Bewandtnis hat. Ernst Stadlers „Form ist Wollust" fehlt in
Wollust"   kaum einer Anthologie, kommentierten Textsammlung oder
literaturgeschichtlichen Darstellung, wobei diesem persönlichen
Bekenntnisgedicht stets programmatische Bedeutung für die
expressionistische Lyrik insgesamt zugemessen wird. Dabei wird
in dieses Gedicht oft eine plakative Eindeutigkeit hineinproji-
ziert, die es bei näherem Hinsehen keineswegs aufweist:

> *Form ist Wollust*
>
> Form und Riegel mußten erst zerspringen,
> Welt durch aufgeschlossne Röhren dringen:
> Form ist Wollust, Friede, himmlisches Genügen,
> Doch mich reißt es, Ackerschollen umzupflügen.
> Form will mich verschnüren und verengen,
> Doch ich will mein Sein in alle Weiten drängen –
> Form ist klare Härte ohn' Erbarmen,
> Doch mich treibt es zu den Dumpfen, zu den Armen,
> Und in grenzenlosem Michverschenken
> Will mich Leben mit Erfüllung tränken.

Einer oberflächlichen Lektüre mag es so vorkommen, als sei „Form" in diesen Versen das schlechthin Negative, ein Synonym für Tradition und erstarrte Konvention, etwas, das verschnürt und verengt und vor dem „Leben" verschließt. Und als positiv erschiene demgegenüber die vitalistische Entgrenzung des Ich, die dynamische und „Riegel" zersprengende Aufbruchsbewegung, eine Erlösung des Selbst, die in ihrer Hinwendung „zu den Dumpfen, zu den Armen" zugleich eine brüderlich-soziale Tendenz behauptet.

– „Form" versus „Leben"

Die skizzierte oberflächliche Lesart ist nicht zuletzt deshalb so verführerisch, weil sie literarhistorisch so gut „paßt". Die Definition von „Form" als „klare Härte ohn' Erbarmen" läßt sich nämlich leicht auf die elitär-exklusive Lyrik der Jahrhundertwende, z. B. auf die L'art-pour-l'art-Ideologie eines Stefan George, beziehen, und die ekstatische Hingabe an das „Leben" muß in dieser Perspektive dann als Neuansatz und Gegenbewegung erscheinen: Expressionismus als Absage an die selbstgenügsame und lebensabgewandte Artistik des Fin de siècle. Stadlers Gedicht wäre folglich in dem Maße programmatisch, wie es der ästhetischen Formbesessenheit des Symbolismus das Postulat eines überströmenden, allumspannenden Lebensgefühls entgegensetzte.

– Absage an l'art pour l'art

Bei genauerer Analyse treten nun aber einige Widersprüche hervor. Zum einen fällt auf, daß die inhaltliche Aussage in sonderbarem Kontrast zur traditionellen Form des Gedichts steht. Vers und Reimschema sind alles andere als revolutionär, und außerdem begegnet gerade in diesem Gedicht nicht die in den meisten anderen Texten der Gedichtsammlung „Der Aufbruch" so charakeristische Langzeile. Zum anderen überrascht die rhetorisch strenge Strukturierung des Versbeginns: viermal der anaphorische Einsatz mit „Form", dreimal an die gleichfalls anaphorisch formulierte Gegenbewegung „Doch mich reißt es", „Doch ich will", „Doch mich treibt es" gekoppelt. Überdies ist „Wollust" bei Stadler ein keineswegs negativ besetzter Begriff: Man erinnere sich an die Funktion dieses Wortes am Schluß des „Rheinbrücken"-Gedichts (vgl. S. 194), wo es von der sexuellen zur religiösen Verheißung überleitet, indem es zwischen „Zeugungsfest" und „Gebet" vermittelt. Und schließlich, wenn man den Wortlaut des Gedichts ernst nimmt und der These folgt, daß das „Leben" das sich grenzenlos verschenkende Ich „mit Erfüllung tränken" wolle – wäre diese „Erfüllung" dann nicht identisch mit „Frieden" und „himmlischem Genügen" und also, der Definition des dritten Verses entsprechend, mit „Form", d. h. neuer Begrenzung, die dann wiederum zu durchbrechen und zu verlassen wäre?

– Widersprüche zwischen Intention und Gehalt

– Kein eindeu-
tiges Plädoyer
gegen „Form"!

Die Analyse erweist, daß in Stadlers Gedicht gerade nicht verkündet wird, daß das eine (die „Form") durch das andere (die Entgrenzung, Auflösung, Befreiung) abzulösen oder zu ersetzen sei, sondern daß der Gegensatz von Ziel und Bewegung, Form und Formlosigkeit, Gewordenem und Werdendem eine Spannung darstellt, die den Dichter zu zerreißen droht, von ihm aber ausgehalten werden muß.

Immer wieder:
„messianische"
Botschaft als
Programm

Wer die verschiedenen Programmgedichte des Expressionismus überblickt, stößt auf eine große thematische Gemeinsamkeit. Fast in allen geht es um den Wunsch nach Auflösung der eigenen Individualität sowie um Erweckung, Beglückung, den utopischen Traum einer Menschheitsverbrüderung. Kurzum: Was da verkündet wird, ist das Programm des „messianischen" Expressionismus (vgl. S. 148 ff.). Oder anders gesagt: Es ist der „messianische" Expressionismus allein, der sich in programmatischer Weise artikuliert und immer wieder artikulieren will. Jene Lyriker aber, die keine „messianische" Botschaft zu verkünden haben (und sie sind die Mehrheit!), haben auch keine programmatischen Gedichte geschrieben.

„Die Straßen komme ich entlang geweht" – Lebensgefühl und Zeitstimmung

Als sich der expressionistische Maler Ludwig Meidner im Jahre 1958 an den Dichter Jakob van Hoddis erinnert, schreibt er u. a. folgendes:

Fußmärsche
durch das nächt-
liche Berlin

Gern erinnere ich mich an die stundenlangen Fußmärsche durch das nächtliche Berlin, die wir häufig unternahmen. Diese Weltstadt Berlin war damals das große Erlebnis, und nicht nur für mich, den geborenen Kleinstädter, sondern auch für van Hoddis, der Berliner war. Wir verließen nach Mitternacht das „Café des Westens" und marschierten stramm, ziemlich rasch, geradeaus durch die Straßen, immer der Nase nach.
(Hoddis, 443)

Der in diesen Sätzen beschriebene Lebensrhythmus war, wie durch viele andere Zeitdokumente belegt werden kann, für die Künstler und Literaten der Vorkriegszeit durchaus typisch: erst der stundenlange Aufenthalt im literarischen Café, dann die stundenlangen Streifzüge durch die nächtliche Großstadt. So verwundert es nicht, daß das Motiv des Heimwegs durch die Straßen Berlins bei vielen Frühexpressionisten immer wieder vorkommt. In van Hoddis' Gedicht „Aurora" heißt es z. B.:

> Nach Hause stiefeln wir verstört und alt,
> Die grelle, gelbe Nacht hat abgeblüht.
> Wir sehn, wie über den Laternen, kalt
> Und dunkelblau, der Himmel droht und glüht.

Nachts auf den Straßen

Vor allem Ernst Blass hat diesem Motiv vielfältige Variationen abgewonnen. Einmal werden die Einsamkeits- und Verlassenheitsgefühle des Subjekts betont:

Ernst Blass

> Die nächtgen Straßen, feucht und nebelhaft,
> Ermüden ihn, so daß er schließlich weint.
> Er sieht sich um, am Ende seiner Kraft:
> Häuser bestehen, wachend und versteint.
> (Der Unglückliche)

– Einsamkeit

Ein andermal werden die Entfremdungssymptome angesprochen, wenn das Ich sich nurmehr als Teil einer Menge erfährt:

> Glashaft und stier werde ich fortgetragen
> Von Schritten, die im Takt nach vorne fliehn.
> Und immer wieder steinern dampft Berlin,
> Wo Wagen klingelnd durch den Abend jagen.
> (Ende...)

– Entfremdung

Dann wiederum wird ein leicht sentimentales Stimmungsbild skizziert:

> Stumm wurden längst die Polizeifanfaren,
> Die hier am Tage den Verkehr geregelt.
> In süßen Nebel liegen hingeflegelt
> Die Lichter, die am Tag geschäftlich waren.
> (Abendstimmung)

– Sentimentales Stimmungsbild

Oder die Verse gewinnen einen ganz eigenen Ton von heitermelancholischem Charme, bei dem das Kitschige durch einen zart-ironischen Tupfer relativiert wird:

> Die Straße tut mir wohl; die ist schön breit.
> Wie ist das lieb von diesem rosa Licht!
> Das macht so singend müde mein Gesicht.
> Bald sind die Straßenkanten weich verschneit.
> (Gen Haus)

– Kitsch, durch Ironie gemildert

Die zitierten Strophen entstammen allesamt dem Gedichtband
„Die Straßen komme ich entlang geweht" (1912). Der Titel zitiert
jene Verszeile, die den Autor über Nacht berühmt gemacht hat,
weil sie Lebensgefühl und Zeitstimmung einer ganzen Generation zum Ausdruck brachte:

– „Die Straßen
komme ich ent-
lang geweht"

An Gladys

O du, mein holder Abendstern...
Richard Wagner

So seltsam bin ich, der die Nacht durchgeht,
Den schwarzen Hut auf meinem Dichterhaupt.
Die Straßen komme ich entlang geweht.
Mit weichem Glücke bin ich ganz belaubt.

Es ist halb eins, das ist ja noch nicht spät...
Laternen schlummern süß und schneebestaubt.
Ach, wenn jetzt nur kein Weib an mich gerät
Mit Worten, schnöde, roh und unerlaubt!

Die Straßen komme ich entlang geweht,
Die Lichter scheinen sanft aus mir zu saugen,
Was mich vorhin noch von den Menschen trennte;

So seltsam bin ich, der die Nacht durchgeht...
Freundin, wenn ich jetzt dir begegnen könnte,
Ich bin so sanft, mit meinen blauen Augen!

Einer Notiz des Herausgebers zufolge handelt es sich bei jener
Gladys, der der 22jährige Ernst Blass sein Gedicht gewidmet hat,
um eine zehn Jahre ältere Frau, „eine Art Muse der jungen
Expressionisten im ‚Café des Westens'", der der Autor in
unglücklicher Liebe zugetan war (Blass, 167). Und in den „Vor-
Worten" seiner Gedichtsammlung erinnert sich Ernst Blass an
den Entstehungsmoment der Verse: „am 31. Januar 1912; vorher
war man mit Herrn W. F. und Herrn. H. zusammen im Englischen Café; dann die nachtumwandelte Tauentzienstraße"
(Blass, 8).

Berliner
Erlebnislyrik

Es handelt sich demnach um Erlebnislyrik im klassischen Sinn,
die sich von ihren Vorbildern im Grunde nur darin unterscheidet, daß die stimmungsauslösenden Momente nicht in der Natur
und durch die Natur erfahren, sondern durch die Straßen,
Laternen, Lichter der nächtlichen Großstadt hervorgerufen werden. Gerade die beiläufige Selbstverständlichkeit indes, mit der
Ernst Blass Stadtlandschaft und Seelenzustand verschmilzt, war
das, was die Zeitgenossen um 1912 faszinierte.

Dieser Autor hat einen ganz eigenen, unverwechselbaren Ton, in dem sehr Heterogenes harmonisch zusammenklingt. Das Motto (in dem Ernst Blass eine berühmte Arie aus dem „Tannhäuser" zitiert) stimmt ganz auf zarte, anrührende Poesie ein, und diese Stillage wird durch eine verhalten-gefühlvolle Wortwahl (seltsam, weich, süß, sanft) grundiert, wie denn einzelne Verse auch eine bewußt „dichterische" Bildlichkeit anstreben: „Mit weichem Glücke bin ich ganz belaubt", „Laternen schlummern süß und schneebestaubt". In diesen hohen Stil fügt sich nun aber nahezu übergangslos und wie nebenbei gesprochen der Duktus der Umgangssprache ein: „Es ist halb eins, das ist ja noch nicht spät", „Ach, wenn jetzt nur kein Weib an mich gerät". Somit verbindet sich das poetisch-besondere Bild mit alltäglich-banaler Reflexion. Die Aussagen über das eigene Äußere („Dichterhaupt", die „blauen Augen") haben übrigens einen unauffälligen Beiklang von Selbstironie, und die gleiche Intention liegt vielleicht der leichten Bedeutungsverschiebung zugrunde, durch die aus dem gewöhnlichen „So seltsam ist mir" die Behauptung „So seltsam bin ich" wird.

Der eigene Ton des Ernst Blass

Zwei Verse der ersten Strophe werden an markanter Stelle, zu Beginn des erste und zweiten Terzetts, wiederholt und bleiben durch den Reim miteinander verklammert. Natürlich liegt auf ihnen der Hauptakzent des ganzen Gedichts. Der eine dieser beiden Verse aber ist ein Glückstreffer. In ihm konzentriert sich die Ich-Aussage zu einer Art Erkennungsformel, die sich aus dem Kontext der Verse löst und eigenständigen Wert gewinnt. „Die Straßen komme ich entlang" (oder: „entlanggegangen", „entlanggelaufen") – das wäre banal und wenig einprägsam. Erst das Partizip „geweht" verleiht dem Vers jene unstete Bewegung, in der Aktivität und Passivität ununterscheidbar ineinander übergehen, und dadurch konzentriert sich in diesem Vers auf glückliche Weise eine typische Großstadtempfindung, die zeitgenössisches Bewußtsein so anschaulich wie präzise formuliert.

Individuelles Lebensgefühl und allgemeine Zeitstimmung

Am 2. Oktober 1912 erschien in der „Aktion" ein Gedicht, das seinen Autor – ähnlich, wie das bei Ernst Blass war – schlagartig bekannt machte, und wie Ernst Blass wählte dann auch dieser Autor später einen Vers seines berühmtesten Gedichts zur Titelzeile seines ersten Gedichtbandes. Der Verleger Alfred Richard Meyer erinnert sich in seiner 1948 erschienenen „maer von der musa expressionistica" (S. 68 f.) in anekdotischer Weise:

Paul Boldt

Eines Tages, mittags, war der Ruf da, über Jahrzehnte hinaus hell geblieben (...) – vor der kleinen Gerold-Stube an der Gedächtniskirche war's, daß der Schrei auf mich lospreschte: „Junge

„Junge Pferde" – eine Erfolgsfanfare

Pferde! Junge Pferde!" – Was war geschehen? Lediglich das eine,
fast schon alltägliche: daß ein Gedicht erschien, betitelt „Junge
Pferde", von einem neuen Mann, der sich Paul Boldt nannte. Er
hatte uns einen herrlichen Morgen- und Abendgruß geschenkt,
den wir leidenschaftlich propagierten.

Das Gedicht lautet so:

Junge Pferde

Wer die blühenden Wiesen kennt
Und die hingetragene Herde,
Die, das Maul am Winde, rennt:
Junge Pferde! Junge Pferde!

Über Gräben, Gräserstoppel
Und entlang den Rotdornhecken
Weht der Trab der scheuen Koppel,
Füchse, Braune, Schimmel, Schecken!

Junge Sommermorgen zogen
Weiß davon, sie wieherten.
Wolke warf den Blitz, sie flogen
Voll von Angst hin, galoppierten.

Selten graue Nüstern wittern,
Und dann nähern sie und nicken,
Ihre Augensterne zittern
In den engen Menschenblicken.

Jugendlich-
galoppierender
Rhythmus

Die Bewegung der aufstiebenden, dahinfliegenden Herde teilt
sich in mitreißenden Versen voll rhythmischer Bewegtheit mit.
Die Dynamik des Rennens und Springens der Pferde setzt sich
zugleich über syntaktische Begrenzungen und Hindernisse hinweg: Man sehe die vorwärtsdrängenden Verse der ersten Strophe, die zwar einen lebhaften Gesamteindruck ergeben, nicht
aber einen logisch nachvollziehbaren abgeschlossenen Satz.
Das Gedicht preist die ungestüme, ungebärdige Motorik des
Jungseins, den vitalen Elan und die jähen Gefühlsumschwünge,
die sinnliche Freude und Erregbarkeit; überschäumende Begeisterung und kreatürliche Angst markieren unterschiedliche Phasen einer emotional virbrierenden Erlebnisbereitschaft.

Das Gedicht als
Identifikations-
angebot

Weder handelt es sich bei diesen Versen um reine Naturlyrik
oder ein sogenanntes Tiergedicht, noch dürfen die „jungen
Pferde" als bloßer allegorischer Verweis verstanden werden.
Gleichwohl wird deutlich, daß sich in dem, was Paul Boldt den
„jungen Pferden" zuspricht, das Lebensgefühl eines Teils der
expressionistischen Bewegung artikuliert. Wie die zitternden

„Augensterne" am Schluß den „engen Menschenblicken" konfrontiert werden, so mögen viele Expressionisten sich selbst den wilhelminischen Bürgern gegenüber erlebt haben. Paul Boldts Gedicht war ein Identifikationsangebot: Hier konnte sich, wer wollte, zu jener jugendlich-frechen, sinnlich-kraftvollen Schönheit eines Aufbruchs bekennen, der über alles Unfreie, Domestizierte, Erstarrte, Verengte hinwegsetzen sollte.

Kritik, Selbstkritik, Groteske

In der „Menschheitsdämmerung" wie auch in anderen Anthologien expressionistischer Lyrik fehlen fast völlig die selbstironischen, übermütig spielerischen, skurril-überdrehten, grotesken Gedichte. Nun stehen sie zwar auch nicht gerade im Zentrum der Lyrik dieses Jahrzehnts (und bei vielen Autoren wie z. B. Werfel, Trakl, Becher, Stramm u. a. fehlen sie ganz), dennoch gehören sie zum Verständnis der Epoche wesentlich dazu. Einerseits weisen sie auf Dadaismus und Surrealismus voraus, andererseits belegen sie eine Verwandtschaft mit den ironischen Moritaten von Bierbaum und Wedekind sowie mit den Nonsens- und Groteskgedichten von Morgenstern und Ringelnatz. Es gehört eben auch zum Bild des Expressionismus, daß einige seiner bedeutenden Lyriker über einen spielerischen Unernst verfügten, wie er bei den Dichtern der vorangegangenen Generation (George, Rilke, Hofmannsthal, Liliencron) völlig undenkbar war.

Was in den Expressionismus-Anthologien meist fehlt

Der so „dämonische" Georg Heym etwa hat auch Gedichte mit ausgesprochenen Blödelreimen verfaßt (vgl. „Das Lettehaus oder: Die Ballade vom zerbrochenen Herzen"), und in seinem „Nachtgesang" finden sich Strophen wie diese:

Georg Heyms Blödelgedichte

> Von Lichtern scheint es hell im Freudenhause,
> Gewaltig tönt und singet der Klavier.
> Auf einem Sofa sitzt der Kavalier
> Und öffnet einem Mädchen wild die Blause.

Ironische Großstadtgedichte finden sich vor allem im Berliner Frühexpressionismus, und hier wiederum in erster Linie bei den Autoren des „Neopathetischen Cabarets": Es ist eine Lyrik, die zum Vortrag bestimmt und auf die Wirkung beim Publikum berechnet ist.

Jakob van Hoddis attackiert das bürgerliche Kultur- und Bildungsverständnis, indem er die „klassische", „goethesche" Ita-

Jakob van Hoddis

lienreise parodistisch inszeniert („Italien"), und er verspottet die symbolistisch-neuromantische Lyrik der Jahrhundertwende („Wunderlegende"). Er geht aber auch respektlos kritisch mit den Gedichten seiner Generationsgefährten um, die Pointe seines Gedichts „He!" besteht in der parodistischen Übernahme einzelner Verse von Ernst Blass.

Original (Ernst Blass)

Das Gedicht „Abendstimmung" von Ernst Blass wollte die Erlebniswelt des Großstädters fixieren, dessen abendliche Gestimmtheit nicht mehr von Naturvorgängen gesteuert wird, sondern sich im künstlichen Licht einer Bar an der artifiziellen Farbigkeit eines Cocktails entzündet:

> O komm! o komm, Geliebte! In der Bar
> Verrät der Mixer den geheimsten Tip.
> Und überirdisch, himmlisch steht dein Haar
> Zur Rötlichkeit des Cherry-Brandy-Flip.

Parodistisches Zitieren (van Hoddis)

Jakob van Hoddis zerstört die Aura dieses Erlebnisses, indem er die Blass'schen Verse einem „Oberlehrer" in den Mund legt, wodurch sie zur sentimentalen Erinnerung eines Spießers werden:

> Ha! Aus seiner stillen Klause
> Wo er korrigierend thront,
> Steigt ein blasser Oberlehrer
> Und beschaut den roten Mond.

> „Einst als gelockter Jüngling an der Bar
> Sah ich begeistert mancher Dame Schwips.
> O, überirdisch himmlisch stand ihr Haar
> Zur Rötlichkeit des Sherry Brandy Flips."

Die Desillusionierung ist komplett: Der „Oberlehrer", geben diese Verse zu verstehen, war und ist nicht Akteur, sondern voyeurhafter Zuschauer, ein einsamer Barbesucher, der die Schönheit fremder Damen beglotzt.

Jakob van Hoddis kritisiert die anmaßende Rolle eines Erlebnissubjekts, die das lyrische Ich in so vielen expressionistischen Gedichten usurpiert, indem er auf die reale Situation des stets passiven Betrachters hinweist. So auch in dem folgenden Gedicht:

Am Morgen

Er spricht: „Nicht ängstlich an Gestaden
Auf offnem Meere will ich baden –
Ha! der Vergleich ist ein gewagter!
Ich werde frei vom Frohn der Zeiten
Zum kosmisch-schöpferischen schreiten." –
(Kosmisch, sagt er.)
Er wandelt kühn um seinen Tisch, er wandelt wohl die ganze
Nacht

Beglückt in seiner Lampe Licht,
Das jetzt am Tag am Blau zerbricht.
Die ganze Nacht hat er umgebracht!
(So ein Kerl!)

Das Gedicht parodiert die „kosmische" Ichentgrenzung, die in der Lyrik des messianischen Expressionismus immer wieder hymnisch beschworen wird. Komisch ist der Gegensatz von schwärmerischem Ideenflug und tatsächlichem Leben im möblierten Zimmer, von ekstatischer Freiheitsvision und ruhelosem Wandern im karg bemessenen Raum. Dabei stellt van Hoddis heraus, daß das eine durchaus mit dem anderen zu tun hat: Der „kosmische" Lyriker dreht sich buchstäblich im Kreise, aber in Gedanken: da hebt er mächtig ab! „So ein Kerl!", der Ausruf ist möglicherweise *auch* selbstironisch gemeint, denn vitalistische Kraftgebärden sind dem Autor van Hoddis selbst ja keineswegs fremd.

Kritik an vitalistischen Kraftgebärden

Neben solchen Gedichten, in denen sich der Expressionismus mit Hilfe ironischer und parodistischer Stilmittel selbst kritisiert, gibt es vor allem auch verschiedene Spielarten des Grotesken. Die Verbindung von expressionistischem Reihungsstil und Groteske ist geradezu eine Spezialität des Berliner Frühexpressionismus: Man denke an van Hoddis' „Weltende" (vgl. S. 96) oder an „Die Dämmerung" von Lichtenstein (vgl. S. 221). Nun ist allerdings Groteske und Groteske nicht immer dasselbe!

Verschiedene Spielarten des Grotesken:

In „Weltende" und „Dämmerung" (und überhaupt in den meisten Gedichten von Lichtenstein) wird die Groteske sozusagen von der Wirklichkeit erzwungen. Das heißt: Das Gedicht wird in dem Maße grotesk, wie es die verwirrende Vielfalt der äußeren und inneren Eindrücke des Großstadtlebens in ihrer Gleichzeitigkeit nachbildet. Die heterogenen Bilder werden dann zu Signalen für die mit gereizten Nerven aufgenommene Dynamik der modernen Wirklichkeit; die groteske Darstellung ist insofern „realistische" Wiedergabe der städtischen Umwelt.

– Kritische Entlarvung der grotesken Wirklichkeit

Demgegenüber gibt es andere Gedichte – wie z. B. „Die Nacht" von Alfred Lichtenstein –, in denen das Groteske eher spielerisch-komische Züge aufweist.

Die Nacht

Verträumte Polizisten watscheln bei Laternen.
Zerbrochne Bettler meckern, wenn sie Leute ahnen.
An manchen Ecken stottern starke Straßenbahnen.
Und sanfte Autodroschken fallen zu den Sternen.

Um harte Häuser humpeln Huren hin und wieder,
Die melancholisch ihren reifen Hintern schwingen.
Viel Himmel liegt zertrümmert auf den herben Dingen...
Wehleidige Kater schreien schmerzhaft helle Lieder.

– Groteske als Resultat verzerrender Komik

Das Groteske in diesem Gedicht ist Resultat bewußter Verzerrung, die Konstruktion ist auf die Komik karikaturhafter Übertreibung angelegt. Man sieht es an den Substantiv-Adjektiv-Kopplungen, an der Wortwahl der Verben (z. B. in der ersten Strophe: „watscheln", „meckern", „stottern" und das aller Logik hohnsprechende „Zu-den-Sternen-Fallen"), vor allem auch an den zahlreichen Alliterationen (z. B. „Um *h*arte *H*äuser *h*umpeln *H*uren *h*in und wieder"). Die nächtliche Szene ballt die typischen Bestandteile eines expressionistischen Großstadtgedichts zusammen: Da ist der „zertrümmerte" Himmel, da ist der Verkehr, da sind Bettler und Huren. Diese Häufung läßt auf spöttische Distanz schließen, und daher mag sich der Schlußvers („Wehleidige Kater schreien schmerzhaft helle Lieder") durchaus auch auf die Verfasser von „typisch expressionistischen Großstadtgedichten" beziehen. Die groteske Übertreibung wäre also ein Mittel ironischer Selbstkritik.

L. Rubiner et al.: „Kriminal-Sonette"

Ludwig Rubiner ist, soweit man sich heute noch an ihn erinnert, bekannt als einer der Autoren der „Menschheitsdämmerung" sowie als Herausgeber der Anthologie „Kameraden der Menschheit" (vgl. S. 40). Der bekenntnishaft-aktivistische Charakter seiner dort abgedruckten Gedichte läßt kaum vermuten, daß Rubiner einst Mitverfasser (zusammen mit Friedrich Eisenlohr und Livingstone Hahn) der „Kriminal-Sonette" (1913) war. Daß er dies aber tatsächlich war und sein konnte, gehört zum Verständnis dieser widersprüchlichen Epoche hinzu! Eines der „Kriminal-Sonette" sei hier zitiert:

Die Texasbahn

Auf Mitteltexas dämmert letzte Helle.
FRED, der die Bahnzeit nach den Sternen schätzt,
Entfernt die Schrauben aus der Schienenschwelle.
Schon kommt erdonnernd roter Schein gehetzt.

Alfred Lichtenstein (1913). Zeichnung von Max Oppenheimer

Der Zug, der in die losen Schienen fetzt,
Springt hoch wie die getroffene Gazelle.
Fred trägt aus Leichenhaufen unverletzt
Miss Madderson. An einer nahen Quelle

Schlummert sie sorglos wie ein kleines Kind.
Blaß liegt der Mond. Der Kürbisklopfer flötet,
Bis daß der Tag durch die Agaven rinnt.

Und sie wacht auf und nestelt an den Haaren:
„Hast du auch meinen Vater gut getötet? –
Dann laß uns, bitte, nach Venedig fahren!"

Strenge Form
und trivialer
Inhalt

Der Reiz der „Kriminal-Sonette" liegt darin, daß die strenge äußere Form des Sonetts mit trivialen Erzählmustern der modernen Unterhaltungskultur wie dem Krimi (im zitierten Beispiel mit „Western"-Dekor) konfrontiert wird. Die Verwendung gerade dieser Gedichtform mag überdies in parodistischer Absicht auf die Sonett-Mode der an Baudelaire und Rimbaud orientierten Lyriker des Expressionismus zielen.

Hintergründige
Freude an der
„Unmoral"

Die „Kriminal-Sonette" gehorchen nun aber keineswegs den Gesetzen des Kriminalromans, denn dieser ist zumeist ein tief moralisches Genre, in dem am Schluß die Verbrecher gefaßt und bestraft werden und die Ordnung wiederhergestellt ist. „Fred" und „Der Freund" hingegen setzen sich gegen Polizei und Politik, Kirche und Kapital mühelos durch, ihre Attentate, Morde, Sabotageakte bleiben alle ungesühnt, die Welt ist aus den Fugen. (Möglicherweise ließen sich die Autoren von der seit 1909 in Paris erscheinenden „Fantomas"-Serie inspirieren.) Der Leser wird zur Identifikation mit den anarchischen Außenseitern verleitet, auf raffinierte Weise wird ihm das Eingeständnis abverlangt, daß er den Untergang der bürgerlichen Welt- und Werteordnung mit amüsiertem Gleichmut hinnehmen würde. Die „Kriminal-Sonette" sind ein grausig-lustiger Spaß, der nach dem Motto inszeniert ist: Alles, was besteht, ist wert, daß es zugrunde geht. Gesprochen wird durchweg in einem heiteren Katastrophen-Ton („Auf steilen Dächern rennt ein Herr im Frack" beginnt das erste der Sonette), in dem der Klang von Hoddis' „Weltende" („Dem Bürger fliegt vom spitzen Kopf der Hut") nachschwingt.

Exkurs: Parodien expressionistischer Gedichte

Parodie ist die spottende, polemisierende, verzerrende, verulkende oder sonstwie übertreibende Nachahmung eines ernstgemeinten Werkes. Dabei legt der Parodist nicht einfach die gedanklichen Schwächen oder ästhetischen Mängel eines beliebigen Werkes bloß, sondern er benötigt für seinen Zweck eine Vorlage, die seinem Publikum hinreichend bekannt ist. Insofern läßt sich an den Parodien expressionistischer Gedichte nicht nur ablesen, was da jeweils kritisiert werde soll, sondern vor allem, welche Themen, Autoren, Werke überhaupt für „parodiefähig" gehalten werden. Was immer auch die Parodie tut oder will, zunächst einmal bescheinigt sie dem Original, daß es Wirkung gehabt hat.

Parodie als Form der Kritik

Im Jahre 1932 veröffentlichte Friedrich Torberg den folgenden Text:

Friedrich Torberg

Großstadtlyrik

Fabriken stehen Schlot an Schlot,
vorm Hurenhaus das Licht ist rot.

Ein blinder Bettler starrt zur Höh,
ein kleines Kind hat Gonorrhoe.

Eitrig der Mond vom Himmel trotzt.
Ein Dichter schreibt. Ein Leser kotzt.

Die Parodie rückt einer ganzen Textklasse auf den Leib: den expressionistischen Großstadtgedichten (vgl. S. 49 ff.). Dabei muß nicht einmal besonders übertrieben werden, die Parodie übernimmt vielmehr zitierend das typische Ambiente und das typische Personal der originalen Dokumente: Fabrikschlote, Hurenhaus, Bettler – das alles ist durchaus authentisch, und allenfalls der Hinweis, daß die Geschlechtskrankheit bereits „ein kleines Kind" ereilt hat, mag als karikierende Übertreibung gelten. Auch die angestrengte Mondmetaphorik ist weniger spöttische Überzeichnung als getreue Kopie (vgl. S. 120 ff.). Aufbau und Sprache orientieren sich überdies genau am typischen Reihungsstil sowie am Lakonismus der in Parataxen gezwängten Aussagesätze. Kurzum: Das Ganze könnte, den Schlußvers einmal ausgenommen, beinahe als „Originalgedicht" durchgehen. Die parodistische Pointe erfolgt erst im letzten Satz, der von raffinierter Doppeldeutigkeit ist. Er kann – vordergründig – so gelesen werden, als sei er selbst noch Zitat (als würde also der expressio-

Parodie der expressionistischen

Dekuvrierendes Zitieren

„Ein Leser kotzt."

nistische Großstadtlyriker neben seinem blinden Bettler und einem tripperkranken Kind auch noch einen schreibenden Dichter und einen kotzenden Leser unterbringen). Er kann und soll aber auch so verstanden werden, daß hier eine andere Wirklichkeitsebene ist: „Der Leser kotzt" angesichts solcher Gedichte, das ist – nach Meinung des Parodisten – der angemessene Kommentar.

Bloßlegung von Klischees

Der kritische Gehalt von Torbergs Parodie liegt in dem Nachweis, daß die expressionistische Großstadtlyrik ihre Wirkung aus der Variation eines begrenzten Vorrats stereotyper Bilder bezieht und ihre Schockeffekte sich zu Klischees verfestigen. Solche Einsicht war allerdings bereits einigen expressionistischen Lyrikern selbst nicht völlig fremd, man lese z. B. „Die Nacht" von Alfred Lichtenstein (vgl. S. 170).

Häufiger als eine ganze Textklasse von Gedichten werden natürlich einzelne Autoren parodiert, und zwar solche, die – wie z. B. Lasker-Schüler, Werfel, Becher, Stramm – besonders markante Stileigentümlichkeiten bzw. Manierismen zeigen. Die zahlreichen Benn-Parodien sparen eigenartigerweise das expressionistische Frühwerk aus und setzen erst bei Benns Gedichten aus den zwanziger Jahren ein (Angriffspunkt: die kulturkritische Pose sowie der exzessive Fremdwortgebrauch). Warum es keine Heym-Parodien gibt, ist schwer zu erklären, hat aber vermutlich mit dem frühen und tragischen Tod des Dichters zu tun. Die

Zeitgenössische Spottverse auf Georg Heym

Spottverse, mit denen der Kritiker des „Berliner Tageblatts" den Georg-Heym-Abend vom 15. 5. 1911 im „Neuen Club" rezensiert („Das ganze war nicht für Mädchenohren."), geben zumindest einen Hinweis darauf, wo eine zeitgenössische Parodie angesetzt hätte:

> Jetzt kam der Dichter. Er hat Talent,
> Mit dem er gegen die Wände rennt
> Und allerlei wilden Unfug treibt
> Und noch viel größeren Unfug schreibt:
> Besingt Ophelias schönen Rest:
> „Im Haar ein Wasserrattennest",
> (...)

Die Kritik dieser Verse reduziert sich auf den Vorwurf mangelnden Geschmacks, der Rezensent erklärt einfach für „Unfug", was seinem konservativen Lyrikverständnis, das er auch bei seinen Lesern voraussetzt, widerspricht. Die zitierten Verse sind wie gesagt keine Parodie, vielmehr das Dokument eines vermeintlich „gesunden Menschenverstandes", der jede Abweichung vom Vertrauten und Üblichen mit höhnischer Borniertheit glaubt anprangern zu dürfen.

Wer mehrere Parodien expressionistischer Lyrik liest, macht eine überraschende Entdeckung: Gerade jene Autoren und Gedichte, die zunächst besonders dankbare Parodieobjekte zu sein scheinen, bereiten den Parodisten offensichtlich Schwierigkeiten. Das liegt vermutlich daran, daß an ihnen wenig zu entlarven ist. Die Schwächen und wunderlichen Eigenheiten müssen nicht erst freigelegt werden, sie liegen offen zu Tage. Da fehlt sozusagen der Widerstand, den parodistische Anstrengung zu durchbrechen hätte. Daher sind die Parodien selten komischer, als es ihre Vorlagen – unfreiwillig – bereits waren. Wenn es vom Erhabenen zum Lächerlichen nur ein Schritt ist, so sind die expressionistischen Autoren selbst zumeist diesen Schritt schon gegangen, und der Parodist wird zum Zitatensammler.

Schwierigkeiten der Parodisten

Else Lasker-Schülers Bemühen um weltentrückte Seelensprache beispielsweise ist durchweg eine Wanderung auf dem schmalen Grat zwischen hohem Stil und Kitsch, und manchmal entscheiden kleinste, kaum mehr berechenbare Nuancen darüber, ob das lyrische Bild nun verzaubert oder bloß manieristisch und überspannt wirkt.

Aus einer Parodie Robert Neumanns sei hier ein Auszug wiedergegeben:

Robert Neumann

> *An den Prinzen von Theben*
>
> Immer glänzt dein Mondgesicht
> in süßerlei Abendfarben.
> Oh,
> du trägst ein Schwert in der Brust
> und heißest wohl Franz von Assisi.
> (...)
> O du,
> ich möchte an deinem Daumen saugen,
> all deine Süßigkeit.

Der Versuch, E. Lasker-Schüler zu parodieren

Der Parodist imitiert den für diese Autorin so charakteristischen Gestus des Andichtens und Anschwärmens mit zahlreichen Oh-Interjektionen und bleibt im Wortgebrauch stets in der Nähe des Originals. „In süßerlei Abendfarben" ist ein wörtliches Zitat (vgl. „Hans Ehrenbaum-Degele"), „und heißest wohl Franz von Assisi" spielt auf ähnlich gesuchte Vergleiche an („Er war wohl Martin Luther" lautet ein gewollt tiefsinniger Vers im Gedicht „Georg Trakl"). Die parodistische Absicht zeigt sich in nur leichter Verschiebung: „glänzt dein Mondgesicht" ist natürlich lächerlicher als „Wie das Mondlicht wandele dein Antlitz" (in: „Die Stimme Edens"); „ich möchte an deinem Daumen saugen" ist natürlich weniger poetisch als „Möchte an deinem Munde

Unfreiwillige Komik – kaum zu überbieten

brennen" („Dann") – die Stilgebärde ist dennoch vergleichbar. Robert Neumann fügt am Schluß noch die folgende Widmung hinzu: „Ich widme dieses Gedicht Sardanapal Werfel, dem Epheben, und seiner Großsiegelbewahrerin, der Dogaressa Blanka Fischl in Prag." Damit verspottet er eine Eigenart der Lasker-Schüler, die er in Erinnerung rufen, nicht aber überbieten kann. Die Dichterin pflegte so zu formulieren: „Meine hebräischen Balladen widme ich Karl Kraus dem Kardinal", „Die Gedichte des Styx schenke ich Ludwig von Ficker, dem Landvogt von Tyrol und seiner schönen Schwedin." Damit ist dem Parodisten eigentlich seine Arbeit schon abgenommen!

Ist das „O-Mensch"- Pathos noch parodierbar?

Die Frage ist auch, ob das expressionistische „O-Mensch"- Pathos überhaupt noch parodierbar ist. Ein Parodist, der die Gedichte „Ich habe eine gute Tat getan" und „Die Träne" von Franz Werfel kennt (vgl. S. 150 f.), muß an der selbstgestellten Aufgabe geradezu verzweifeln. Robert Neumanns Werfel-Parodie „An den Leser" orientiert sich an dem gleichnamigen Originalgedicht (vgl. S. 159 f.) und hätte dies doch im Grunde ungekürzt übernehmen können. Statt dessen erhofft sich der Parodist aufklärerische Wirkung von dem Versuch, den pompösen Gedankenflug auf die umgangssprachlich-banale Kernaussage zu reduzieren: „Dann mach keine Geschichten, wein endlich mit mir und zier dich nicht so!", „Jetzt aber genug! Und fall mir schon endlich, o Mensch, um den Hals!" Solche Parodie schafft keine neuen Einsichten, sie rennt offene Türen ein.

Parodie auf J. R. Becher

Einige expressionistische Lyriker sind derart ins ekstatische Gestammel geraten, daß die Parodie nur noch eine resignierende Imitation bieten kann. Welcher der folgenden Textauszüge stammt von Johannes R. Becher?

> I   : Steiß kreischendst, Du, quer Wattebüscheln: Feuer.
>   Berg schwingt. Vesuvst! O Leichenschändungst wo!
>   : Auftrieb gefault: Ja... Dichtest ungeheuerst.
>   O Eiter steil! Kometen: krachend Tod: ...

> II   Kindische Hetzer. O furchtbare Bürger!
>   Antlitz durchfretzt von Falten: Morästen:
>   Borsten Wildnis: Rotgedunsenes: Eingejauchtes:
>   Pickel Unsaat:
>   Kröten-Schwarte... Klöß-Schwamm-Scheusal-
>   Physiognomie! –

Imitation statt polemischer Übertreibung

Der zweite Text ist ein Auszug aus Bechers Gedicht „Paradiesischer Tag", der erste Text stammt aus Hans Reimanns Parodie „Klirr Hah Rubinenes. Nach Johannes R. Becher" (1923). Indem die Parodie die Stileigentümlichkeiten des Autors (Neologismen,

Auflösung der Syntax, Interpunktion als Ausdrucksmittel) veranschaulichen will, wird sie vom Original ununterscheidbar. Die
Differenz liegt allein darin, daß die Parodie bewußt demonstriert, was das Original ungewollt offenbarte: daß nämlich
Bechers Sprache in dem Maße, wie sie dem extremen Aus-
druckswillen des Autors gehorcht, ihre Mitteilungsfunktion verliert – bis hin zur völligen Sinnleere.

Diese Gefahr besteht auch, und in fast noch größerem Umfang, *Parodie auf*
bei den extravaganten, ganz auf den Rhythmus bedachten Wort- *August Stramm*
basteleien August Stramms. Wiederum sei die Frage gestellt:
Welcher der folgenden Textauszüge entstammt dem Original,
welcher dem Versuch, hier noch parodistisch mithalten zu
können?

> I In
>   Die
>   Tränen Tränen Tränen
>   In die
>   Tränen
>   In den Raum
>   In den Raum
>   In den Raum!
>   Tränen kreist der Raum!

Ununterscheid-
barkeit von
Original und
Parodie

> II in das
>   Leben leben leben
>   in das
>   Werden Werden Werden
>   in den Tag
>   in den Tag
>   in den Tag
>   Leben glüht der Tag.

Der erste Text besteht aus den Schlußzeilen von August Stramms
Gedicht „Die Menschheit". Der zweite Text ist der Schluß von
Hans Heinrich von Twardowskis Parodie „Die Schlacht. Nach
August Stramm" (1919).

Je abstruser und verstiegener die Vorlage ist, desto mehr wird die
Parodie zum zitierenden Nachhall. Die Extrembeispiele expressionistischer Lyrik sind Karikaturen ihrer selbst und nicht mehr
parodierbar.

Zum Schluß sei noch ein Parodie-Kuriosum erwähnt. Es stammt *Ein Parodie-*
von keinem Literaten, war nicht an die Öffentlichkeit gerichtet *Kuriosum*
und wäre aus leicht einsehbaren Gründen zur Entstehungszeit
(ca. 1912) auch nie publiziert worden. Ein anonymer Verfasser
sandte an Georg Trakl ein dreizehnzeiliges Opus, aus dem hier
ein Auszug zitiert sei:

Es ist ein Hurenhaus in das ein besoffener Dichter fällt
Es ist ein grauer Eckstein, von Hunden verbrunzt
Es ist ein Furtz dessen Duft unsere Nasen umweht
Welch ein Ereignis.

Die Verse wollen Trakls Gedicht „De profundis" (vgl. S. 114 u. 141) parodieren, indem sie zu jedem einzelnen Bild die höhnische, krasse, obszöne Kontrafaktur liefern. Wenn es bei Trakl hieß: „Und ihr Schoß harrt des himmlischen Bräutigams", dann schreibt der Anonymus: „Die stinkige Möse, harrt des kräftigen Schwanzes" usw. Die traurig-entrückte, geheimnisvolle Aura des Trakl-Gedichts soll mit Hilfe eines zotigen Vokabulars aus dem skatologischen und sexuellen Bereich zerstört werden. Der Verfasser begibt sich in die Niederungen der Sprache, um beweisen zu können, daß Trakl sich allzusehr ins Poetisch-Weihevolle wegbewegt habe.

Der Parodist will ironische Souveränität vorspiegeln und „beweist" im Grunde etwas ganz anderes: wie sehr er nämlich von der abgrundtiefen Einsamkeit und Traurigkeit des Trakl-Gedichts ergriffen und verstört wurde! Der todesverfallene Sog der Traklschen Verse ist offenbar so mächtig, daß sich der anonyme Verfasser nur mit Hilfe von Obszönität und Zote der eigenen Lebensgesundheit versichern kann. Die „Parodie" ist verzweifelte Gegenwehr, ist ein Bewältigungsversuch!

Man weiß übrigens, wie Trakl auf die anonyme Zuschrift reagiert hat: unbeeindruckt, ungerührt – auf der Rückseite der „Parodie" hat er Verse seines „Helian"-Gedichts notiert...

Form, Komposition, Sprache, Stil

Im Juli 1910 schreibt Georg Trakl an den Freund Erhard Buschbeck einen vor Empörung vibrierenden Brief. Der Dichter sieht sich durch die Gedichte eines Herrn Ullmann „bis ins kleinste Detail" kopiert und plagiiert:

> „vollkommen gleich meine bildhafte Manier, die in vier Strophenzeilen vier einzelne Bildteile zu einem einzigen Eindruck zusammenschmiedet."
> (Trakl, Bd. 1, 478)

Inwieweit Trakls Plagiatsvorwurf, der auch die Übernahme einzelner Bilder und Redewendungen betrifft, gerechtfertigt war, ist heute relativ uninteressant. Die Bedeutung der zitierten Briefstelle liegt darin, daß Trakl sozusagen das Erstgeburtsrecht für etwas beansprucht, was er „die heiß errungene Manier meiner Absichten" nennt – und was offensichtlich mit dem identisch ist, was man den „expressionistischen Reihungsstil" nennt. Hat Trakl diesen Stil nun erfunden? Oder war es Jakob van Hoddis mit seinem „Weltende" (Erstdruck am 11. 1. 1911 in „Der Demokrat")? Dieser Meinung war immerhin Franz Pfemfert, der sich – als er in der „Aktion" Nr. 40 von Oktober 1913 die im Jahre 1911 erschienene „Dämmerung" von Alfred Lichtenstein nachdruckte – den folgenden Hinweis nicht verkneifen wollte:

Wer hat den Reihungsstil „erfunden"?

> „Ich glaube also, daß van Hoddis das Verdienst hat, diesen ,Stil' gefunden zu haben, Li. das geringere, ihn ausgebildet, bereichert, zur Geltung gebracht zu haben."

Wie dem auch sei, Tatsache ist, daß in den Jahren 1910/1911 plötzlich mehrere Autoren (nicht nur Trakl, van Hoddis, Lichtenstein, sondern auch Ernst Blass, Paul Boldt, Johannes R. Becher, Max Herrmann-Neiße u. a.) Gedichte schaffen, die nach dem gleichen Konstruktionsprinzip gefertigt sind: Es geht um die bedrängende Simultaneität verschiedener Wahrnehmungen, die in eine Folge unzusammenhängender Bilder gepreßt wird. Dieser „Stil" bzw. diese „Manier" ist geradezu eine Spezialität des Berliner Frühexpressionismus. Als Beispiel diene eine Strophe aus Lichtensteins Gedicht „Der Morgen":

Das Prinzip der simultanen Wahrnehmungen

Lichtenstein

> Die tote Sonne hängt an Häusern, breit und dick.
> Vier fette Weiber quietschen spitz vor einer Bar.
> Ein Droschkenkutscher fällt und bricht sich das Genick,
> Und alles ist langweilig hell, gesund und klar.

Addition hetero-   Die heterogenen Bilder werden einfach addiert. Gerade ihre
gener Bilder   Zusammenhanglosigkeit ist es, die einen adäquaten Eindruck
vom Morgen in der Großstadt vermitteln soll; nicht im Sinne
naturalistischer Widerspiegelung, sondern in grotesker Verzerrung versuchen die Verse, Wirklichkeit zu erfassen. Ein Wahr-
nehmungssubjekt bzw. ein lyrisches Ich tritt zwar nicht hervor,
aber indirekt ist es gegenwärtig und gibt sich im ironischen,
distanziert überlegenen Ton der Feststellungen zu erkennen.

Zeilenstil   Dabei fällt (vor allem bei Lichtenstein) das Bestreben auf, jeder
einzelnen dieser Feststellungen einen eigenen, in sich abgeschlossenen Vers zu reservieren. Jede Zeile setzt somit neu ein
und bringt einen Perspektivwechsel.

Im Vergleich dazu seien die Anfangsverse von Trakls „Psalm"
zitiert:

> Es ist ein Licht, das der Wind ausgelöscht hat.
> Es ist ein Heidekrug, den am Nachmittag ein Betrunkener
>   verläßt.
> Es ist ein Weinberg, verbrannt und schwarz mit Löchern voll
>   Spinnen.
> Es ist ein Raum, den sie mit Milch getüncht haben.

Trakls „Manier"   Diese Verse (die übrigens, wie auch die von „De Profundis", eine
und der   Stilgebärde aus Rimbauds Prosagedicht „Enfance" aufgreifen)
Reihungsstil: folgen ebenfalls dem Prinzip der Reihung einzelner Bilder. Aber
Verwandtschaft   sie wirken wie aus dem Nirgendwo her gesprochen. Die Bilder
und Differenz   ergeben keinen Gesamteindruck mehr, der sich auf irgendeine
vorstellbare Form von ‚Wirklichkeit' zurückführen ließe. Anders
als bei den überscharfen Momentaufnahmen in den zitierten
Versen von Lichtenstein handelt es sich bei Trakl ja auch gar
nicht mehr um „Bilder", auch nicht um „Metaphern", sondern
um rätselhafte Chiffren, die in paradoxer Weise nach Deutung
verlangen, sich zugleich aber der Deutung entziehen.

Trakls Gedichte haben im Grunde mit den Simultangedichten des
Berliner Frühexpressionismus nichts gemein. Nach allem, was man
weiß, hat er sie auch gar nicht gekannt. Gleichwohl ist die
Komposition der Traklschen Gedichte der des expressionistischen
Reihungsstils verwandt. Das aber beweist, daß hier tatsächlich so
etwas wie ein Epochenmerkmal des expressionistischen Jahrzehnts
greifbar wird, ein Stil, der von höchst unterschiedlichen Autoren
gleichzeitig und unabhängig voneinander entwickelt wurde. Natürlich gibt es da Unterschiede, natürlich halten sich nicht alle Lyriker
an die strenge Zeilenkomposition, wie sie etwa Alfred Lichtenstein
kultiviert, doch gibt es kein anderes Strukturmodell, das in diesem
Zeitraum ähnlich häufig benutzt und variiert worden wäre.

Was nun die äußere Form der expressionistischen Gedichte angeht, so haben die meisten Lyriker eine erstaunliche Vorliebe für traditionelle Strophen- und Reimformen. Ein Leser, der mit einer vagen Lexikondefinition von „Expressionismus" im Kopf („Kunst des seelischen Ausdrucks" etc.) die „Menschheitsdämmerung" durchblättert oder Gedichtbände einzelner Autoren – z.B. von Heym, Blass, Herrmann-Neiße, Boldt, van Hoddis, Klemm, Wolfenstein, Zech – aufschlägt, erwartet wohl kaum diese Fülle von Vierzeilern, diese Vielzahl von Sonetten, diese Häufigkeit alternierender Versmaße (vor allem fünfhebige Jamben). Viel plausibler erschiene, wenn es denn wirklich in erster Linie um den „seelischen Ausdruck" gehen sollte, ein ekstatischer Hymnenstil in freien Rhythmen oder natürlich das Schaffen völlig neuer Ausdrucksformen. Nun hat es beides ja wirklich gegeben – man denke an Werfel oder Becher oder an die formal radikalen Gedichte August Stramms –, aber sie repräsentieren eben nicht „den" Expressionismus, sondern nur bestimmte Erscheinungsformen. In den Jahren 1910–1914 dominieren bei weitem ganz konventionelle – man könnte sogar sagen: starre – Strophen- und Verskonstruktionen.

Vorliebe für traditionelle Strophen-, Vers- und Reimformen

Der Respekt vor den traditionellen Formen des Gedichts ist ein merkwürdiges, nicht richtig erklärbares Phänomen. Georg Heym z.B. schreibt am 27.9. 1911 in sein Tagebuch: „Der Jambus ist eine Lüge", und, einige Sätze weiter, „Der gezwungene Reim ist eine Gotteslästerung" (Heym, Bd. 3, 166). Das sind deutliche Worte. Nur erklären sie leider nicht, warum das lyrische Werk gerade dieses Autors zu achtzig oder neunzig Prozent aus gereimten Vierzeilern in jambischem Versmaß besteht.

Georg Heym: Widerspruch zwischen theoretischer Einsicht und poetischer Praxis

Vielleicht war die Vorstellung dessen, was ein Gedicht sei, so stark von George (oder mehr noch von Baudelaire und Rimbaud) geprägt, daß die jungen Expressionisten überhaupt nicht an formale Experimente denken konnten oder wollten. Bei vielen Lyrikern läßt dann allerdings der spannungsvolle Kontrast von Inhalt und Form auf eine bewußte Stilintention schließen; die traditionelle Form soll gleichsam von innen her porös gemacht werden. So entsteht nicht selten eine geradezu schmerzende Diskrepanz: Die Verse handeln von Wahnsinn, Siechtum, Selbstmord, Hinrichtung usw., die Wortwahl spart nicht mit krassen Vokabeln – und das Ganze ist dann dennoch ein Sonett!

Diskrepanz von Inhalt und Form

Was nun den Reim angeht, so wird er zwar einerseits als melodisches Gliederungsprinzip der Strophen bewahrt, erscheint aber andererseits oft gewaltsam entpoetisiert, wie z.B. in den folgenden Beispielen:

Entpoetisierung
des Reims

Tuberkulose/Fensterrose (Zech, Der Idiot)
Kanapee/Gardasee (van Hoddis, Italien)
Skelett/Menuett (Boldt, Sinnlichkeit)
Plateau/stanken so (Goll, Panama-Kanal)
Dreck/Butterfleck (Lichtenstein, Landschaft)
Gebrüll/Menschenmüll (Boldt, Auf der Terrasse...)
Exzesse/Fresse (van Hoddis, Himmelsschlange)
Operetten/Zigaretten (Blass, Abendstimmung)
Pufflaterne/Pfirsichkerne (Herrmann-Neiße, Das Wunder)

Solche Beispiele ließen sich leicht vermehren, doch finden sie
sich bei einigen Autoren mehr, bei anderen weniger, bei einigen
gar nicht. Wieder einmal zeigt sich die Schwierigkeit, vom
Formalen her Aussagen über „den" Expressionismus zu versuchen. Meist erfaßt man nur einzelne Tendenzen, denen andere,
oft konträre, entgegenstehen.

Große Unter-
schiede in
Sprache und Ton

Das gilt auch für die sehr unterschiedliche Sprache der expressionistischen Lyrik. Was hätten Lichtenstein und Lasker-Schüler,
Benn und Werfel, Trakl und Becher, Stadler und Stramm in
Wortwahl und Sprechgestus gemein? Die großen Lyriker des
Expressionismus haben natürlich, so wie das auch in anderen
Epochen der Fall ist, einen individuellen Ton und auch eine je
eigene Sprache. Dennoch gibt es Verwandtschaften. Jene Autoren, die z. B. in Motivik und Stilintention vergleichbar sind, wie
etwa die Dichter des Berliner Frühexpressionismus oder die der
messianisch-aktivistischen „O-Mensch"-Richtung, haben auch
eine ähnliche Sprache. Wer sich in der Lyrik dieser Zeit etwas
auskennt und auf die Verse dieses oder jenes heute nicht mehr
bekannten Autors stößt, wird relativ zuverlässig erraten können,
ob dieser Autor z. B. in Herwarth Waldens „Sturm" oder in Franz
Pfemferts „Aktion" erschienen ist.

Das visuelle
Moment

Auf zwei Aspekte sei hier wenigstens mit einem kurzen Hinweis
eingegangen. Der erste Aspekt betrifft die Tatsache, daß die
Lyrik des Expressionismus wesentlich visuell geprägt ist und
insbesondere eine starke Farbigkeit aufweist. Mit dem bekannten Goethevers „Am farbigen Abglanz haben wir das Leben"
(„Faust II", V. 4727) hat das nun aber nichts zu tun. Auch geht es

Affektive Funk-
tion der Farben

weder um die impressionistische Wiedergabe von Wirklichkeit
noch um die symbolistische oder jugendstilhafte Konstruktion
‚künstlicher Paradiese' mit ihren erlesenen Farbreizen von Sma-
ragd oder Karmesin. Es handelt sich durchaus um die Grundfar-
ben, die indes keine deskriptive, sondern eine affektive Funktion
haben.

Vorbild Rimbaud

Hier ist das Vorbild Rimbaud erkennbar. Bei ihm gab es zum
ersten Mal „rote Wiesen", „blaues Gras", „schwarze Sonne",

„violette Nebel", „grüne Nacht". Entsprechend nun bei Heym
„gelbe Winde", „lila Hauch", „grüner Himmel", „schwarze Flammen", „rotes Bangen", „violettes Schweigen" oder bei Trakl
„blaues Lachen", „schwarze Tränen", „purpurne Seuche", „sil-
berne Larve", „goldener Kriegsschrei", „schwarze Schwermut".
Die Farben erscheinen als Adjektive, die ihr Substantiv weder
charakterisieren noch schmücken, sondern ins Negative ver-
fremden. Eine Ausnahme ist allenfalls „blau", noch für den
späten Benn „das Südwort schlechthin", eine Sehnsuchts-Chiffre.

*Verfremdung ins
Negative*

Auf den Zusammenhang der expressiven Farbsprache in der
Lyrik mit der in der zeitgenössischen Malerei kann hier nicht
eingegangen werden. Es sei aber nicht verschwiegen, daß die
verfremdende Farbgebung zu einer rasch erlernbaren Manier
wurde. Da macht es dann keinen Unterschied mehr, ob die
berühmten „Blauen Pferde" des Gemäldes von Franz Marc nun
blau oder rot oder grün gemalt werden oder ob das einleitende
Adverb des Trakl-Verses „Silbern sank des Ungebornen Haupt
hin" (Kaspar Hauser Lied) nun silbern oder golden oder purpurn
lautet: Ungewollt entsteht der Eindruck des Dekorativen oder
Ornamentalen! Die Farbmetaphern haben etwas allzu Belie-
biges. Man mache die Probe aufs Exempel und ersetze z. B. im
Schlußvers des Gedichts „Der Träumende" von Jakob van
Hoddis („Ein fades Rosa eitert aus der Erde.") das Wort „Rosa"
durch irgendein anderes zweisilbiges Farbwort – es ergibt sich
kein Unterschied.

*Beliebigkeit der
Farbmetaphern*

Der zweite Aspekt betrifft den Wortschatz allgemein. Die Lyrik
des Expressionismus ist zum einen natürlich antiwilhelminisch
und antibürgerlich, sie hält sich weder in Motivik noch Wortwahl
an die Tabus der sogenannten guten Gesellschaft. Zum anderen
gehören die jungen Autoren fast alle dem Bildungsbürgertum an,
und in ihm suchen sie letztlich auch ihr Publikum. Die ersten
Gedichte, mit denen z. B. Jakob van Hoddis an die Öffentlichkeit
tritt, heißen „Tristitia ante . . ." und „Aurora". Bemerkenswert ist
nicht allein, daß der Autor die Kenntnis der lateinischen Wörter
für Traurigkeit und Morgenröte voraussetzt. Wenn er seine
Aurora „mit dicken, rotgefrornen Fingern" daherkommen läßt,
verläßt er sich zugleich darauf, daß der Leser diese Wendung als
Variation eines Homer-Zitats zu würdigen versteht (vgl. etwa den
Beginn des 8. Gesanges der „Odyssee": „Als die dämmernde
Frühe mit Rosenfingern erwachte"). Auch Georg Heym überschreibt einzelne Gedichte mit verblüffender Selbstverständlichkeit „Printemps" und „Autumnus" oder „Hora mortis" (Todes-
stunde), er wählt die lateinischen Worte „Umbra vitae" (Schatten
des Lebens) als Titel eines Gedichtbandes, spricht in seinem
Gedicht „Der Gott der Stadt" von „Baal" und „Korybanten-

*Bildungsgesättig-
ter Wortschatz*

*Literarische
Anspielungen*

Lateinische und
französische
Worte

Tanz" – offensichtlich ohne dabei an mögliche Verständnisschwierigkeiten der Leser zu denken. Und Johannes R. Becher reimt nicht nur „Flagellanten" auf „Hydranten" (Die Stadt der Qual I), er nennt einen Gedichtband „Päan gegen die Zeit", so als wisse eben ein jeder, was mit „Päan" (hier soviel wie feierlicher Gesang) gemeint sei. Ernst Stadler überschreibt ein Gedicht „Gratia divinae pietatis adesto Savinae de petra dura perquam sum facta figura" und fügt in Klammern den Hinweis „Alte Inschrift am Straßburger Münster" hinzu – ohne zu bedenken, daß hier eine Übersetzung („Die Gnade Gottes sei mit Sabina,

Zielgruppe
„Leser mit
Abitur?"

von deren Hand aus hartem Stein gehauen ich als Figur hier stehe") weit sinnvoller gewesen wäre. Oder wenn Georg Heym seinem Gedicht „Die Hölle" drei Verse als Motto voranstellt und darunter schreibt „Divus Grabbe", so stört er sich nicht daran, daß ein des Lateins unkundiger Leser „Divus" für einen Vornamen halten könnte, sofern die „happy few" nur kapieren, daß er, Heym, den Dichter Grabbe für „göttlich" erachtet. Wie auf geheime Verabredung sprechen mehrere Dichter nicht von „Leichenschauhaus", sondern gebrauchen das französische Wort „Morgue" (vgl. den gleichnamigen Gedichtband von Gottfried Benn).

Geistiger
Fundus: Bibel
und griechische
Mythologie

Die Autoren verlassen sich darauf, daß Anspielungen auf die Mythologie der griechischen Antike oder auf die Bibel unmittelbar verständlich sind. Sie rechnen mit einem Bildungshorizont der Leser, der ihrem eigenen gleicht. Insofern gehört der Expressionismus noch ganz in die „gute alte Zeit" oder – um es mit Thomas Mann zu sagen – in die „Welt vor dem großen Kriege, mit dessen Beginn so vieles begann, was zu beginnen wohl kaum schon aufgehört hat" (Vorwort zum „Zauberberg"). Von all dem, was in den zwanziger Jahren eine bedeutende Rolle spielen wird (Stichworte: „Neue Sachlichkeit", Technikkult, Einfluß der angloamerikanischen Sprache und Kultur), ist im Expressionismus bzw. vor dem Ende des Ersten Weltkriegs nichts zu finden: Der Aufstieg der USA zur Weltmacht ändert vieles, u. a. auch das europazentrierte Bewußtsein eines abendländischen Kulturzusammenhangs, in dem die Expressionisten noch mit Selbstverständlichkeit lebten.

Sechs „kanonisierte" Lyriker

Der Expressionismus ist eine Literaturepoche, die Dilettantismus und Epigonentum begünstigte. Das gilt insbesondere für die Dichtung der zweiten Hälfte des Jahrzehnts mit ihren „O-Mensch"-Deklamationen. Ein Expressionismus, der kaum anderes mehr zu verlangen schien, als daß die Gedichte nur hinreichend „intensiv" und gefühlsradikal seien, der alle ästhetisch-formalen Anforderungen geringschätzte und hinter den Ausdruck glühenden Bekennens und ehrlicher Gesinnung zurücktreten ließ, mußte natürlich eine große Zahl von Autoren auf den Plan rufen, die in erster Linie leidenschaftlich-pathetische Botschaften in Gedichtform zu bieten hatten.

Vielzahl von Dilettanten und Epigonen

Dieser Typus von expressionistischer Lyrik verlor jedoch schon bald und zusehends an Interesse, und sogar das Werk einst sehr berühmter Autoren wie Franz Werfel und Johannes R. Becher ist heute fast völlig mit Patina bedeckt. Andererseits gibt es einige Lyriker des expressionistischen Jahrzehnts, deren Gedichte in dem Maße Bestand haben, wie sie nicht *nur* Dokumente ihrer Entstehungszeit sind.

Else Lasker-Schüler

Die einzige Frau unter den Lyrikern dieses Zeitraums unterscheidet sich in mancherlei Hinsicht, nicht allein durch ihr Alter und die Extravaganz ihres Auftretens (vgl. S. 10), von den jungen Dichtern der expressionistischen Generation. Kein anderer Autor hat auch nur versucht, so wie sie soziale und künstlerische Existenz in gelebtem Dichtertum zu verschmelzen, kein anderer Autor spricht so hemmungslos und ausschließlich von sich selbst (wie selten ist das Personalpronomen „ich" dagegen bei Heym oder Trakl!). „Zu entfliehn/ Meinwärts" ist ihr Ziel, „O, ich sterbe unter euch!" ihr Empfinden, „Weltflucht" – so der Titel eines frühen Gedichts – ihr Programm. Sie lebt in der Großstadt, aber die Thematik ihrer Verse ist davon unberührt, beschränkt sich vielmehr auf die Grundgegebenheiten Einsamkeit und Sehnsucht nach Liebe. Ihre Sprache entwirft und kombiniert Traumbilder, die oft dem jüdisch-alttestamentarischen Bilderfundus entliehen sind oder in die Welt eines phantastischen Orients (Theben usw.) hineinführen. Die Metaphorik ist auf

Extravaganz

Egozentrik

Einsamkeit und Sehnsucht nach Liebe

Else Lasker-Schüler: Selbstbildnis als Prinz Jussuf (um 1913)

Else Lasker-Schüler (um 1909/10)

Traum und
Phantastik

fremdartig-zauberhafte Schönheit hin angelegt und auf subtile
Klangreize bedacht, das Vokabular weist sowohl Archaismen
(„Weibin", „Lebtum" usw.) wie Neuschöpfungen („liebentlang",
„müdesüß", „schwarzhin" usw.) auf und ist derart erlesen, daß es
an den Symbolismus erinnert. Das Bemühen um den poetisch
hohen Stil führt mitunter zu manieristischen Verkrampfungen,

Zwischen hohem
Stil und Kitsch

die Grenze zum sentimentalen Kitsch scheint des öfteren über-
schritten (man lese z. B. die beiden Gedichte mit dem Titel „Dem
Barbaren").

Ein für diese Dichterin „typisches" Gedicht heißt „Abschied":

Verlassenheit und
Melancholie

Aber du kamst nie mit dem Abend –
Ich saß im Sternenmantel.

... Wenn es an mein Haus pochte,
War es mein eigenes Herz.

Das hängt nun an jedem Türpfosten,
Auch an deiner Tür;

Zwischen Farren verlöschende Feuerrose
Im Braun der Guirlande.

Ich färbte dir den Himmel brombeer
Mit meinem Herzblut.

Aber du kamst nie mit dem Abend –
... Ich stand in goldenen Schuhen.

Exhibitionismus

Dies ist eine der vielen Variationen, in denen das lyrische Ich ein
imaginäres Du anspricht, das sich entzieht bzw. entzogen hat, so
daß das Gedicht zu einem Monolog der Verlassenheit und
Melancholie wird. Else Lasker-Schüler kehrt ihr Innerstes nach
außen. Das hat etwa Exhibitionistisches und macht sie zugleich
schutzlos: Das Bild des aus der Brust genommenen Herzens
taucht im Gesamtwerk immer wieder auf (vgl. z. B. die Schlußverse von „Hinter Bäumen berg ich mich").

E. Lasker-Schüler
und die zeitge-
nössische Lyrik:

In einem äußerlichen Sinne ist Else Lasker-Schüler eng mit der
expressionistischen Bewegung verbunden. Sie ist mit vielen Dichtern und Malern ihrer Zeit befreundet (das schönste Dokument ist
der mit Franz Marc gepflegte Austausch von Bildern und Briefkar-
ten). Sie tritt bei den Lesungen im „Neopathetischen Cabaret" auf,
gemeinsam mit Georg Heym und Jakob van Hoddis, und veröffentlicht ihre Gedichte z. B. im „Sturm", mit dessen Herausgeber
Herwarth Walden sie einige Jahre verheiratet war.

– Gemeinsam-
keiten

Was die Lyrik Else Lasker-Schülers mit jener der expressionistischen Zeitgenossen verbindet, liegt – wenn man den allgemein-

sten gemeinsamen Nenner sucht – in der Thematik des Leidens
an sich und der Welt, in einer Gefühlssprache, die nur die
Extreme von Verzweiflung und Verzückung kennt, in der Bild-
süchtigkeit der Wortwahl (und hierbei vor allem auch in der
Fülle der Farbadjektive), in den zwei- oder dreizeiligen Vers-
gruppen als Variation des Reihungsstils.

Andererseits weisen die Gedichte der Lasker-Schüler eine ganz   *– Unterschiede*
eigene Thematik und Bildsprache auf, die weder in disparate
Einzelteile zerfällt und zur Groteske tendiert (Kraßheit des
Vokabulars oder „Ästhetik der Häßlichkeit" sucht man bei ihr
vergebens) noch gar zu menschheitsbeglückenden Appellen
fähig ist.

Else Lasker-Schüler ist eine Dichterin von singulärer Bedeutung.   *Eines der*
Ihr berühmtes Gedicht „Ein alter Tibetteppich" etwa ist sicher   *schönsten Liebes-*
eines der schönsten Liebesgedichte der deutschen Sprache – ein   *gedichte der*
Beispiel für lyrischen Expressionismus ist es aber kaum, wie   *deutschen*
häufig es auch immer in den entsprechenden Anthologien und   *Literatur*
Textsammlungen vertreten sein mag.

> *Ein alter Tibetteppich*
>
> Deine Seele, die die meine liebet,
> Ist verwirkt mit ihr im Teppichtibet.
>
> Strahl in Strahl, verliebte Farben,
> Sterne, die sich himmellang umwarben.
>
> Unsere Füße ruhen auf der Kostbarkeit,
> Maschentausendabertausendweit.
>
> Süßer Lamasohn auf Moschuspflanzenthron,
> Wie lange küßt dein Mund den meinen wohl
> Und Wang die Wange buntgeknüpfte Zeiten schon?

Der Eingangsvers erinnert an eine Bibelstelle, nämlich an die im   *V. 1–2*
3. Kapitel des Hohelieds Salomos leitmotivisch wiederkehrende
Wendung „(er), den meine Seele liebt", verschiebt nun allerdings
die Perspektive, indem die Verbundenheit von „deiner Seele"
mit der „meinen" als Tatsache behauptet wird, wiewohl es sich
eher um eine Wunschvorstellung des lyrischen Ich handeln   *„Verwirkt"-Sein*
dürfte. Auffällig ist die Wahl des Partizips. „Verwirkt" ist ja   *der Seele*
primär keineswegs ein Synonym für „verknüpft" oder „verwo-
ben", sondern verleiht dem Beziehungsgeflecht von Ich und Du
etwas Schicksalhaft-Unauflösliches. Zu verstehen ist also: Indem
du mich liebst, hast du deine Seele verwirkt, kannst nicht mehr
frei über sie verfügen, da sie mit der meinen nun verschlungen
ist.

Traumland der Liebe

Der konkrete Blick auf die Bild- und Farbenverknüpfungen eines „alten Tibetteppichs" erzeugt die Vision eines Traum- und Zauberlands der Liebe („Teppichtibet"), wobei beide Bildbereiche, der gesehene wie der imaginierte, verwirrend ineinanderfließen.

V. 3–4

Zugleich irdisch und himmlisch entrückt

Man sehe, wie sich vor allem in der zweiten Versgruppe die Inhalts- und Bezugsebenen überlagern; das Spiel der „Strahlen", „Farben" und „Sterne" ist ebenso statisch wie bewegt, ebenso gegenwärtig wie vergangen, es entsteht ein mit Bedeutung aufgeladenes Sternenbild, ganz irdisch und ganz himmlisch entrückt.

V. 5–6

In der dritten Versgruppe wiederum scheint der Teppich vorrangig den konkreten Gegenstand zu bezeichnen. Er meint nicht mehr das Traumgespinst, in dem sich die Seelen der Liebenden verflechten, sondern auf ihm ruhen – eine sehr reale Situation! –

Die unerhörte Kostbarkeit

die Füße des Paars. Gleichwohl bleibt der Teppich eine „Kostbarkeit", mit der es eine besondere Bewandtnis hat: Das unerhörte Wort „Maschentausendabertausendweit" bringt die reale wie metaphorische Verknüpfung als rätselhafte Silbenverschlingung zum Ausdruck.

V. 7–9

Die vierte Versgruppe unterscheidet sich deutlich von den vorangehenden. Sie hat nicht lediglich zwei, sondern drei Zeilen, deren mittlere zudem bloß durch Assonanz den Reimworten korrespondiert, und das Versmaß wechselt in den beiden Schlußversen vom Trochäus zum Jambus. In diesem Dreizeiler kulminiert das formale und inhaltliche Raffinement: Man achte auf die Binnenreime „-sohn", und „-thron", „lange" und „Wange", „Mund" und „bunt-". Einerseits wird hier die erotische Komponente im Bild des Kusses, der Mund und Wange aneinanderschmiegt, sinnlich-direkt veranschaulicht, andererseits durch die Formel „buntgeknüpfte Zeiten" aber auch wieder in ein imaginäres Ungefähr überführt, das sich zeitlicher und räumlicher Begrenzung, also der Wirklichkeit, entzieht. Der „süße Lamasohn" ist eine Poetisierung des Geliebten, die in den Bild- und Assoziationsbereich von „Tibet" gehört; zugleich bedeutet „Lama" nach Auskunft der Lexika etwas sehr Prosaisches (flanellähnliches Wollgewebe), so daß der „Lamasohn" nichts anderes als ein „Kind" aus Maschen und Fäden wäre, d. h. ein rein textiles Gebilde.

Erotik

Das Gedicht, das mit einer Feststellung begann, endet mit einer Frage, die auf kaum merkliche Weise andeutet, daß die Dauerhaftigkeit der Liebesverbindung zu einem Augenblick noch beschworen wird, in dem das lyrische Ich deren Gefährdung bereits ahnt.

Ansprechen der Sinne

„Ein alter Tibetteppich" ist nicht allein ein Liebesgedicht, das Konkretes und Symbolisches wundersam miteinander verknüpft. Es ist erotisch auch durch die besondere Eindringlich-

keit, mit der die verschiedenen Sinne angesprochen werden: Das
Auge reagiert auf die „Strahlen", „Farben" und „Sterne", der
Tastsinn auf die Berührung der Füße mit dem Teppich, der
Geruchssinn auf den „Moschuspflanzenthron".

Das Gedicht erschien zum ersten Mal am 8. Dezember 1910 in *Das Lob von*
Herwarth Waldens Zeitschrift „Der Sturm". Karl Kraus druckte *Karl Kraus*
es am 31. 12. 1910 in der „Fackel" (Nr. 313/314, S. 36) nach und
bekannte in seinem Kommentar, daß er „für diese neunzeilige
Kostbarkeit den ganzen Heine hergebe":

> Das hier aus der Berliner Wochenschrift „Der Sturm" zitierte
> Gedicht gehört für mich zu den entzückendsten und ergreifend-
> sten, die ich je gelesen habe, und wenige von Goethe abwärts
> gibt es, in denen so wie in diesem Tibetteppich Sinn und Klang,
> Wort und Bild, Sprache und Seele verwoben sind.

Ob man dem Urteil des sonst so gestrengen Karl Kraus nun *Der „eigene Weg"*
beipflichtet oder nicht, etwas typisch „Expressionistisches" wird *E. Lasker-*
man in diesem Gedicht nicht entdecken können. Eher schon *Schülers*
erinnert es an Symbolismus und Jugendstil (vgl. z. B. Stefan
Georges Gedichtsammlung „Der Teppich des Lebens" von
1899). Aber auch diese Parallele wird der eigenständigen Leistung Else Lasker-Schülers schwerlich gerecht. „Ein alter Tibetteppich" hat nichts zu tun mit jener Dekadenzdichtung vom
Typus „Schwüle Stunde", für die hier stellvertretend zwei Verse
aus einem frühen Gedicht Ernst Stadlers („Semiramis", 1904)
zitiert seien:

> Auf Teppichen · drin Ambraduft gefangen .
> Liegt ihres Leibes weicher Kelch ergossen

Else Lasker-Schüler war eine Weggefährtin der expressionistischen Bewegung, doch ging sie dabei stets – wenn das klischeehafte Bild gestattet ist – „ihren eigenen Weg", der an allen
klassifizierenden Vereinnahmungen vorbeiführt.

Ernst Stadler

Ernst Stadlers Gedichtsammlung „Der Aufbruch" (1914) ist das Dokument seiner Abwendung von der ästhetisierenden Lebens- und Kunstauffassung seiner Jugendgedichte, die dem Vorbild Georges und Hofmannsthals verpflichtet waren. Die Absage gilt einer Dichtung, die sich – so führt es das programmatische Eingangsgedicht „Worte" aus – „von Alltag und allem Erdwohnen geschieden" habe und „irgendwo verzaubert auf paradiesischen Inseln in einem märchenblauen Frieden" wohne. Dem will Stadler nun den „Drang" entgegensetzen, „selig singend Schmach und Dumpfheit der Geschlagenen zu fühlen,/ (S)ich ins Mark des Lebens wie in Gruben Erde einzuwühlen" (Tage II). Thema der Gedichte ist immer wieder, daß das Ich nach Selbsterlösung in rauschhafter Hingabe an das Leben sucht. Die hymnische Sprechgebärde bedient sich dabei zumeist eines gereimten Langverses, der sich rhythmisierter Prosa nähert und den Reim selbst gleichsam versteckt.

Paradigmatisch ist das folgende Gedicht, zugleich wohl das berühmteste Ernst Stadlers:

Fahrt über die Kölner Rheinbrücke bei Nacht

Der Schnellzug tastet sich
 und stößt die Dunkelheit entlang.
Kein Stern will vor. Die ganze Welt ist nur ein enger,
 nachtumschienter Minengang,
Darein zuweilen Förderstellen
 blauen Lichtes jähe Horizonte reißen: Feuerkreis
4 Von Kugellampen, Dächern, Schloten,
 dampfend, strömend... nur sekundenweis...
Und wieder alles schwarz.
 Als führen wir ins Eingeweid der Nacht zur Schicht.
Nun taumeln Lichter her... verirrt, trostlos vereinsamt...
 mehr... und sammeln sich... und werden dicht.
Gerippe grauer Häuserfronten liegen bloß,
 im Zwielicht bleichend, tot –
 etwas muß kommen... o, ich fühl es schwer
8 Im Hirn. Eine Beklemmung singt im Blut.
 Dann dröhnt der Boden plötzlich wie ein Meer:
Wir fliegen, aufgehoben,
 königlich durch nachtentrissne Luft, hoch übern Strom.
 O Biegung der Millionen Lichter, stumme Wacht,
Vor deren blitzender Parade
 schwer die Wasser abwärts rollen.
 Endloses Spalier, zum Gruß gestellt bei Nacht!
Wie Fackeln stürmend! Freudiges!
 Salut von Schiffen über blauer See! Bestirntes Fest!

12 Wimmelnd, mit hellen Augen hingedrängt!
        Bis wo die Stadt
        mit letzten Häusern ihren Gast entläßt.
    Und dann die langen Einsamkeiten. Nackte Ufer.
    Stille. Nacht. Besinnung. Einkehr. Kommunion.
    Und Glut und Drang
    Zum Letzten, Segnenden. Zum Zeugungsfest.
    Zur Wollust. Zum Gebet. Zum Meer.
    Zum Untergang.

Eine strophische Gliederung scheint nicht vorhanden. Das
Gedicht ist Wiedergabe von Bewegung und Ausdruck innerer
Bewegtheit, wobei das Ausmaß seelischer Erregung auch
dadurch zum Ausdruck kommt, daß im letzten Drittel des
Gedichts die Verben verschwinden und in den beiden Schlußversen das syntaktische Gefüge sich völlig auflöst und nurmehr
substantivische Ausrufe übrigläßt. Indessen ist das Gedicht alles
andere als formlos: Der Paarreim am Schluß („Drang"/„Untergang") lenkt auf den des Beginns („entlang"/„Minengang")
zurück und bildet mit ihm eine Klammer. Die Zahl der 14 Verse
erinnert überdies an jene des Sonetts, und mit nur leichter
Gewaltsamkeit ließe sich die Gliederung des Shakespeare-
Sonetts mit drei Quartetten und abschließendem Reimpaar
hineinlesen: aabb ccdd eeff aa. Wichtiger als solch formale
Analogie ist natürlich der inhaltliche Aufbau, der drei Sinnabschnitte erkennen läßt, die sich auf die 14 Verse im Verhältnis
8:4:2 verteilen.

*Bewegung und
innere Bewegt-
heit*

Der erste Teil beschreibt die Annäherung eines Schnellzugs an
die große Brücke, die über den Rhein hinweg in die Großstadt
Köln hineinführt. „Beschreibt" ist insofern nicht ganz richtig, als
die Darstellung nicht so sehr einen äußeren Vorgang nachzeich-
net als zugleich damit und mehr noch ein inneres Erleben
wiedergibt, dem „die ganze Welt" als „enger, nachtumschienter
Minengang" erscheint. Das Ich fühlt sich hilflos, gefangen und
erlebt die Fahrt „ins Eingeweid der Nacht" als eine immer
intensiver werdende „Beklemmung". Alles wird von einem
bedrohlichen Dunkel beherrscht; die vereinzelt auftauchenden
Lichter der Stadt sind „verirrt, trostlos vereinsamt", und immer
weiter geht die Fahrt – nicht dem Leben, sondern dem Tod
entgegen: „Gerippe grauer Häuserfronten liegen bloß, im Zwielicht bleichend, tot". Das lyrische Ich ersehnt ein Ende, was
immer es auch bringen möge („etwas muß kommen"), und dieses
meldet sich dann „plötzlich" als akustische Wahrnehmung, die
dadurch hervorgerufen wird, daß der Zug nun auf der Brücke
angelangt ist.

*Verse 1–8:
Annäherung an
die große Brücke*

„Beklemmung"

Ernst Stadler (1914)

Der zweite Teil des Gedichts hält den Moment des Überfahrens der Rheinbrücke im Angesicht der „Millionen Lichter" fest, der als Befreiung, Erlösung, Beglückung erlebt wird: „Wir fliegen". Die Parallelität von tatsächlichem Vorgang des Gefahrenwerdens und psychischem Prozeß wird von einzelnen Metaphern (z. B. „Salut von Schiffen über blauer See!") zwar durchbrochen, bleibt aber im Grunde ebenso wie im ersten Teil gewahrt.

Verse 9–12:
Im Überfahren
der Brücke die
Befreiung

Die Bilder der beiden Schlußverse entziehen sich empirischer Zuordnung, wie sich denn auch das Ich aus seiner konkreten Gegenwartssituation gelöst zu haben scheint: seine Empfindungen folgen nicht mehr dem Weg des vorwärtseilenden Zuges, sondern begleiten den Strom, der dem Meer entgegenfließt, ja, werden dieser selbst. Das Ich wünscht sich in einen Zustand letzten, gesteigertsten Lebensgefühls hinein, in dem es zugleich selig erlischt. Der Traum von der Ich-Entgrenzung offenbart sich als Sehnsucht zum Untergang, zum Tod. Insofern ist Stadlers Gedicht auch ein Dokument der in der expressionistischen Lyrik nicht eben seltenen Regressionsphantasien (vgl. S. 72 ff.).

Verse 13–14:
Ich-Entgrenzung,
„Untergang"

Die „Fahrt über die Kölner Rheinbrücke bei Nacht" ist ein für Ernst Stadler in zweierlei Hinsicht repräsentatives Gedicht. Der inhaltliche Aufbau macht deutlich, daß es sich hier keineswegs um eine von Anfang an völlig freie, ungehemmte Selbstaussprache handelt. Vielmehr holt das Gedicht die empirische Wirklichkeit durch Bilder und Vergleiche erst in sich hinein, vermischt sie mit Metaphern seelischer Bewegtheit, um sie endlich durchbrechen, transzendieren zu können. Dies ist ein Strukturschema, das häufig bei Stadler begegnet. Und im Formalen drängt der jambische Rhythmus zwar über jedes strenge Versmaß hinaus, differieren die Verse in der Zahl der Hebungen und damit auch in ihrer Länge, bewahren jedoch den Reim als ordnendes Prinzip. Auch dieses Festhalten am Reim ist für Stadler charakteristisch.

Ein für Stadler
repräsentatives
Gedicht

Stadlers „Fahrt über die Kölner Rheinbrücke bei Nacht" läßt modellhaft erkennen, was expressionistische Lyrik mit derjenigen vorangehender Epochen und Stilrichtungen verbindet und was sie von jener unterscheidet; es demonstriert in gleicher Weise Traditionszusammenhang und Traditionsbruch. Die Bildlichkeit des ersten Teils erinnert nämlich durchaus an die des Naturalismus. „Schnellzug", „Minengang", „Förderstellen", „Kugellampen", dampfende Schlote, Fahrt „zur Schicht", die „grauen Häuserfronten" der Vororte – das alles gehört doch in den Umkreis der von Technik, Industrie, Arbeit geprägten Bildwelt naturalistischer Dichtung. Und wenn das lyrische Ich die optischen Außenreize registriert, die „nur sekundenweis" aufleuchtenden Lichter, so gemahnt das an bestimmte Darstellungsweisen des Impressionismus. In dem Maße allerdings, wie

Ein Gedicht, das
Naturalismus
und Impressio-
nismus in sich
„aufhebt"

die Bilder der äußeren Wirklichkeit durch jene des inneren Erlebens überlagert und – am Ende – ersetzt werden, so daß nicht mehr von Abbild, sondern von Vision gesprochen werden muß, setzt sich das spezifisch Expressionistische dieses Gedichts in einer Weise durch, die jeden Gedanken an Naturalismus oder Impressionismus vergessen macht.

Eisenbahnpoesie   Ergänzender Hinweis: Es gibt in der expressionistischen Lyrik geradezu eine „Eisenbahnpoesie", die – ähnlich der übergeordneten Großstadtthematik, in die sich die vielen Lokomotiv- und Bahnhofsgedichte einfügen – auf einer ambivalenten Grundeinstellung der Dichter beruht. Einerseits wird die Technik dämonisiert, und die Lokomotive, oftmals einem wilden Tier verglichen, erscheint als Inkarnation der heftig vorwärtsdrängenden Bewegung. Andererseits dient das Motiv der Fahrt einer willkommenen Reizung der Nerven; das Motiv wird genutzt, um einer lustvollen Steigerung des Lebensgefühls, in das sich häufig erotische Assoziationen mischen, Ausdruck zu geben. Es fehlt der Raum, auf diesen Aspekt näher einzugehen. Doch seien wenigstens einige Gedichttitel in chronologischer Reihenfolge aufgeführt:

Georg Heym: Vorortbahnhof (Berlin VI) (1910)
Paul Boldt: Der Schnellzug (1912)
Gottfried Benn: D-Zug (1912)
Gerrit Engelke: Lokomotive (1912)
Ernst Stadler: Bahnhöfe (1913)
Johannes R. Becher: Lokomotiven (1914)
Alfred Wolfenstein: Fahrt (1914)
Walter Mehring: Höllenbahn (1918)

Da die Eisenbahn als zentrales Symbol für Hektik und Schnelligkeit der modernen Zeit dient, fehlt sie natürlich auch nicht im Untergangsszenario: „Die Eisenbahnen fallen von den Brücken" lautet ein Vers in Jakob van Hoddis' „Weltende" (vgl. S. 96), und in dem halb ernstgemeinten, halb spielerisch-überdrehten Anarchismus der „Kriminalsonette" von Rubiner/Eisenlohr/Hahn wird „Die Texasbahn" zum Entgleisen gebracht (vgl. S. 170 ff.).

August Stramm

August Stramm ist in der „Menschheitsdämmerung" mit
13 Gedichten vertreten, allerdings unter der folgenden irreführen-
den Prämisse: „Stramm löste seine Leidenschaft vom Trugbild der
Erscheinungen und Assoziationen los und ballte reines Gefühl zu
donnernden Ein-Worten, gewitternden Ein-Schlägen." (Pinthus,
27) Dieses tatsächliche oder gewollte Mißverständnis ermöglichte
es Kurt Pinthus, Stramms Gedichte unter den Rubriken „Sturz und
Schrei" sowie „Erweckung des Herzens" aufzunehmen, so als ginge
es diesem Autor um leidenschaftliche Gefühls- und Bekenntnispoe-
sie statt um eine ganz und gar intellektuell der Sprache abgetrotzte
Neukonstruktion von Worten und Rhythmen.

Stramms Rolle in der „Mensch-heitsdämmerung"

August Stramm ist mit seiner zergrübelten Wortbastelei der
extremste Dichter des expressionistischen Jahrzehnts, und so
verwundert es nicht, daß sein Werk von Anfang an neben solch
vereinnahmenden Mißverständnissen wie dem von Kurt Pinthus
sowohl glühende Bewunderung als auch heftigste Ablehnung
hervorrief. Drei für die Rezeptionsgeschichte Stramms charakteristische Verständnismuster seien hier knapp skizziert:

Der extremste Dichter des Expressionismus

1. Für Herwarth Walden und die Dichter und Theoretiker des
„Sturms" beginnt mit August Stramm erst der ‚eigentliche' Expres-
sionismus in der Literatur (vgl. die Dokumente in Pörtner I, 395 ff.).
Erst Stramms Gedichte seien „Gabe" und nicht bloß „Wiedergabe",
erst in ihnen werde nicht auf den Satz, sondern auf das einzelne
Wort und den ihm eigenen Klang, Rhythmus, Gefühlswert einge-
gangen, so daß eine „Wortkunst" entstehe, die der Literatur einen
gleichberechtigten Platz neben atonaler Musik und abstrakter
Malerei erobere. Herwarth Walden versteigt sich sogar zu der
These, daß „alle klassischen und nachklassischen Gedichte" vor
August Stramm „ohne künstlerisches Leben" seien, „weil ihnen der
Rhythmus fehlt" (ebd., 426). Weder Goethe noch Heine noch
Mörike seien Lyriker gewesen, und die expressionistischen Zeitge-
nossen Stramms finden nicht einmal namentliche Erwähnung.

Stramm-Kult im „Sturm"

2. Der Stramm-Kult, der in der Zeitschrift „Sturm" getrieben
wurde, war so maßlos übertrieben, daß höhnische und hämische
Gegenreaktionen nicht ausbleiben konnten. Es war ja auch nicht
zu übersehen, daß Stramms Bruch mit den Konventionen selbst
wieder zur Konvention erstarrte. Die Zerstörung der Syntax, die
Wortverkürzungen und Wortveränderungen z. B. durch Verzicht
auf die gebräuchlichen Endungen von Deklination und Konjuga-
tion, die Neubildungen von Substantiven aus Verben und von

Stramm-Kritik (Parodien)

Verben aus Substantiven – das alles ergab eine krampfhafte Manier, die nicht selten von unfreiwilliger Komik ist und zu parodistischer Attacke ermuntert. An Stramm-Parodien herrscht denn auch kein Mangel (vgl. S. 43 u. 177), wobei sich zumeist zeigt, daß Stramm dort, wo er seine Stileigentümlichkeiten ins Extrem treibt (vgl. z. B. die Gedichte „Schrei", „Urtod", „Weltwehe", „Die Menschheit"), schon zur Karikatur seiner selbst wird und der Parodist eigentlich nurmehr zitieren kann.

Das heutige Stramm-Bild

3. Welche Bedeutung wird diesem Autor nun heute beigemessen? Die Literaturwissenschaft hat der Versuchung nicht widerstehen können, die Strammschen Intentionen in bezug auf andere Autoren und Theorien (Arno Holz, Marinetti und der Futurismus, die Verbindungen der „Wortkunst" zum Dadaismus etc.) zu diskutieren oder mit Hilfe der Sprachphilosophie Wittgensteins zu erläutern. Die Frage nach dem Wert oder Unwert der vorhandenen Gedichte trat dabei mehr und mehr in den Hintergrund.

Kanonisierung einzelner Gedichte

Deutlicheren Aufschluß gewinnt, wer sich ansieht, wie und mit welchen Gedichten August Stramm in Anthologien, Schul- und Lesebüchern vertreten ist. Die Tatsache, daß er in keiner einschlägigen Textsammlung fehlt, beweist seine Anerkennung als repräsentativer Autor des Expressionismus. Er gilt heute also weder als der große bahnbrechende Neuerer, als der er dem „Sturm"-Kreis erschien, noch als ein zu bespöttelnder Dilettant oder Scharlatan, als den ihn seine Parodisten hinstellen wollten. Nun bedeutet seine Anerkennung allerdings nicht, daß sein lyrisches Werk als ganzes kanonisiert wäre! Der Leser stößt vielmehr stets auf die gleichen fünf oder sechs Gedichte, die einen „gültigen" (wiewohl stark reduzierten) Eindruck der Strammschen Lyrik vermitteln sollen. Ausgewählt werden nie solche Texte, in denen die Syntax nun wirklich völlig zerstört ist und mechanischen Wortreihungen Platz gemacht hat, sondern jene kurzen, verknappten Gedichte, die als besonders eindringliche Illustration ihres jeweiligen Themas gelesen werden können. Ein Beispiel:

Sturmangriff

Aus allen Winkeln gellen Fürchte Wollen
Kreisch
Peitscht
Das Leben
Vor
Sich
Her
Den keuchen Tod
Die Himmel fetzen.
Blinde schlächtert wildum das Entsetzen.

August Stramm

Zielwort
„Entsetzen"

„Schicksal" ist das letzte Wort des Gedichts „Feuertaufe", „Tod" das von „Krieg" und „Patrouille" (vgl. S. 108), „Vergessen" das von „Kriegsgrab" – und so ist es auch hier: das letzte Wort, „Entsetzen", ist Resümee und Konzentrat des verbal nachgebildeten „Sturmangriffs".

Akustik des
Kriegsgeschehens

Das Gedicht besteht aus vier parataktisch gebauten Sätzen. Gleich der erste stellt das kriegerische Geschehen als einen akustisch bedrängenden Vorgang dar (wobei die Bedeutung der beiden Worte „Fürchte" und „Wollen" nicht völlig transparent ist, vermutlich ist hier an Angstschreie und Angriffsgebrüll zu denken). Der zweite Satz, über mehrere Verse verteilt, will die aggressive Gewalt der Angriffsbewegung in einen adäquaten Rhythmus pressen. Das akustische Moment bleibt dominierend („Kreisch", „keuchen"). Es bestimmt auch noch den dritten Satz, in dem die logisch naheliegende Passivkonstruktion in charakteristischer Weise vermieden wird: Die Aussage, daß der Himmel durch Schreie, Geschosse etc. zerfetzt wurde, wird ganz und gar als feindlich-bedrohliche Aktivität umgesetzt: „Die Himmel fetzen". Der Schlußsatz, mit dem vorhergehenden Vers sogar durch Reim verbunden, hält den Gegenwartsaugenblick grausig bilanzierend fest.

Dynamik der
Verben

Die Ausdrucksdynamik des Gedichts erwächst aus den Verben (auch dort, wo sie grammatisch einer anderen Wortart zugehören): Gellen, kreischen, peitschen, keuchen, fetzen, schlächtern. Der Ausdruckswille zeigt sich in kühnen Neologismen, zu denen auch das Adverb „wildum" gehört. Kurzum: der im ursprünglichen Wortsinn „expressionistische" Charakter des Gedichts liegt offen zutage.

Ein natura-
listisches
Stenogramm?

Gleichwohl seien hier einige Frage gestellt: Läßt sich ein Gedicht wie „Sturmangriff", isoliert gesehen und möglicherweise von einem Leser betrachtet, der andere Stramm-Texte nicht kennt, nicht geradezu als Erlebnisgedicht verstehen? Ist der im Titel genannte Vorgang nicht das absolut Primäre, etwas, das die extreme Anspannung der sprachlichen Wiedergabe erzwingt und diktiert? Wird hier nicht ein Geschehen nachgezeichnet, nacherlebbar gemacht, bis ins Lautmalerische hinein der Wirklichkeit folgend? Ist ein solches Gedicht nicht ein Beispiel für konsequenten und radikalen Naturalismus? Könnte man „Sturmangriff" und andere Kriegsgedichte August Stramms vielleicht als eine besonders komprimierte Form von lyrischem Augenzeugenbericht bezeichnen?

Eindimensionale
Stramm-Rezep-
tion

Das heutige Erscheinungsbild August Stramms beruht wie gesagt auf einer sehr schmalen Auswahl von (Kriegs-)Gedichten. Diese sollen seinen „bleibenden" Beitrag zur expressionistischen Lyrik dokumentieren, die oft abstrusen Aspekte seines Werks geraten

gar nicht erst ins Blickfeld. Solche Positivauswahl zeigt den
Autor nun in der Tat als einen seinem jeweiligen Gedichtthema
verpflichteten Naturalisten. Man könnte sagen, daß die Schrek-
kenswelt des Krieges in dem Maße, wie sie sich von der ‚normalen Wirklichkeit' unterscheidet, den Dichter zu sprachlich-for-
malen Konsequenzen zwingt. Stramms Kriegsgedichte mögen
dann als Beweis dafür dienen, daß ein ins Extrem gesteigerter
Naturalismus in Expressionismus umschlägt.

August Stramm heute – das ist kaum mehr jener extravagante,
eigenbrötlerisch-verquälte, wunderliche Avantgardist, sondern
ein Autor, dessen Werk durch den Nachdruck der immer
gleichen fünf bis sechs Gedichte ‚konsumierbar' geworden ist.
Das gilt z.B. auch für das folgende, häufig reproduzierte
Gedicht:

Untreu   *„Dein Blick*
                                                             versargt"

    Dein Lächeln weint in meiner Brust
    Die glutverbissnen Lippen eisen
    Im Atem wittert Laubwelk!
    Dein Blick versargt
    Und
    Hastet polternd Worte drauf.
    Vergessen
    Bröckeln nach die Hände!
    Frei
    Buhlt dein Kleidsaum
    Schlenkrig
    Drüber rüber!

Dieses Gedicht erscheint dem heutigen Leser als individuelles
Liebesgedicht (was es im Kontext der Gedichtsammlung „Du"
keineswegs ist!), und zwar als eines, das bekannte Muster vari-
iert. „Es ist eine alte Geschichte,/Doch bleibt sie immer neu;/
Und wem sie just passiret,/Dem bricht das Herz entzwei."
(Heine, Lyrisches Intermezzo, 39) Um das Ende, ja um die
Beerdigung einer Liebe geht es, provoziert durch die tatsächli-
che oder geargwöhnte Untreue der angeredeten Frau.

Mimik und Gestik der Frau erscheinen demjenigen, der von   *Die untreue Frau*
ihrer Untreue überzeugt ist, als verlogenes Gebaren, so daß jede
ihrer an sich unverfänglichen Körpergebärden von ihm als
schmerzliches Kontrastgefühl erlebt wird. So sind denn gleich
die Anfangsverse von der Spannung heftigster Gegensätze
bestimmt: Lächeln–Weinen, Glut–Eis, Atem–Laubwelk. Mit
dem „Blick" aber bekommt der Entfremdungs- und Trennungs-

prozeß etwas Endgültiges, er besiegelt den Tod der Liebe, er „versargt". Diese Metapher wird nun assoziativ weitergeführt. Dem ‚sprechenden' Blick sind gleichsam die am offenen Grab gesprochenen Abschiedsworte abgelauscht (sie „poltern" auf den Sarg), und die Bewegung der Hand erinnert an das bei einer Beerdigung übliche Nachwerfen von Erde auf den Sarg, das „Vergessen" beginnt. Die buhlerische Ungetreue hat sich aus der Liebesbindung gelöst, mit nonchalant-frivoler Bewegung macht sie sich davon.

Stilfigur des Oxymorons

Das Thema der unglücklichen Liebe, die bis hin zum Wunsch, sterben zu wollen, erlitten wird – es erinnert an den frühen Heine („Buch der Lieder"). Und die in Stramms Gedicht so beherrschende Stilfigur des Oxymorons, die um der expressiven Wirkung willen polare Gegensätze zusammenzwingt – sie findet sich ebenfalls bei Heine, der sie seinerseits aus der petrarkistischen Lyrik übernommen hat. „Dein Lächeln weint" mag insofern eine ‚typisch expressionistische' Wendung sein, sie ist indes

Petrarkismus

zugleich eine Variation der petrarkistischen Formeln der Liebesklage (die Schönheit martert, die Süße ist bitter, die Geliebte ist kalt wie Eis, während der Liebende in Flammen steht usw.).

Erinnerung an Heine

Stramms „Untreu" ist sozusagen ein modernes Heine-Gedicht, dem der liedhafte ‚Heine-Sound' abhanden gekommen ist. Nicht um ein einmaliges, individuelles Seelendrama handelt es sich, sondern um die formelhafte Wiedergabe einer typischen zwischenmenschlichen Situation. Im historischen Abstand zeigt sich, daß das Werk August Stramms viel stärker der lyrischen Tradition verhaftet ist, als der Autor selbst ahnte und die Zeitgenossen erkennen konnten.

Georg Heym

Die Aura des „Frühvollendeten"

Am 16. Januar 1912 ertranken Georg Heym und sein Freund Ernst Balcke in Berlin, als sie beim Schlittschuhlaufen auf der Havel verunglückten. Dieser frühe und absurde Tod des 24jährigen Dichters rief eine Fülle von Gedenkartikeln, Essays, Huldigungsgedichten hervor und führte dazu, so makaber es auch klingen mag, daß Georg Heym in weiteren Teilen der Öffentlichkeit erst richtig bekannt wurde. Ernst Rowohlt nutzte die beginnende Popularität seines Autors, um die zweite Auflage des im Vorjahr veröffentlichten Gedichtbandes „Der ewige Tag" herauszubringen, und er sorgte auch dafür, daß der Band „Umbra vitae. Nachgelassene Gedichte" bereits im Juni des Jahres 1912 erschei-

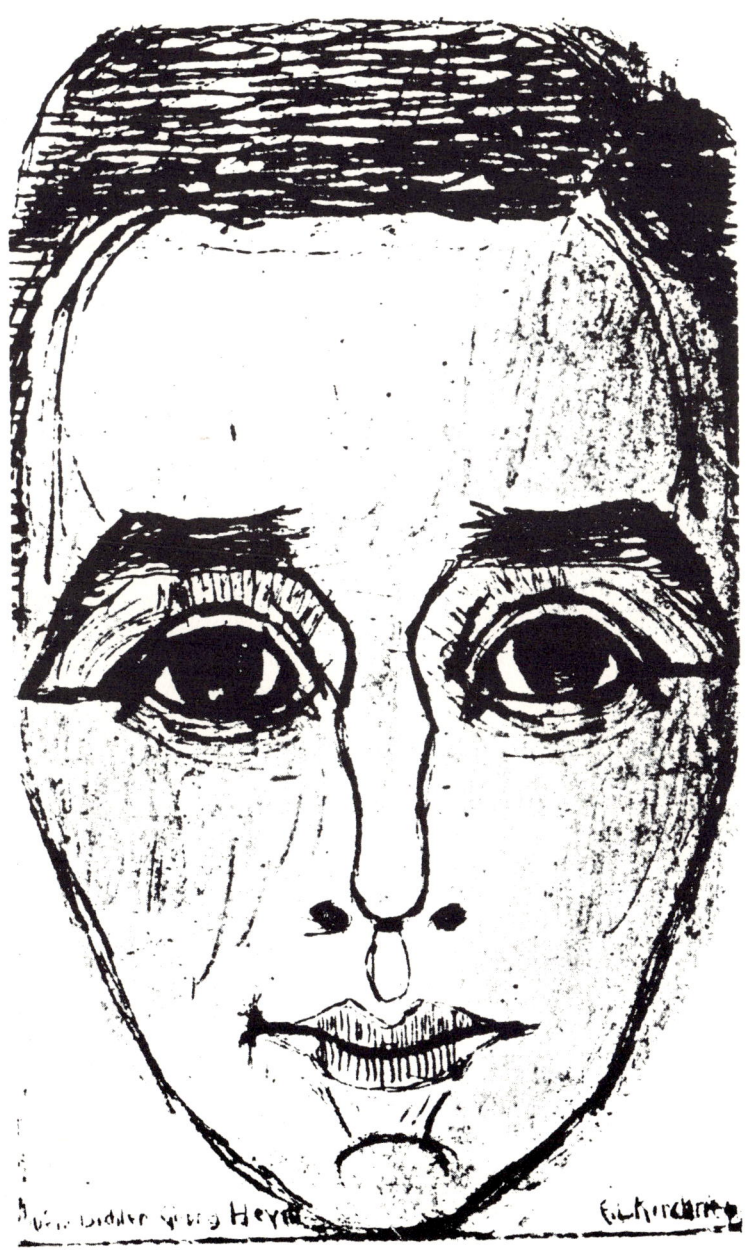

Georg Heym. Radierung von Ernst Ludwig Kirchner (1923)

nen konnte. So entstand noch in den Anfangsjahren des Expressionismus das legendenhafte Bild eines Frühvollendeten, eines visionären Schöpfers apokalyptischer Bilder, eines Propheten, dessen Werk durch den zwei Jahre später hereinbrechenden Weltkrieg sozusagen seine endgültige „Bestätigung" erfuhr.

„Umbra vitae" Der Name „Umbra vitae" (Schatten des Lebens) geht, wie plausibel überliefert ist, auf bestimmte Titelvorstellungen des Autors für einen künftigen Gedichtband zurück. Das Eingangsgedicht, dem die fünf (!) Herausgeber (durchweg Freunde und Bekannte aus dem „Neuen Club") den gleichen Titel gaben und das in der „Menschheitsämmerung" an exponierter Stelle, nämlich gleich hinter van Hoddis' „Weltende", abgedruckt ist, wird allerdings seit dem Jahre 1964, als Band 1 der Gesamtausgabe erschien, nurmehr unter der Anfangszeile („Die Menschen stehen vorwärts in den Straßen") registriert. Die Überprüfung der Handschrift hat nicht nur zwei bis dahin unbekannte Strophen zutage gefördert, sondern vor allem den Nachweis erbracht, daß Georg Heym diesem Gedicht seine letzte und abschließende Form nicht mehr hat geben können. Es handelt sich um einen Entwurf, nicht um ein fertiges Werk. Daher sollte dieses Gedicht, so berühmt es auch ist, nicht länger in einer Weise interpretiert werden, die diese Tatsache vergessen macht. Wohl aber sind die folgenden Strophen und Verse in besonderer Weise geeignet, die lyrische Bild- und Motivwelt Georg Heyms zu verdeutlichen.

Die Menschen stehen vorwärts in den Straßen...

I   Die Menschen stehen vorwärts in den Straßen
      Und sehen auf die großen Himmelszeichen,
      Wo die Kometen mit den Feuernasen
      Um die gezackten Türme drohend schleichen.

II   Und alle Dächer sind voll Sternedeuter,
      Die in den Himmel stecken große Röhren.
      Und Zaubrer, wachsend aus den Bodenlöchern,
      Im Dunkel schräg, die einen Stern beschwören.

III   Krankheit und Mißwachs durch die Tore kriechen
      In schwarzen Tüchern. Und die Betten tragen
      Das Wälzen und das Jammern vieler Siechen,
      Und welche rennen mit den Totenschragen.

IV   Selbstmörder gehen nachts in großen Horden,
      Die suchen vor sich ihr verlornes Wesen,
      Gebückt in Süd und West, und Ost und Norden,
      Den Staub zerfegend mit den Armen-Besen.

V Sie sind wie Staub, der hält noch eine Weile,
   Die Haare fallen schon auf ihren Wegen,
   Sie springen, daß sie sterben, nun in Eile,
   Und sind mit totem Haupt im Feld gelegen.

VI Noch manchmal zappelnd. Und der Felder Tiere
    Stehn um sie blind, und stoßen mit dem Horne
    In ihren Bauch. Sie strecken alle viere
    Begraben unter Salbei und dem Dorne.

VII Das Jahr ist tot und leer von seinen Winden,
     Das wie ein Mantel hängt voll Wassertriefen,
     Und ewig Wetter, die sich klagend winden
     Aus Tiefen wolkig wieder zu den Tiefen.

VIII Die Meere aber stocken. In den Wogen
      Die Schiffe hängen modernd und verdrossen,
      Zerstreut, und keine Strömung wird gezogen
      Und aller Himmel Höfe sind verschlossen.

IX Die Bäume wechseln nicht die Zeiten
    Und bleiben ewig tot in ihrem Ende
    Und über die verfallnen Wege spreiten
    Sie hölzern ihre langen Finger-Hände.

X Wer stirbt, der setzt sich auf, sich zu erheben,
   Und eben hat er noch ein Wort gesprochen.
   Auf einmal ist er fort. Wo ist sein Leben?
   Und seine Augen sind wie Glas zerbrochen.

XI Schatten sind viele. Trübe und verborgen.
    Und Träume, die an stummen Türen schleifen,
    Und der erwacht, bedrückt von andern Morgen,
    Muß schweren Schlaf von grauen Lidern streifen.

Die einzelnen Bilder von Ohnmacht und Hilflosigkeit, Krankheit und Tod, Stillstand der Zeit und Erstarren der Natur ergeben ein Gesamtbild vom „Weltende", das sowohl Prophetie als auch Gegenwartsdiagnose ist.

Ein fester Bestandteil des Endzeitszenarios ist hier wie in anderen Heym-Gedichten (vgl. z. B. die Schlußstrophe von „Die Vorstadt" oder die Eingangsstrophe von „Die Nacht") das Bild der „großen Himmelszeichen", das die Strophen I und II bestimmt. Das buchstäblich in Bewegung geratene Gestirn ist einerseits Metapher für ein übermächtig drohendes Schicksal, wird aber andererseits ins Groteske verzeichnet: Die Kometen „schleichen" mit „Feuernasen" um die Türme der Stadt. Als grotesk erscheint auch die Haltung der in den Himmel starrenden Menschen, vor allem jedoch das, was die berufsmäßigen

Strophe I–II: Die „Zeichen" am Himmel

Welterklärer („Sternedeuter", „Zaubrer") so treiben. Sie wenden ihren Blick vom katastrophischen Geschehen in der unmittelbaren Umgebung ab und suchen die Ursachen des Unheils am Himmel zu orten, so als würde den Menschen ihr Geschick ‚von oben' diktiert. Nur sehen sie oben nichts anderes als unten: nämlich „Zeichen", die sie nicht deuten können. Die vermeintlichen Spezialisten sind ebenso ratlos wie die übrigen Menschen.

Strophe III:
Siechtum und
Tod

Von Strophe III an rückt nun das irdische Jammertal ins Bild. Die Wortwahl von Str. III (die wie Str. VII jahrzehntelang unbekannt war) muß insofern irritieren, als hier zunächst keine konkreten Bilder, sondern personifizierte Begriffe verwendet werden: „Krankheit und Mißwachs" – nicht Kranke und Krüppel – „kriechen" voran. Der dominierende Eindruck von Siechtum und Tod wird dann wieder ins Groteske zugespitzt; die Schnelligkeit, mit der die Totenbahren heran- oder davongetragen werden, hat etwas Absonderliches.

Strophe IV–VI:
Die „Horden"
der Selbstmörder

Ins Groteske verzeichnet ist auch das Bild der Selbstmörder in den Strophen IV–VI. Ihr Tod hat nichts von heroischer Düsternis. Statt in tragischer Vereinsamung werden sie als merkwürdiges Kollektiv präsentiert, das „in großen Horden" seinem Ende entgegengeht. Ihre Beschreibung häuft seltsam unpassende Details (die Arme als „Besen", die unterwegs ausfallenden Haare) und hält die Bewegungen des Todeskampfes („springen", „zappeln", „alle viere strecken") in einer Weise fest, als sei von einer Art Ungeziefer die Rede. Der vordergründig zynische Effekt der Metaphern und Vergleiche ist dabei jedoch alles andere als ein Indiz für souveräne Unbeteiligtheit, mit der der Autor sich über Menschen und Dinge erheben würde. Eher ist es so, daß die Bestandsaufnahme des „Weltabends" zu solch drastischer Metaphorik nötigt: Das Leben lebt nicht mehr, nicht nur den Menschen ist ihr „Wesen" abhanden gekommen, auch die Natur erstarrt, ja, die Zeit selbst steht still („Das Jahr ist tot und leer von seinen Winden", „Die Meere aber stocken", „Die Bäume wechseln nicht die Zeiten").

Strophe VII–IX:
Stillstand der
Zeit

Die Bildlichkeit der Strophen VII–IX dient indes weniger dazu, den Ausnahmefall einer kosmischen Katastrophe zu fixieren, als daß sie metaphorisch auf den gegenwärtigen Weltzustand verweist, der für Heym mit Entfremdung, Entseelung, geschichtlichem und gesellschaftlichem Stillstand identisch ist. Über allem Leben liegt der Schatten des Todes. Zudem wird ja der Mensch ständig durch seine Erfahrung („Und eben hat er noch ein Wort gesprochen./ Auf einmal ist er fort.") an die eigene Sterblichkeit erinnert, wodurch die allgemeine Bedrohung stets aufs neue aktualisiert wird.

Strophe X:
Allgegenwart des
Todes

Die Schlußstrophe erklärt die bedrängenden Bilder des „Weltendes" im nachhinein zu „Schatten" und „Träumen", doch werden diese damit keineswegs entwirklicht! Die psychische Realität bleibt ja bestehen: Es handelt sich um keinen zufälligen,
beliebigen Alptraum, sondern der „schwere Schlaf" wird durch
den gegenwärtigen Welt- und Lebenszustand produziert, wie
denn der Schläfer auch gleich wieder „bedrückt" vom Licht der
Morgen erwacht. Die bedrückende Gegenwart ist es, die die
„Schatten" und „Träume" erzeugt.

Strophe XI:
Schwerer Schlaf,
bedrückender
Morgen

Das Gedicht „Die Menschen stehen vorwärts in den Straßen" ist
in mehrfacher Hinsicht für das lyrische Gesamtwerk Georg
Heyms repräsentativ. Das gilt für die Thematik des „Weltendes"
im allgemeinen (vgl. S. 95 ff.) wie für die einzelnen ihr zugeord-
neten Motivkomplexe im besonderen (vgl. S. 88 ff. u. 116 ff.). Auf
die vielerlei Parallelen im metaphorischen Bereich, die dieses
Gedicht mit anderen verbinden, kann hier nicht einmal andeu-
tungsweise eingegangen werden. Erwähnt sei lediglich, daß die
Bildwelt Georg Heyms immer wieder auf jene der Apokalypse
zurückgreift (vgl. z. B. „Die Offenbarung des Johannes" 9,6:
„Und in den Tagen werden die Menschen den Tod suchen und
nicht finden" oder 10,6: „daß hinfort keine Zeit mehr sein soll"),
nicht aber deren christlich-eschatologischen Sinn bewahrt.

Bilder der
Apokalypse

Charakteristisch für Heym ist überdies, daß hier wie in der
überwiegenden Mehrzahl seiner Gedichte das lyrische Ich fehlt,
so als wolle der Autor den Eindruck bloßer Subjektivität gar
nicht erst aufkommen lassen. Typisch ist auch die relativ starre
Form der vierzeiligen Strophe mit ihren kreuzweise reimenden
Versen im fünfhebigen Jambus, die bereits von den Zeitgenossen
als monoton und unangemessen gerügt wurde. Nur hat diese
Gleichförmigkeit ja sehr direkt mit der inhaltlichen Aussage zu
tun, die das Abgestorbene, Leere, Erstarrte des Lebens behauptet.

Konventionelle
Form

Das zitierte Gedicht läßt paradigmatisch erkennen, was Georg
Heym mit dem frühexpressionistischen Reihungsstil verbindet
und was ihn von ihm trennt. Die einzelnen Strophen werden
zumeist durch Aussagesätze von parataktischer Struktur eingelei-
tet, bei denen Vers- und Zeilengrenze übereinstimmen: „Die
Menschen stehen vorwärts in den Straßen", „Selbstmörder
gehen nachts in großen Horden", „Die Bäume wechseln nicht
die Zeiten". Anders aber als etwa beim Zeilenstil Alfred Lichtensteins werden zum Eingangsvers nicht einfach gleichgebaute
Folgesätze addiert, sondern der erste Satz wird zu einer Motiv-
einheit ausgebaut, die mehrere Verse oder gar Strophen zusam-
menbindet. An den Strophen IV–VI läßt sich die assoziative

Spezifische
Reihungstechnik

Assoziative
Bildverknüpfung

Technik der Bildverknüpfung gut verfolgen: in Str. IV „zerfegen"
die Selbstmörder mit ihren „Armen-Besen" noch den „Staub",
während sie in Str. 5 schon selbst mit dem Staub verglichen
werden. Sie liegen „mit totem Haupt im Feld", und in Str. VI
rücken dann „der Felder Tiere" ins Bild. So endet der Weg der
Selbstmörder, die „nachts in großen Horden" dahinziehen (und
zwar doch wohl durch die Straßen der Großstadt?), unversehens
im Feld „unter Salbei und dem Dorne". Möglicherweise wäre ein
derart sprunghafter Wechsel der Bildebene von Georg Heym
noch korrigiert worden? (Das ist natürlich eine spekulative
Erwägung.)

Georg Trakl

*Langjährige
Beschäftigung
mit Kaspar
Hauser*

Das „Kaspar Hauser Lied" erschien am 15. November 1913 im
„Brenner". Dieses Gedicht hat eine Vorgeschichte, die belegt,
daß sich Georg Trakl im Verlauf mehrerer Jahre – vielleicht
sogar schon seit 1908, dem Erscheinungsdatum des Romans
„Caspar Hauser oder die Trägheit des Herzens" von Jakob
Wassermann – immer wieder mit dem Kaspar-Hauser-Stoff
beschäftigt hat. Im Juliheft 1910 der Wiener Kulturzeitschrift
„Der Merker" war ein „Kaspar-Hauser"-Puppenspiel von Georg
Trakl angekündigt, das aber vermutlich nie geschrieben wurde.

*Nicht nur
Interesse –
Identifikation*

Und im April 1912 schickte Georg Trakl dem Freund Erhard
Buschbeck eine Karte, die u. a. den folgenden Satz enthält: „Ich
werde endlich doch immer ein armer Kaspar Hauser bleiben."
(Trakl, Bd. 1, 487) Gewiß, man soll die Bedeutung dieses zugleich
resignierten und selbstironischen Satzes nicht überschätzen oder
gar zu einer über den Tag hinaus gültigen Selbstcharakteristik
stilisieren. Aber als unerheblich oder bloß zufällig ist der Satz
eben auch nicht abzutun: Andere Äußerungen, in denen sich der
Autor so direkt mit einer fremden Person vergleicht, sind nicht
überliefert.

*Die historische
Person*

Kaspar Hauser ist eine historische Figur, die jedoch bereits für
die Zeitgenossen und erst recht für die Nachwelt ins Legenden-
haft-Symbolische hineinwuchs. Im Jahre 1828 tauchte in Nürnberg ein etwa 16jähriger Knabe auf, der einem mitgeführten
Brief zufolge in größter Abgeschiedenheit aufgewachsen war
und nun Soldat werden sollte. Hochgestellte Persönlichkeiten
nahmen sich seiner an, er wurde in Ansbach als Schreiber
beschäftigt; manche hielten ihn für einen Betrüger, andere für
den von seiner Familie beiseite geschafften Erbprinzen von

Georg Trakl (1887–1914)

Baden. Schon 1829 hatte man ihn mit einer Verletzung aufgefunden, die vielleicht von einem Mordanschlag herrührte. Am 17. 12. 1833 erlag er den Folgen eines Messerstichs, den ihm nach eigener Aussage drei Tage zuvor ein Fremder zugefügt hatte.

Rätselhaft und unzeitgemäß

Was mag Georg Trakl an Kaspar Hauser fasziniert haben? Mit Sicherheit nicht die kolportagehaft-kriminalromanartigen Züge seiner Geschichte, wohl kaum auch die Prinzen-Theorie, die aus dem Findling ein Opfer von Intrigen der europäischen Adelsgesellschaft machte. Kaspar Hauser – das ist der rätselhafte Fremdling schlechthin, unklar die Herkunft, ungeklärt sein Tod, das ist der Verstoßene, der Einsame, der Unzeitgemäße, nicht in der Welt sich Zurechtfindende, Kaspar Hauser: der arme, leidende Mensch. So jedenfalls spricht er aus dem Rollengedicht „Gaspard Hauser chante", das Paul Verlaine 1873 im Brüsseler Gefängnis dichtete. Vielleicht hat es Trakl gekannt. Die letzte der vier Strophen lautet:

Paul Verlaine: „le pauvre Gaspard"

Suis-je né trop tôt ou trop tard?
Qu'est-ce que je fais en ce monde?
O vous tous, ma peine est profonde:
Priez pour le pauvre Gaspard!

Verlaines Gedicht (das übrigens weit eher als das von Trakl den Namen „Lied" verdiente) impliziert eine direkte Identifikation mit dem „pauvre Gaspard" – Georg Trakl hat sich den Stoff in ganz anderer Weise anverwandelt:

Kaspar Hauser Lied

Er wahrlich liebte die Sonne, die purpurn den Hügel
hinabstieg,
Die Wege des Walds, den singenden Schwarzvogel
Und die Freude des Grüns.

Ernsthaft war sein Wohnen im Schatten des Baums
5   Und rein sein Antlitz.
Gott sprach eine sanfte Flamme zu seinem Herzen:
O Mensch!

Stille fand sein Schritt die Stadt am Abend;
Die dunkle Klage seines Munds:
10   Ich will ein Reiter werden.

Ihm aber folgte Busch und Tier,
Haus und Dämmergarten weißer Menschen
Und sein Mörder suchte nach ihm.

Frühling und Sommer und schön der Herbst
15 Des Gerechten, sein leiser Schritt
An den dunklen Zimmern Träumender hin.
Nachts blieb er mit seinem Stern allein.

Sah, daß Schnee fiel in kahles Gezweig
Und im dämmernden Hausflur den Schatten des Mörders.

20 Silbern sank des Ungebornen Haupt hin.

Es handelt sich bei diesen Versen weniger um ein „Lied" als um
einen poetisch überformten Bericht, doch an den historischen
Hauser erinnert relativ wenig: eigentlich nur die als Zitat ein-
montierte Selbstaussage, ein Soldat werden zu wollen (V. 10),
sowie das Faktum der Ermordung von unbekannter Hand.
Der historische Hauser kam aus dem Nirgendwo eines Tages   *Mythische*
nach Nürnberg, seine Vergangenheit war dunkel, sie war auch   *Verklärung*
von Leid geprägt. Trakls Gedicht will es anders. Es erzählt die
Geschichte eines Naturkindes, das in die Stadt verschlagen
wurde, und in der Stadt wohnt der Mord. Die Person des
Findlings wird überhöht zu einem „reinen" Menschen (V. 5), zu
einem „Gerechten" (V. 15), der einen eigenen Stern hat (V. 17)
und in solch liebevollem Einklang mit der Natur lebt, daß Gott
zu ihm spricht (V. 6 f.). Dieser Mensch bleibt seinem Ursprung
nah, Trakl findet dafür das märchenhaft-schöne Bild, daß „Busch
und Tier" ihm folgen (V. 11). Mit „stillem" und „leisem" Schritt
durchwandert er die Jahreszeiten, er ist unschuldig und arglos, er   *Der reine und*
weiß nicht, daß ihn „sein Mörder" schon verfolgt. Der reine,   *naive Mensch*
wahrhafte Mensch (der auch von Gott als solcher erkannt und   *muß sterben*
angesprochen wird), er kann – so die düstere Botschaft des
Gedichts – in dieser Welt nicht leben: „Silbern sank des Ungebornen Haupt hin."
Man könnte sagen, daß Trakls Gedicht dem Tod Kaspar Hausers
eine bittere Folgerichtigkeit zuschreibt; es ist eine traurig-melan-
cholische Klage über den Zustand der Welt, in dem für einen
solchen – im positiven Wortsinn: naiven – Menschen kein Platz
mehr ist. Damit wird aber die Titelfigur immer mehr von ihrem
historischen Vorbild gelöst und den mythisch verklärten Aus-
nahme-Gestalten des Traklschen Werks (vgl. die „Elis"-Gedichte
oder den „Gesang des Abgeschiedenen") angenähert.
Das „Kaspar Hauser Lied" gehört nicht zu den dunkelsten   *Hermetische*
Texten Georg Trakls. Dennoch sind keineswegs alle seiner Wen- *Sprache*
dungen verständlich. Was meint z. B. „Dämmergarten weißer
Menschen", was heißt „Silbern sank des Ungebornen Haupt
hin"? Vor allem die Farbwörter entziehen sich dem deutenden
Zugriff. Für den letzten Vers hatte Trakl eine Zeitlang die

Fassung vorgesehen „Eines Ungebornen sank des Fremdlings
rotes Haupt hin" (Trakl, Bd. 2, 163). Was zu dieser Änderung
bewogen haben mag und was dazu, sie wieder zurückzunehmen,
ist nicht zu ergründen. „Rot" ist so wenig dechiffrierbar wie
Farb-Chiffren   „silbern" (oder „weiß" in V. 12). Sicher ist nur, daß diese Farben
und „wirkliche"   ‚anders gemeint' sind als das Purpur in V. 1 oder das Grün in V. 3.
Farben   Der Leser muß sich mit der Erkenntnis bescheiden, daß Trakls
Poesie vom Rätselhaft-Geheimnisvollen spricht, indem sie es *als*
rätselhaft und geheimnisvoll darstellt.

Da Trakls Gedichte auf einem recht schmalen Motivreservoir
aufbauen, erscheint das einzelne Gedicht zugleich immer als
Variation und Spiegelung eines anderen oder mehrerer anderer.
Man vergleiche das „Kaspar Hauser Lied" z. B. mit „De profundis": Wird hier der stille Fremdling ermordet, so kommt dort
die „sanfte Waise" zu Tode; doch während in diesem Gedicht die
Erinnerung an die Schönheit der Natur aufleuchtet und Gott
zum Menschen spricht, ist in „De profundis" nur von einer
feindselig erstarrten Umwelt die Rede (vgl. Str. I), auf der
„Gottes Schweigen" lastet. Beide Gedichte münden in eine
absolute Chiffre: „Silbern sank des Ungebornen Haupt hin" bzw.
„Im Haselgebüsch/Klangen wieder kristallne Engel" – sie sind
also einerseits vergleichbar und andererseits wieder nicht. Was
ihnen aber gemeinsam ist, das ist der melancholische Klang, der
unverwechselbare Ton der Verse.

Gottfried Benn

Berühmt nicht   Gottfried Benn ist nicht nur einer der wenigen bedeutenden
nur wegen des   Lyriker des expressionistischen Jahrzehnts, die diesen Zeitab-
Frühwerks   schnitt überlebt haben, er ist auch der einzige, dessen Ruhm,
Ausstrahlung, Wirkung sich nicht auf das Frühwerk beschränkt.
Im Nachkriegsdeutschland der fünfziger Jahre avancierte er zum
Hauptrepräsentanten der modernen Dichtung überhaupt
(jedenfalls in der Bundesrepublik); sein Einfluß auf die Lyriker-
generationen nach ihm läßt sich bis in die jüngste Gegenwart
hinein nachweisen, und zwar in Konkurrenz zu dem Bertolt
Brechts, der seit den sechziger Jahren zunehmend als Lyriker
‚entdeckt' wurde. Die frühen Gedichte Gottfried Benns haben
heute vielleicht nicht mehr die gleiche schockhafte Intensität wie
bei ihrem erstmaligen Erscheinen, doch ihre Faszinationskraft ist
noch immer lebendig.

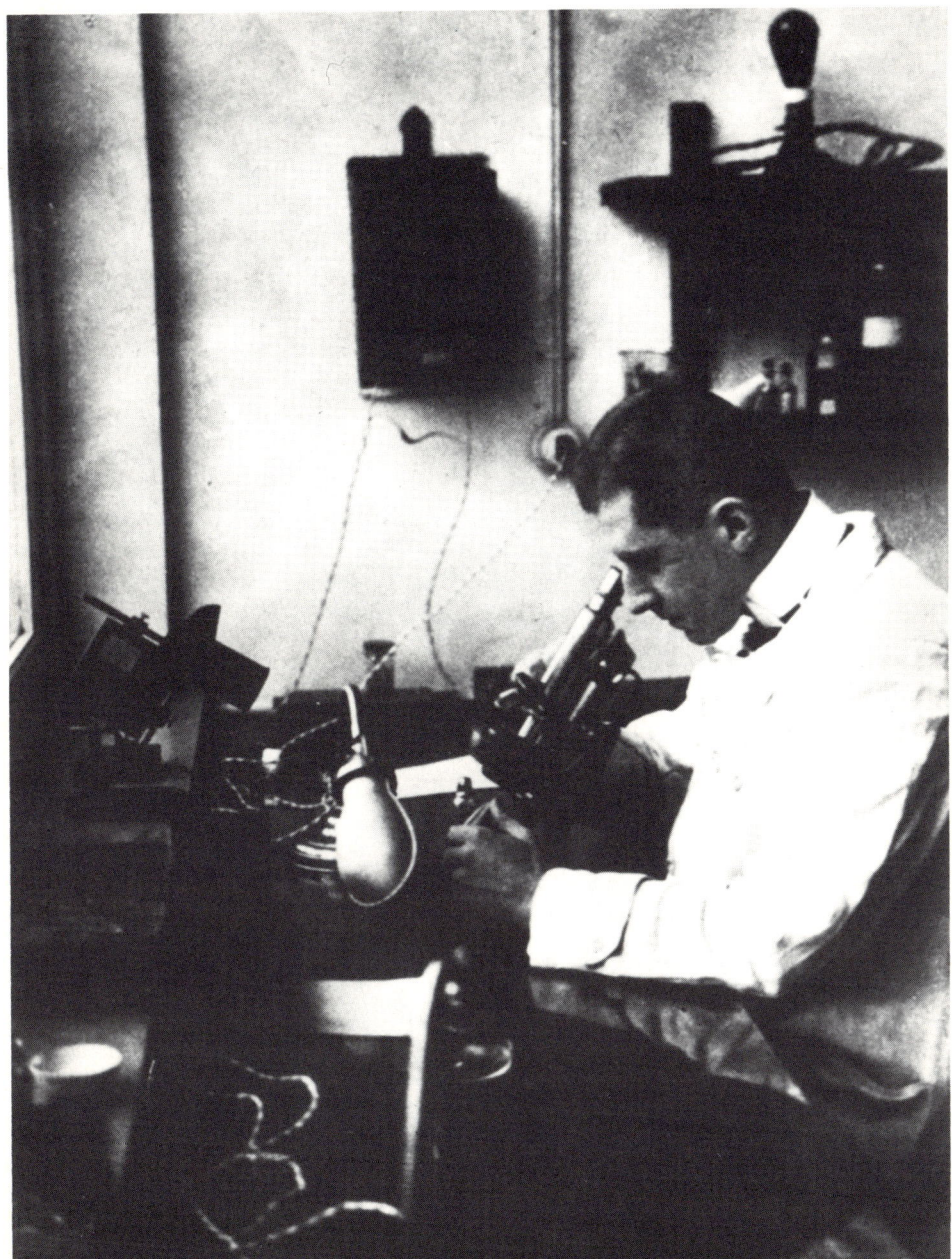

Gottfried Benn (1916)

Das Eingangs-
gedicht von
„Morgue"

Das Eingangsgedicht des Bandes „Morgue und andere
Gedichte" (1912) lautet:

Kleine Aster

Ein ersoffener Bierfahrer wurde auf den Tisch gestemmt.
Irgendeiner hatte ihm eine dunkelhellila Aster
zwischen die Zähne geklemmt.
Als ich von der Brust aus
5   unter der Haut
mit einem langen Messer
Zunge und Gaumen herausschnitt,
muß ich sie angestoßen haben, denn sie glitt
in das nebenliegende Gehirn.
10   Ich packte sie ihm in die Brusthöhle
zwischen die Holzwolle,
als man zunähte.
Trinke dich satt in deiner Vase!
Ruhe sanft,
15   kleine Aster!

Fingierte
Formlosigkeit

Die fünfzehn Verse in freien Rhythmen scheinen seltsam beiläufig dahingesprochen, so daß der Eindruck eines gleichmütig-
zynischen Parlandos entstehen mag, dem die künstlerische For-
mung fehlt. Dieser Eindruck erweist sich jedoch bei näherem
Hinsehen als falsch! Das Gedicht ist nicht nur sorgfältig kompo-
niert, es zeigt überdies eine nicht geringe sprachliche Virtuosität.
So taucht z. B. der Reim, der die Verse 1/3 und 7/8 aneinander-
bindet, gerade noch selten genug auf, um als zufällig gelten zu
können und die intendierte Wirkung von Sponaneität und Formlosigkeit nicht zu stören.

Dreigliedrige
Struktur

Das Gedicht ist in drei Teile gegliedert, die wiederum jeder aus
zwei – wenn auch unterschiedlich langen – Sätzen bestehen, und
die beiden Worte des Titels bilden dann am Ende, in eine eigene
Zeile gerückt, auch den Schluß. Und während sich in Teil I das
lyrische Ich noch verbirgt und in Teil III der „ersoffene Bierfahrer" nurmehr indirekt, als „Vase", gegenwärtig ist, ist allein die
Blume in allen drei Teilen gleichermaßen präsent, so daß die
provokante Titelgebung schon aus kompositorischen Gründen
gerechtfertigt erscheint.

Teil I (V. 1–3)

Der erste Teil umreißt die Situation, benennt die Person, um die
es bei der Sektion geht, und präzisiert die Beschaffenheit des
unvermutet auftauchenden Gegenstands, der bei dem Vorgang
eine Rolle spielt. Die Darstellungsweise ist berichtartig, das
Tempus Vergangenheit, doch wäre der gewählte Stil mit Begriffen wie Nüchternheit, Objektivität, Distanz allein nicht zutreffend erfaßt. Hinzu kommt ein grimmiger Humor, der sich in

einer raffiniert konstruierten Saloppheit der Sprache äußert. Bierfahrer „stemmen" Fässer – nun geschieht dem toten Vertreter dieser Zunft das gleiche. Daß er „auf den Tisch gestemmt" werden muß, macht zudem klar: Hier ist ein gehöriges Gewicht zu bewegen. Der Leser glaubt auch zu wissen, wie dieses Gewicht entstanden ist: nämlich durch häufigen Bierkonsum, so daß die jargonhafte Formulierung „ersoffener Bierfahrer" sowohl die Vorstellung eröffnet, da sei jemand ertrunken, als auch den Gedanken zuläßt, da habe sich jemand ‚zu Tode gesoffen'. Dieses Bild hat etwas Groteskes, bereits der erste Vers läßt keinen Gedanken an ehrfürchtigen Respekt vor dem Tode mehr zu. Das heißt: Der makabre Einfall, dem Toten eine Aster zwischen die Zähne zu klemmen, kann keine weihevolle Aura mehr zerstören, da diese schon durch den Eingangsvers beseitigt war. Das auffällige Adjektiv „dunkelhellila" läßt übrigens in der Schwebe, ob die Farbgebung nun mit besonderer Genauigkeit als ein von hell zu dunkel changierendes Lila erfaßt oder nur mit flüchtigem Blick als ungefähre Farbvorstellung registriert wird. Wie der Leser diese Frage für sich entscheidet, ist relativ unerheblich, wichtig ist hingegen, daß die betont sperrige Wortwahl ihn dazu nötigt, nun seinerseits seine Aufmerksamkeit auf die Aster zu konzentrieren.

Nüchterner Bericht und grimmiger Humor

Der zweite Teil zeichnet in der Perspektive des lyrischen Ich den Seziervorgang nach, wobei der tote Mensch mehr und mehr seinen Ganzheitsaspekt verliert und das Interesse sich völlig der kleinen Blume zuwendet. Das Tempus ist nach wie vor Vergangenheit, der Berichtcharakter bleibt bestehen, von einer emotionalen Beteiligung des lyrischen Ich ist nichts zu merken.

Teil II (V. 4–12): Der Sezier-vorgang

In den beiden Sätzen von Teil III (V. 13–15) ändern sich Tempus und Sprechgestus, und hier wird nun die eigentliche Provokation des Gedichts inszeniert. Zwar ist allein schon die Wahl des Gegenstands – eine Leichenöffnung als poetisches Motiv! – ungewöhnlich und schockierend, und der teilnahmslos registrierende Darstellungsstil der ersten zwölf Verse ist es nicht minder, doch ließe sich das alles wohl noch im Sinne einer schonungslos naturalistischen Wiedergabe von Wirklichkeit mit dem dazugehörigen „typischen Ärztezynismus" verstehen. In den drei Schlußversen aber meldet sich plötzlich das Gefühl zu Wort, geradezu zärtlich ruft das lyrische Ich die kleine Aster in dem großen Bierfahrerkörper an; es spricht den sonst über Gräbern zu hörenden Abschiedsgruß: „Ruhe sanft". Der Blume wird ein Mitgefühl entgegengebracht, das der tote Mensch nicht hat hervorrufen können. Wie aber kommt das? Liegt hier ein individueller psychischer Defekt vor? Eine berufsbedingte Deformation des Empfindens? Ein Verlust moralisch-kultureller Werte,

Teil III (V. 13–15): Provokation

Zärtliches Mitgefühl für ... die Blume

der Rückschlüsse auf eine gesellschaftlich produzierte Gefühls-
verrohung zuläßt?

Was ist der
Mensch?

Das geheime Thema des Gedichts ist die Frage „Was ist der
Mensch?" Die Verse geben keine Antwort, sie konstatieren nur,
führen vor: Da ist der tote Mensch, nichts als ein Klumpen aus
Fleisch und Blut, ein Sammelsurium einzelner Organe, kein
höheres Wesen, und da ist der lebende Mensch mit seinen
irgendwie unpassenden Empfindungen, die er in dem gegebenen Zusammenhang gar nicht haben dürfte, unerklärlicherweise
aber nun einmal hat.

Desillusionierung

Durchbrechen
von Tabus

„Kleine Aster" ist, wie auch das gleich konstruierte Gedicht
„Schöne Jugend" (vgl. S. 84), eine radikal-unerbittliche Bestandsaufnahme menschlicher Existenz. Hier wird tabula rasa
gemacht, von metaphysischem Trost oder sonstigen idealisti-
schen Sinngebungen bleibt nichts mehr übrig. Der Pfarrerssohn
und praktizierende Arzt Gottfried Benn durchbricht mit den
Motiven und Bildern seiner frühen Gedichte immer wieder die
Tabus, die auf allem liegen, was mit Krankheit, Verfall und Tod zu
tun hat. Die Darstellung physischen und psychischen Elends erfolgt
– wie z. B. im „Krebsbaracken"-Gedicht (vgl. S. 76 f.) oder im „Saal
der kreißenden Frauen" – mit äußerster Kraßheit und Präzision,
ohne erkennbares Mitleid, und in einer Sprache, die sich unsenti-
mental, bisweilen jargonhaft salopp oder zynisch gibt, jedenfalls
vorwiegend objektbezogen ist und mit Worterfindungen geizt.

Beschwörung von
Traum und
Rausch

Das Frühwerk Gottfried Benns ist nun aber weder thematisch
noch formal auf solche Gedichte reduzierbar, in denen die
Hinfälligkeit des Menschen herausgestellt wird. In gleichem
Maße repräsentativ sind jene Gedichte, die eine Innenwelt aus
Traum und Rausch beschwören (vgl. z. B. „Ikarus", „Karyatide").
In ihnen geht es um Erotik und Tod, um seltsam archaische
Glücksvorstellungen und Regressionsphantasien (vgl. S. 73 f.);
und die Sprache erzeugt einen suggestiven Sog, der von der
Wirklichkeit wegzieht. Als Beispiel seien drei Verse aus dem
Gedicht „D-Zug" zitiert:

> Stoppel und letzte Mandel lechzt in uns.
> Entfaltungen, das Blut, die Müdigkeiten,
> Die Georginennähe macht uns wirr.

Die Bildlichkeit dieser Verse ist assoziativ gefügt; sie evoziert ein
Herbstgefühl, einen seelischen Reizzustand, ist aber nicht auf
konkrete Bedeutung angelegt und entzieht sich dem rationalen
Verständnis.

Das Ich dieser Gedichte revoltiert gegen die moderne Zivilisation (gegen den „Norden", gegen das „Gehirn") und richtet seine Sehnsucht auf ein vorrationales Sich-treiben-lassen, Vergehen, Versinken, wobei Benn mit Vorliebe die Chiffren „Meer" und „Blau" (das mehr als einen bloßen Farbwert bezeichnen soll) verwendet. Der Sprache werden nie gehörte Wortkombinationen abgetrotzt, im Gedicht „Englisches Café" z. B.: „jasmindurchseucht", „Rosenschwangerschaft", „Asphodelentod".
Im Mai 1913 erschien in der Zeitschrift „Der Sturm" das folgende Gedicht (das hier allerdings in der an vier Stellen leicht veränderten Fassung der „Gesammelten Gedichte" von 1956 zitiert wird):

Untergrundbahn

Die weichen Schauer. Blütenfrühe. Wie
aus warmen Fellen kommt es aus den Wäldern.
Ein Rot schwärmt auf. Das große Blut steigt an.

Durch all den Frühling kommt die fremde Frau.
5 Der Strumpf am Spann ist da. Doch, wo er endet,
ist weit von mir. Ich schluchze auf der Schwelle:
laues Geblühe, fremde Feuchtigkeiten.

Oh, wie ihr Mund die laue Luft verpraßt!
Du Rosenhirn, Meer-Blut, du Götter-Zwielicht,
10 du Erdenbeet, wie strömen deine Hüften
so kühl den Gang hervor, in dem du gehst!

Dunkel: nun lebt es unter ihren Kleidern:
nur weißes Tier, gelöst und stummer Duft.

Ein armer Hirnhund, schwer mit Gott behangen.
15 Ich bin der Stirn so satt. Oh, ein Gerüste
von Blütenkolben löste sanft sie ab
und schwölle mit und schauerte und triefte.

So losgelöst. So müde. Ich will wandern.
Blutlos die Wege. Lieder aus den Gärten.
20 Schatten und Sintflut. Fernes Glück: ein Sterben
hin in des Meeres erlösend tiefes Blau.

Worum geht es? In einem vordergründigen Sinn natürlich um eine Fahrt mit der im Titel genannten „Untergrundbahn". Das männliche Ich befindet sich im Zugabteil, erregt von den sinnlich andrängenden Reizen eines lauen Frühlingstags (V. 1–3), die sich durch die Gegenwart einer hinzukommenden Frau (V. 4–8) zu erotisch-sexuellen Vorstellungen verdichten. Schließlich wendet sich das Ich – in Gedanken – mit emphatischem Anruf an die Frau (V. 9–11), bevor der Zug im Dunkel des Tunnels verschwindet (V. 12–13) und das Ich sich seinen Sehnsuchtsvisionen von einem sanft-erlösenden Dahinsterben überläßt (V. 14–21).

Untergrund der Psyche

Nun läßt sich das Gedicht allerdings nur in begrenztem Maße als konkrete Szene – d. h. als zeitlicher Vorgang zwischen Personen vor einem lokalisierbaren Hintergrund – nachvollziehen. Die Fahrt mit der „Untergrundbahn" führt in buchstäblichem Sinne zugleich in den Untergrund der (männlichen) Psyche hinab, ist eine Reise ins Unbewußte. Das heißt nicht, daß damit die ‚eigentliche Bedeutung' des Titelworts endgültig erfaßt wäre. Diese „Bahn" ist auch zu verstehen als untergründige, unterschwellige Verbindung zwischen der Sinnenfülle des äußeren Lebens mit all seinen „Blüten" und „lauem Geblühe" und dem aufwallenden „Blut" des „armen Hirnhunds", der an seinem Bewußtsein leidet und „der Stirn so satt" ist, daß er von einer Erlösung träumt, die ein Sich-Auflösen ist.

Bildliche und sensorische Korrespondenzen

Mehrdeutig schillernd ist nicht nur die Überschrift. Auch einzelne Worte oder Wortkombinationen (wie z. B. V. 9: „Rosenhirn") sind, rein für sich betrachtet und aus dem poetischen Kontext gelöst, abstrus und unverständlich. Ihr Sinn ergibt sich erst aus dem Zusammenhang der bildlichen und sensorischen Korrespondenzen, aus denen das Gedicht besteht. Man sehe etwa die folgende, durch Alliterationen verknüpfte Wortreihe: „Blütenfrühe", „Frühling", „fremde Frau", „fremde Feuchtigkeiten", der dann eine andere, wiederum durch Alliterationen geprägte Wortreihe antwortet: „So losgelöst. So müde. Ich will wandern. Blutlos die Wege." Die Frau erweckt nicht lediglich sexuelle Begehrlichkeit. In dem Maße, wie sie dem ‚verhirnten' Männer-Ich etwas Naturhaftes schlechthin respräsentiert, etwas Vegetatives („Du Erdenbeet") und Animalisches („weißes Tier"), wird sie zu einer Glücksverheißung tieferer Art. Sie hat, was sich das männliche Ich, das seine Stirn durch „ein Gerüste von Blütenkolben" ersetzen will, nur erträumt: ein „Rosenhirn", d. h. ein Gebilde aus Schönheit, Farbe und Duft, das organischer Bestandteil von Natur ist und allem qualvoll Menschlichen, aller Bewußtheit enthoben ist, von keiner Ideologie oder Religion mehr behelligt. Im „Götter-Zwielicht" dämmert jenes „ferne Glück" herauf, das sich in der letzten Strophe zu einer elysischen Landschaft aus Gärten und Liedern und Meer entfaltet.

Alliterationen und Assonanzen

Die Wirkung des Gedichts ergibt sich nicht allein aus dem Aussagegehalt, aus dem rational faßbaren Sinn der einzelnen Chiffren. Bei näherem Hinsehen (oder besser Hinhören!) offenbart sich ein ungewöhnlich dichtes System von Klangbildern, aus Alliterationen und Assonanzen gefügt. Der dunkle Vokal des Titelworts „Untergrundbahn" taucht z. B. wieder auf in „Blut", „Strumpf", „schluchze", „Mund", „Luft", im viermaligen „du", im „Dunkel: nun... unter (ihren Kleidern)", „nur... stummer Duft", und damit sind noch nicht einmal alle entsprechenden Worte genannt. Man verfolge den „ü"-Klang in „Blütenfrühe", „Frühling", „Geblühe", „Hüften", „kühl", „Gerüste von Blütenkolben", „müde", „Glück" oder gehe dem mal hell, mal dunkel abgetönten „ö"-Laut nach: „Götter-Zwielicht", „strömen", „gelöst", „löste", „schwölle", „losgelöst", „erlösend". Andere Variationsreihen (das geschlossene „e" in „Erdenbeet", „Meer" usw., das offene „e" in „Fellen", „Wäldern" usw., der Diphthong in „Schauer", „Frau", „Blau" usw.) wären zu erwähnen, auf die Fülle der Alliterationen kann hier nicht weiter eingegangen werden. Es mag deutlich geworden sein, daß die unterschwellige Wirkung dieser Verse von einer Wortartistik ausgeht, die sich als Geflecht akustischer Korrespondenzen realisiert.

Artistik der Klangbilder

Mag der Leser sich auch noch so sehr der zutiefst irrationalen Aussage des Gedichts verschließen (wollen), so kann er sich wahrscheinlich dennoch der Faszination dieser Verse nicht völlig entziehen. Insofern vermittelt das frühe Gedicht „Untergrundbahn" bereits eine Leseerfahrung, die sich bei der Lektüre der späteren Lyrik Gottfried Benns mehr und mehr bestätigt.

Faszination des Irrationalen

Klausurvorschlag: Gedichtvergleich

Ein expressionistisches Gedicht, das dem Schüler zur Bearbeitung vorgelegt wird, soll von diesem meist nicht nur textimmanent analysiert und interpretiert, sondern auch literaturhistorisch eingeordnet werden. Der Name des Autors bleibt daher fast immer ungenannt. Häufig besteht die Aufgabe darin, das expressionistische Gedicht mit einem motivgleichen oder motivähnlichen aus anderer Epoche und Stilrichtung zu vergleichen. Dies ist der Fall bei dem folgenden Beispiel, das Eichendorffs „Zwielicht" und Lichtensteins „Dämmerung" gegenüberstellt:

Thema: Zwei Arten von „Dämmerung"

Aufgabe: Analysieren und interpretieren Sie im Vergleich die beiden Gedichte „Zwielicht" und „Die Dämmerung".

Hinweis: Begründen Sie dabei Ihre literaturhistorische Einordnung beider Texte.

Zwielicht

Dämmrung will die Flügel spreiten,
Schaurig rühren sich die Bäume,
Wolken ziehn wie schwere Träume –
Was will dieses Graun bedeuten?

5 Hast ein Reh du lieb vor andern,
Laß es nicht alleine grasen,
Jäger ziehn im Wald und blasen,
Stimmen hin und wieder wandern.

Hast du einen Freund hienieden,
10 Trau ihm nicht zu dieser Stunde,
Freundlich wohl mit Aug und Munde,
Sinnt er Krieg im tückschen Frieden.

Was heut müde gehet unter,
Hebt sich morgen neugeboren.
15 Manches bleibt in Nacht verloren –
Hüte dich, bleib wach und munter!

Die Dämmerung

Ein dicker Junge spielt mit einem Teich.
Der Wind hat sich in einem Baum gefangen.
Der Himmel sieht verbummelt aus und bleich,
Als wäre ihm die Schminke ausgegangen.

5   Auf lange Krücken schief herabgebückt
Und schwatzend kriechen auf dem Feld zwei Lahme.
Ein blonder Dichter wird vielleicht verrückt.
Ein Pferdchen stolpert über eine Dame.

An einem Fenster klebt ein fetter Mann.
10 Ein Jüngling will ein weiches Weib besuchen.
Ein grauer Clown zieht sich die Stiefel an.
Ein Kinderwagen schreit und Hunde fluchen.

Zu dem gestellten Thema sei hier ein sogenannter *Erwartungsho-rizont* formuliert, in dem stichwortartig angegeben wird, welche Kenntnisse, Fertigkeiten, Urteile etc. der Schüler beweisen kann oder soll.

Vorausgesetzte Grundkenntnisse zu den Epochen

Allgemeine Eigenheiten und Stilmerkmale romantischer Gedichte, z. B.:
Artistisch hergestellte Schlichtheit in Metrum und Wortwahl, Anlehnung an die Eingängigkeit und scheinbare Selbstverständ-lichkeit des Volkslieds, Wiederkehr eines relativ schmalen Motiv- und Formelvorrats; kein Naturerlebnis, sondern be-stimmte Naturchiffren als Stimmungsträger, „Gemütserregungs-kunst" (Novalis); besonders bei Eichendorff Entwurf von Sehn-suchtslandschaften, festgelegte Symbolik der Tageszeiten, z. B. die Nacht als etwas sowohl Verführerisches wie Dämonisch-Bedrohendes.
Kenntnis auffälliger Stilmerkmale bestimmter expressionisti-scher Gedichte (Modell: Hoddis' „Weltende"), z. B.:
Montageprinzip bzw. simultanistische Reihungen, inhaltlich Groteskes bei konventioneller äußerer Form, Begriff des „neuen Sehens" von Menschen und Dingen. Mittelbar wichtig ist viel-leicht auch die Kenntnis des ambivalenten Begriffs „Mensch-heitsdämmerung".

Analytische Beobachtungen und Feststellungen

Eichendorff: „Zwielicht"

Titel und erstes Wort des Gedichts benennen das Thema; es geht um den engen Bezug zwischen dieser besonderen Tageszeit und dem Fühlen bzw. der Lebenssituation des Menschen.

Ein, wenn nicht sogar *das* Schlüsselwort des Gedichts ist „Graun" (V. 4), in dem sich das visuell Wahrgenommene (das Graue) und das psychisch Empfundene (das Grausige) aufs engste verbinden.

Diese beiden Bedeutungsstränge bestimmen auch die Komposition: In den Eckstrophen geht es mehr um den Naturvorgang und seinen zeitlichen Rahmen, und dem bangen Fragesatz am Schluß von Strophe I korrespondiert der Ausrufesatz am Schluß von Str. IV. In den Binnenstrophen aber wird die Gefährdung menschlicher Beziehungen akzentuiert. Der gedankliche und bildliche Bruch zwischen Eckstrophen und Binnenstrophen erweckt einen sprunghaft-disparaten Eindruck.

Das Gefühl angstvoller Bedrückung geht nicht so sehr von der (hier personifizierten) „Dämmrung" oder den Naturphänomenen selbst aus, als daß es sich in ihnen gespiegelt findet. Denn daß sich die Bäume „schaurig rühren" und die Wolken „wie schwere Träume" ziehen, ist vorwiegend die subjektive Empfindung dessen, der diese Stunde als „Graun" und „tückischen Frieden" erlebt.

Für das lyrische Ich bedeutet das „Graun" äußere und innere Bedrohung von Liebe (Str. II) und Freundschaft (Str. III). Die Appelle der Verse 6 und 10 sind auch als beschwörende Zurufe an das eigene Selbst zu verstehen.

Str. IV mündet in den geradezu gewaltsamen Entschluß, „wach und munter" zu sein, sich dem Zwielicht der Angst und (eingebildeten?) Befürchtungen nicht allzusehr zu überlassen und auf das neugeborene Licht des kommenden Tages zu vertrauen. Allerdings: „Manches *bleibt* in Nacht verloren"! (V. 15)

Auffallend und an der Wortwahl zu belegen ist, daß die naturhaften Stimmungsbilder der Strophen I und II (vgl. etwa das „Reh" als Symbol für das Geliebte) mehr und mehr durch abstrakt-begriffliche Aussagen ersetzt werden bzw. einer Metaphorik aus anderem Bereich (V. 12) Platz machen.

Insofern belegt die Entwicklung des Gedichts sehr deutlich die Funktion der Natur in romantischer Lyrik: Es handelt sich um Chiffren des persönlichen Empfindens, die das „Gemüt" des Lesers ansprechen. Ist dieses Ziel erreicht, können die Naturbilder zurücktreten oder ganz verschwinden.

Lichtenstein: „Die Dämmerung"

Der Titel evoziert eine lyrische Tradition (für die Eichendorffs „Zwielicht" ein charakteristisches Beispiel ist) und läßt demnach ein Natur- und Stimmungsgedicht erwarten, das den Leser zur Einfühlung in eine bestimmte Atmosphäre einlädt. Diese Erwartung wird aber durch das Gedicht selbst enttäuscht bzw. zerstört.

„Dämmerung" mag den Versen ihren zeitlichen Rahmen geben, indes ist damit weniger die konkrete Tageszeit angesprochen als das Zwielichtige und verwirrend Mehrdeutige der Wirklichkeit überhaupt.

Das Gedicht, das äußerlich konventionell gefügt ist (drei Vierzeiler, Kreuzreim, fünfhebiger Jambus), beruht auf einer Reihung von Momentaufnahmen, die ohne erkennbaren räumlichen oder kausalen Zusammenhang „montiert" sind. Die einzelnen „Bilder" bestehen – mit Ausnahme der Verse 3/4 und 5/6 – aus je einem in einen Vers gefaßten vollständigen Satz.

Der groteske Gesamteindruck ergibt sich aus einer Kombination von ‚normalen' und komisch-verfremdeten Versen. Richtig unverfänglich ist nur V. 2. Die Vermutungen in V. 7 und V. 10 sind zwar ebenfalls real vorstellbar, aber das eine Mal irritiert die Erwähnung der Haarfarbe, das andere Mal macht die Alliteration „*w*ill ein *w*eiches *W*eib" belustigenden Effekt. In V. 11 bleibt unklar, ob die Farbe grau sich auf die Haare des Clowns (und damit auf sein Alter) bezieht oder darauf, daß in der Dämmerung die ganze Person an Farbe verliert.

Die Groteske verbindet das eigentlich Unvereinbare und stellt Heterogenes unverbunden nebeneinander. Stilmittel sind ungewohnte und irgendwie ‚unpassende' Präpositionen (V. 1: „mit" statt „an"), Verben (V. 9: „klebt" statt „steht"), Adjektive (V. 3: „verbummelt") sowie komische Anthropomorphisierungen („Ein Pferdchen stolpert", „Hunde fluchen").

Die Intention des Gedichts zielt drauf ab, ein „neues Sehen" der Wirklichkeit zu lehren oder zumindest die übliche Realitätswahrnehmung durch Komik zu verunsichern. „Dämmerung" ist dafür nur Anlaß und Ausgangspunkt.

Interpretierender Vergleich

Eichendorffs Gedicht entwirft eine Seelenlandschaft, in der die „Dämmerung" Natur und Mensch in enge Beziehung setzt: Außenwelt und inneres Empfinden des (einsamen) Individuums entsprechen einander.

Das spezifisch „Romantische" des Gedichts liegt darin, wie hier

die Natur-Chiffren das Aufkommen von Einfühlung und
Gestimmtheit hervorrufen (sollen).

Lichtensteins Gedicht kennt nicht nur keine – wie auch immer
gefährdete – Übereinstimmung von Natur und Ich mehr, die
Disparatheit seiner Teilwahrnehmungen verweist letztlich auf
die Gegenwärtigkeit der Großstadt mit ihrer Flut von simultanen
Bildern und Reizen.

Die Momente von Groteske und Montage, die offene Form des
Reihungsstils sind als generations- und epochentypische Charakteristika des Expressionismus zu bewerten.

Eichendorffs und Lichtensteins „Dämmerungen" haben außer
dem gleichen Namen nichts gemein: Hier ist es der besondere
transitorische Moment eines „Grauens", dort ist es eine Angabe,
die sich jeder genaueren Bestimmung entzieht; bei Eichendorff
kommt es inhaltlich wie formal zu einem abrundenden Schluß
mit manifestem Aussagegehalt, bei Lichtenstein bleibt es bei
einer beliebig wirkenden Reihung von Momentaufnahmen,
deren zeitliche Begrenzung ebenso offenbleibt wie ihr „Sinn".

Literaturverzeichnis

Anthologien expressionistischer Lyrik

Zeitgenössische Textsammlungen:
Pinthus, Kurt (Hrsg.): Menschheitsdämmerung. Symphonie jüngster
  Dichtung (1919). Neuauflage mit dem Untertitel: Ein Dokument des
  Expressionismus. Mit Biographien und Bibliographien. Reinbek
  ⁴1961 (= Rowohlts Klassiker 55/56)
Rubiner, Ludwig (Hrsg.): Kameraden der Menschheit. Dichtungen zur
  Weltrevolution. Eine Sammlung (1919). Leipzig 1971 (= Reclams
  UB 218)

Neuere Anthologien:
Benn, Gottfried (Einleitung): Lyrik des expressionistischen Jahrzehnts.
  Von den Wegbereitern bis zum Dada (1955). München 1962 (= dtv-
  Sonderreihe 4)
Bode, Dietrich (Hrsg.): Gedichte des Expressionismus. Stuttgart 1966 (=
  Reclam UB 8726)
Große, Wilhelm (Hrsg.): Expressionismus. Lyrik. Mit Materialien. Stutt-
  gart 1980 (= Editionen für den Literaturunterricht. Klettbuch 3547)
Rühmkorf, Peter (Hrsg.): 131 expressionistische Gedichte. Berlin 1976
  (= Wagenbachs Taschenbuch 18)
Vietta, Silvio (Hrsg.): Lyrik des Expressionismus. Tübingen: Niemeyer
  ²1985 (= Deutsche Texte 37)

Spezielle Aspekte:
Geerken, Hartmut (Hrsg.): Dich süße Sau nenn ich die Pest von
  Schmargendorf. Eine Anthologie erotischer Gedichte des Expressio-
  nismus. München: Renner 1985
Rothe, Wolfgang (Hrsg.): Deutsche Großstadtlyrik vom Naturalismus bis zur
  Gegenwart. Stuttgart 1973 (= Reclams UB 9448-52).

Andere Textsammlungen, Dokumente, Erinnerungen

Anz, Thomas/Michael Stark (Hrsg.): Expressionismus. Manifeste und
  Dokumente zur deutschen Literatur 1910–1920. Mit Einleitungen und
  Kommentaren. Stuttgart: Metzler 1982
Best, Otto F. (Hrsg.): Expressionismus und Dadaismus. Die deutsche
  Literatur in Text und Darstellung, Bd. 14. Stuttgart 1974 (= Reclams
  UB 9653)
Best, Otto F. (Hrsg.): Theorie des Expressionismus. Stuttgart 1976 (=
  Reclams UB 9817)
Brühl, Georg: Herwarth Walden und „Der Sturm". Köln: DuMont 1983
Chiellino, Carmine: Die Futurismusdebatte. Zur Bestimmung des futuri-
  stischen Einflusses in Deutschland. Frankfurt/Bern/Las Vegas: Lang
  1978 (= Europäische Hochschulschriften I, 252)

Meidner, Ludwig: Dichter, Maler und Cafés. Erinnerungen. Hrsg. von Ludwig Kunz. Zürich: Arche 1973

Meyer, Alfred Richard: die maer von der musa expressionistica. Zugleich eine Quasi-Literaturgeschichte mit über 130 praktischen Beispielen. Düsseldorf: Die Fähre 1948

Pfemfert, Franz (Hrsg.): Die Aktion. Wochenschrift für Politik, Literatur und Kunst. 1911–1918. Eine Auswahl von Thomas Rietzschel. Berlin/Weimar: Aufbau 1986

Pörtner, Paul (Hrsg.): Literatur-Revolution 1910–1925. Dokumente, Manifeste, Programme. 2 Bde. Neuwied: Luchterhand 1961/62 (= die mainzer reihe 13, I–II)

Raabe, Paul (Hrsg.): Expressionismus. Aufzeichnungen und Erinnerungen der Zeitgenossen. Olten/Freiburg: Walter 1965

Raabe, Paul (Hrsg.): Expressionismus. Der Kampf um eine literarische Bewegung. Zürich: Arche 1987 ([1]1965)

Raabe, Paul (Hrsg.): Ich schneide die Zeit aus. Expressionismus und Politik in Franz Pfemferts „Aktion". 1911–1918. München 1964 (= dtv-dokumente 195/196)

Schmitt, Hans-Jürgen (Hrsg.): Die Expressionismusdebatte. Materialien zu einer marxistischen Realismuskonzeption. Frankfurt/M. 1973 (= edition suhrkamp 646)

Sheppard, Richard (Hrsg.): Die Schriften des Neuen Clubs 1908–1914. 2 Bde. Hildesheim: Gerstenberg 1980, 1983

Forschungsberichte, Handbücher

Brinkmann, Richard: Expressionismus. Internationale Forschung zu einem internationalen Phänomen. Stuttgart: Metzler 1980 (= DVjs-Sonderband)

Raabe, Paul: Die Autoren und Bücher des literarischen Expressionismus. Ein bibliographisches Handbuch in Zusammenarbeit mit Ingrid Hannich-Bode. Stuttgart: Metzler 1985

Kataloge

Eliel, Carol S. (Hrsg.): Ludwig Meidner. Apokalyptische Landschaften. München: Prestel 1990

März, Roland/Anita Kühnel (Hrsg.): Expressionisten. Die Avantgarde in Deutschland 1905–1920. Nationalgalerie Berlin (DDR). Berlin: Henschel 1986

Raabe, Paul/H. L. Greve (Hrsg.): Expressionismus. Literatur und Kunst 1910–1923. Stuttgart 1960 (= Sonderausstellungen des Schiller-Nationalmuseums, Katalog Nr. 7)

Roters, Eberhard/Bernhard Schulz (Hrsg.): Ich und die Stadt. Mensch und Großstadt in der deutschen Kunst des 20. Jahrhunderts. Martin-Gropius-Bau. Berlin: Nicolai 1987

Literatur zum Expressionismus

Die folgende Auswahl beschränkt sich auf allgemeinere Darstellungen in Buchform. Die einzelnen Autoren gewidmete Literatur ist zu umfangreich, als daß sie hier verzeichnet werden könnte.

Anz, Thomas: Literatur der Existenz. Literarische Psychopathographie und ihre soziale Bedeutung im Frühexpressionismus. Stuttgart: Metzler 1977 (= Germanistische Abhandlungen 46)

Bertl., Klaus D./Ulrich Müller: Vom Naturalismus zum Expressionismus. Literatur des Kaiserreichs. Stuttgart 1987 (= Geschichte der deutschen Literatur, Bd. 4.)
Bridgewater, Patrick: The Poets of the „Café des Westens": Blass, Heym, van Hoddis, Lichtenstein. Leicester 1984

Denkler, Horst (Hrsg.): Gedichte der „Menschheitsdämmerung". Interpretationen expressionistischer Lyrik. Mit einer Einleitung von Kurt Pinthus. München: Fink 1971
Dörrlamm, Brigitte/Hans-Christian Kirsch/Ulrich Konitzer: Klassiker heute. Die Zeit des Expressionismus. Erste Begegnung mit G. Heym, G. Trakl, G. Benn, J. R. Becher, G. Kaiser, A. Döblin, E. Lasker-Schüler, E. Toller. Frankfurt/M. 1982 (= Fischer-Taschenbuch 3026)

Eykman, Christoph: Denk- und Stilformen des Expressionismus. München: Francke 1974 (= Uni-Taschenbücher 256)
Eykman, Christoph: Die Funktion des Häßlichen in der Lyrik Georg Heyms, Georg Trakls und Gottfried Benns. Zur Krise der Wirklichkeitserfahrung im Expressionismus. Bonn: Bouvier [2]1969 (= Bonner Arbeiten zur Deutschen Literatur 11)

Geschichte der deutschen Literatur von den Anfängen bis zur Gegenwart, Bd. 9: Vom Ausgang des 19. Jahrhunderts bis 1917. Autorenkollektiv unter Leitung von Hans Kaufmann. Berlin (DDR): Volk und Wissen 1974

Hamann, Richard/Jost Hermand: Epochen deutscher Kultur von 1870 bis zur Gegenwart, Bd. 5: Expressionismus. München: Nymphenburger 1976
Hartung, Harald (Hrsg.): Gedichte und Interpretationen, Bd. 5: Vom Naturalismus bis zur Jahrhundertmitte. Stuttgart 1983 (= Reclams UB 7894)
Hucke, Karl-Heinz: Utopie und Ideologie in der expressionistischen Lyrik. Tübingen 1980 (= Untersuchungen zur deutschen Literaturgeschichte 25)

Just, Klaus Günther: Von der Gründerzeit bis zur Gegenwart. Geschichte der deutschen Literatur seit 1871. Bern/München: Francke 1973 (= Handbuch der deutschen Literaturgeschichte. Erste Abteilung: Darstellungen, Bd. 4)

Knapp, Gerhard P.: Die Literatur des deutschen Expressionismus. Einführung, Bestandsaufnahme, Kritik. München: Beck 1979

Martens, Gunter: Vitalismus und Expressionismus. Ein Beitrag zur Genese und Deutung expressionistischer Stilstrukturen und Motive. Stuttgart: Kohlhammer 1971 (= Studien zur Poetik und Geschichte der Literatur 22)

Meixner, Horst/Silvio Vietta (Hrsg.): Expressionismus – Sozialer Wandel und künstlerische Erfahrung. Mannheimer Kolloquium. München 1982

Metzner, Joachim: Persönlichkeitszerstörung und Weltuntergang. Das Verhältnis von Wahnbildung und literarischer Imagination. Tübingen: Niemeyer 1976 (= Studien zur deutschen Literatur 50)

Meurer, Reinhard: Gedichte des Expressionismus. Interpretationen von R. M. München 1988 (= Oldenbourg-Interpretationen, 15)

Paulsen, Wolfgang: Deutsche Literatur des Expressionismus. Bonn/Frankfurt/New York 1983 (= Langs Germanistische Lehrbuchsammlung, Bd. 40)

Rothe, Wolfgang (Hrsg.): Expressionismus als Literatur. Gesammelte Studien. Bern/München: Francke 1969

Rothe, Wolfgang: Der Expressionismus. Theologische, soziologische und anthropologische Aspekte einer Literatur. Frankfurt/M.: Klostermann 1977 (= Das Abendland N. F. 9)

Rothe, Wolfgang: Tänzer und Täter. Gestalten des Expressionismus. Frankfurt/M.: Klostermann 1979

Schneider, Karl Ludwig: Der bildhafte Ausdruck in den Dichtungen Georg Heyms, Georg Trakls und Ernst Stadlers. Studien zum lyrischen Sprachstil des deutschen Expressionismus. Heidelberg: Winter [3]1968 (= Studien zur deutschen Literaturgeschichte 2)

Schneider, Karl Ludwig: Zerbrochene Formen. Wort und Bild im Expressionismus. Hamburg: Hoffmann und Campe 1967

Steffen, Hans (Hrsg.): Der deutsche Expressionismus. Formen und Gestalten. Göttingen [2]1970 (= Kleine Vandenhoeck-Reihe 208)

Trommler, Frank (Hrsg.): Jahrhundertwende: Vom Naturalismus zum Expressionismus. 1880–1918. (Deutsche Literatur. Eine Sozialgeschichte, hrsg. von Horst Albert Glaser, Bd. 8.) Reinbek 1982 (= rororo 6257)

Vietta, Silvio/Hans-Georg Kemper: Deutsche Literatur im 20. Jahrhundert, Bd. 3: Expressionismus. München: Fink [2]1983 (= Uni-Taschenbücher 362)

Ziegler, Jürgen: Form und Subjektivität. Zur Gedichtstruktur im frühen Expressionismus. Bonn: Bouvier 1972 (= Abhandlungen zur Kunst-, Musik- und Literaturwissenschaft 125)

Verzeichnis der Autoren, Ausgaben und Gedichte

Die erste Zahl bezieht sich auf die Paginierung der zitierten Ausgabe, die zweite (in Klammern) auf die Seite(n) im vorliegenden Buch.

Lyriker des Expressionismus

Ich habe eine gute Tat getan 59 ff.
(150)
Mondlied eines Mädchens 176 f.
(122)
Revolutions-Aufruf 165 (138, 153)
Vater und Sohn 86 f. (136 f.)

Wolfenstein, Alfred (1883–1945)
zit. nach Pinthus, Kurt (Hrsg.),
Menschheitsdämmerung (s. o.)

Das Herz 123 (149)
Städter 45 f. (45)

Zech, Paul (1881–1946)
zit. nach Pinthus, Kurt (Hrsg.),
Menschheitsdämmerung   (s. o.)
bzw. Vietta, Silvio (Hrsg.), Lyrik
des Expressionismus (s. o.)

Der Idiot LE 85 (182)
Die Häuser haben Augen aufgetan
MD 170 (54)

Andere Dichter

Bartsch, Kurt (geb. 1937)
Kalte Küche. Parodien. Berlin: Aufbau 1974

Transplantation 82 (5)

Brecht, Bertolt (1898–1956)
Werke. Große kommentierte Berli-
ner und Frankfurter Ausgabe.
Bd. 11: Gedichte 1, Sammlungen
1918–1938, bearbeitet von Jan und
Gabriele Knopf. Berlin u. Weimar/
Frankfurt M.:   Aufbau/Suhrkamp
1988

Gegen Verführung 116 (87)
Vom ertrunkenen Mädchen 109
(86)

Claudius, Matthias (1740–1815)
Sämtliche Werke. Gedichte, Prosa,
Briefe in Auswahl. Hrsg. von
Hannsludwig Geiger. Berlin/Darm-
stadt: Tempel 1967

Abendlied 218 f. (121)

Droste-Hülshoff, Annette von
(1797–1848)
Sämtliche Werke in 2 Bänden.
Nach dem Text der Originaldrucke
und der Handschriften. Hrsg. von
Günther Weydt und Winfried
Woesler. Bd. 1: Gedichte, Epen,
Prosa. München: Winkler 1973

Mondesaufgang 462 f. (121)

Eichendorff, Joseph von (1788–
1857)
Werke in fünf Bänden. München:
Winkler 1970–1988 (Bd. 1: Gedichte, Versepen, Dramen, Autobiogra-
phisches)

Mondnacht 285 (112)
Zwielicht 49 (220)

George, Stefan (1868–1933)
Werke. Ausgabe in zwei Bänden.
München/Düsseldorf: Helmut
Küpper 1958 (Bd. I)

Komm in den totgesagten park und
schau 121 (779)

Goethe, Johann Wolfgang von
(1749–1832)
Werke. Hamburger Ausgabe in
14 Bänden. Hrsg. von Erich Trunz.
Hamburg: Wegner   1948–1960
(Bd. 1: Gedichte und Epen)

An den Mond 129 f. (121)
Maifest 30 f. (117 f.)
Nur wer die Sehnsucht kennt Bd. 7,
240 f. (55)

Heine, Heinrich (1797–1856)
Historisch-kritische   Gesamtausgabe. Bd. I, 1: Buch der Lieder,
bearbeitet von Pierre Grappin.
Hamburg: Hoffmann und Campe
1975

Lyrisches Intermezzo XXXIX 171
(201)

Hofmannsthal, Hugo von (1874–
1929)
Gesammelte Werke in 10 Einzel-

bänden. Hrsg. von Bernd Schoeller in Beratung mit Rudolf Hirsch. Bd. 1: Gedichte: Dramen I. 1891–1898. Frankfurt/M. 1979 (= Fischer-Taschenbuch 2159)

Vorfrühling 17 f. (118)

Huchel, Peter (1903–1981)
Gesammelte Werke in zwei Bänden. Hrsg. von Axel Vieregg. Frankfurt/M.: Suhrkamp 1984 (Bd. I: Die Gedichte)

Ophelia 175 (87)

Klopstock, Friedrich Gottlieb (1724–1803)
Der Messias, Oden und Elegien, Epigramme, Abhandlungen. Hrsg. von Uwe-K. Ketelsen. Reinbek 1968 (= Rowohlts Klassiker 512/513)

Die frühen Gräber 105 (121)

Mörike, Eduard (1804–1875)
Werke in einem Band. Hrsg. von Herbert G. Göpfert. München: Hanser 1977

Er ist's 29 (118)

Rimbaud, Arthur (1854–1891)
Œuvres complètes. Edition établie, présentée et annotée par Antoine Adam. Paris: Gallimard 1972 (= Bibliothèque de la Pléiade, 68)

Ophélie 11 f. (80)

Schwitters, Kurt (1887–1948)
Das literarische Werk. Bd. 1. Hrsg. von Friedhelm Lach. Köln: DuMont 1973

An Anna Blume 58 f. (131 f.)

Tieck, Ludwig (1773–1853)
Werke. Kritisch durchgesehene und erläuterte Ausgabe. Hrsg. von Gotthold Ludwig Klee. 3 Bände. Leipzig/Wien: Bibliographisches Institut o. J. (1892) (Bd. 1: Gedichte. Dramen)

Mondbeglänzte Zaubernacht 420 (121)

Uhland, Ludwig (1787–1862)
Gedichte. Hrsg. von Hans-Rüdiger Schwab. Frankfurt/M. 1987 (= insel-taschenbuch 928)

Frühlingsglaube 50 (118)

Verlaine, Paul (1844–1896)
Œuvres poétiques complètes. Edition révisée et présentée par Jacques Borel. Paris: Gallimard 1962 (= Bibliothèque de la Pléiade, 47)

Gaspard Hauser chante 279 (210)

Parodien

Anonym
zit. nach Trakl, Georg (s. o.), Bd. 2

Es ist ein Hurenhaus 126 f. (178)

Huelsenbeck, Richard (1892–1974)
zit. nach Pfemfert, Franz (Hrsg.), Die Aktion (s. o.)

Capriccio 585 (43)

Neumann, Richard (1897–1975)
Die Parodien. Gesamtausgabe. München/Wien/Basel: Desch 1962

An den Leser 92 (176)
An den Prinzen von Theben 68 (175)

Reimann, Hans (1889–1969)
zit. nach: Deutsche Lyrik-Parodien aus drei Jahrhunderten. Hrsg. von Theodor Verweyen und Gunther Witting. Stuttgart 1983 (= Reclam UB 7975)

Klirr Hah Rubinenes 115 f. (176)

Torberg, Friedrich (1908–1979)
PPP. Pamphlete, Parodien, Post Scripta. München/Wien: Langen-Müller 1964

Großstadtlyrik 217 (173)

Twardowski, Hans Heinrich von
(?)
zit. nach: Deutsche Lyrik-Parodien
(s. o. unter Reimann)

Die Schlacht 113 f. (177)

Wir danken folgenden Verlagen für
die Abdruckgenehmigung:

Kurt Bartsch, „Transplantation".
  Aus: Ders.: Kalte Küche. Paro-
  dien. Berlin und Weimar: Auf-
  bau-Verlag 1974.
Gottfried Benn, „Nachtcafé",
  „Mann und Frau gehen durch die
  Krebsbaracke", „Schöne Jugend"
  (aus Morgue, II, S. 11), „Kleine
  Aster" (aus: Morgue, I, . 11),
  „Untergrundbahn". Aus: Ders.:
  Sämtliche Werke. Stuttgarter
  Ausgabe. Band I: Gedichte 1.
  Stuttgart: Klett-Cotta 1986.

Ernst Blass, „An Gladys". Alle
  Rechte bei: Thomas B. Schu-
  mann, D-W-5030 Hürth-Efferen.
Bertolt Brecht, „Vom ertrunkenen
  Mädchen". Aus: Ders.: Gesam-
  melte Werke, Band 1, Gedichte.
  Frankfurt am Main: Suhrkamp
  Verlag 1967.
Peter Huchel, „Ophelia". Aus:
  Ders.: Gesammelte Werke,
  Band 1: Die Gedichte. Frankfurt
  am Main: Suhrkamp Verlag 1984.
Else Lasker-Schüler, „Weltende",
  „Giselheer dem Heiden", „Mein
  Volk", „Zabaoth", „Abschied",
  „Ein alter Tibetteppich". Aus:
  Dies.: Sämtliche Gedichte. Mün-
  chen: Kösel 1966.
Kurt Schwitters, „An Anna Blume".
  Aus: Ders.: Das literarische
  Werk, Band 1. Köln: DuMont
  1973.
Franz Werfel, „Vater und Sohn".
  Aus: Ders.: Gesammelte Werke.
  Das Lyrische Werk. Hrsg. von
  Adolf D. Klarmann. Frankfurt
  am Main: S. Fischer Verlag 1967.

Abbildungsnachweis

S. 27 © David Meidner, Kibbuz Shluchot, Israel.
S. 29 © David Meidner, Kibbuz Shluchot, Israel.
S. 64 Foto von Fritz Grieshaber. © Literaturarchiv Marbach.
S. 98 © Arche Verlag AG. Raabe und Vitali, Zürich.
S. 99 © David Meidner, Kibbuz Shluchot, Israel.
S. 171 Titelblatt des Lichtenstein-Heftes der „Aktion" vom 4. 10. 1913.
        Aus: Alfred Lichtenstein, Dichtungen. Hrsg. von Klaus Kanzog
        und Hartmut Vollmer. Zürich: Arche 1989, S. 261.
S. 186 © Kösel Verlag, München.
S. 187 © Kösel-Verlag, München.
S. 194 Ernst Stadler, Dichtungen, Schriften, Briefe, Hrsg. von Karl
        Ludwig Schneider, Foto von Thea Sternheim, Juli 1914. Mün-
        chen: Verlag C. H. Beck.
S. 199 © Verlag Klaus Wagenbach, Berlin. 131 expressionistische
        Gedichte. Hrsg. von Peter Rühmkorf. Wagenbachs Taschenbü-
        cherei 18. Berlin 1986.
S. 203 © Dr. Wolfgang & Ingeborg Henze, Campione d'Italia.
S. 209 Georg Trakl. Bildnis des Dichters aus der Georg-Trakl-For-
        schungs- und Gedenkstätte der Salzburger Kulturvereinigung
        Waagplatz 1a/Trakl-Haus.
S. 213 Verlag Klett-Cotta, Stuttgart.

Interpretationshilfen

Kurt Binneberg

Interpretationshilfen
„Deutsche Lyrik von der Aufklärung bis zur Klassik"

ISBN 3-12-922601-X

In sorgfältigen Einzelinterpretationen herausragender zeittypischer Gedichte entfaltet sich das Bild der Lyrik von der Aufklärung über Empfindsamkeit und Sturm und Drang hin zur klassischen Epoche.

Peter Christian Giese

Interpretationshilfen
„Lyrik des Expressionismus"

ISBN 3-12-922602-8

Der Band verbindet eine gründliche, systematische Übersicht über Figuren, Themen und Motive der expressionistischen Lyrik mit der ausgiebigen, kritischen Würdigung sechs mittlerweile kanonisierter Lyriker (Benn, Heym, Lasker-Schüler, Stadler, Stramm und Trakl).

Eberhard Hermes

Interpretationshilfen
„Der Antigone-Stoff"

Sophokles - Anouilh - Brecht - Hochhuth

ISBN 3-12-922603-6

Der Antigone-Stoff hat bis heute nichts von seiner Anziehungskraft verloren - gerade auch Jugendliche zeigen sich immer wieder fasziniert von den angesprochenen Themen und Problemen. Neben dem Sophokles-Original werden in dem vorliegenden Band die drei wichtigsten Antigone-Dichtungen des 20. Jahrhunderts ausführlich besprochen und interpretiert. Dabei steht eine interpretierende Paraphrase am Anfang, gefolgt von einer Behandlung des Werkes unter systematischen Gesichtspunkten und einer Besprechung der wichtigsten Interpretationsansätze. Um einen Vergleich der modernen Werke mit der antiken Vorlage, aber auch untereinander zu erleichtern, sind die vier Werkkapitel nach dem gleichen Gliederungsprinzip aufgebaut. In einem Schlußkapitel werden die Ergebnisse zusammengefaßt und weitere Betrachtungsgesichtspunkte aufgezeigt.

— bringen Grundlageninformationen zu schulrelevanten Texten und Themen

— stellen die besprochenen Einzelwerke in einen größeren thematischen Zusammenhang

— bieten sorgfältige Textinterpretationen unter inhaltlichen und formalen Gesichtspunkten

— zeichnen sich durch klare Sprache und übersichtliche Darstellung aus

— ermöglichen eine langfristige Unterrichtsvorbereitung

— schaffen Überblicke und stellen Zusammenhänge her